新能源 新环保 零排放

燃料电池电动汽车技术

Ranliao Dianchi Diandong Qiche Jishu

主　编◎王玉岭　王立忠
副主编◎钟国伟　王圣文　孙　会

同濟大學出版社
TONGJI UNIVERSITY PRESS
·上海·

内容提要

本书从行业发展和社会需求出发并结合新能源汽车领域岗位需求，对燃料电池及燃料电池汽车技术进行详细介绍。全书共4个章节，包括燃料电池电动汽车发展历程及前景、燃料电池、氢与氢燃料电池、燃料电池电动汽车。本书配有新能源汽车发展现状与趋势分析图、燃料电池结构图、燃料电池汽车结构原理图，而且每个章节配有学习目标、本章小节和思考与练习，以便读者直观地学习与使用。

本书可供职业院校新能源汽车专业及其他汽车相关专业学生学习使用，也可供汽车行业从业人员以及广大新能源汽车爱好者阅读学习。

图书在版编目(CIP)数据

燃料电池电动汽车技术/王玉岭，王立忠主编. —上海：同济大学出版社，2022.12

ISBN 978-7-5765-0514-6

Ⅰ.①燃… Ⅱ.①王… ②王… Ⅲ.①燃料电池—电动汽车 Ⅳ.①U469.72

中国版本图书馆CIP数据核字(2022)第233242号

燃料电池电动汽车技术

主　编　王玉岭　王立忠

副主编　钟国伟　王圣文　孙　会

责任编辑　任学敏　**助理编辑**　竺奕辰　**责任校对**　徐春莲　**封面设计**　渲彩轩

出版发行　同济大学出版社　www.tongjipress.com.cn

(地址：上海市四平路1239号　邮编：200092　电话：021-65985622)

经　销　全国各地新华书店

排　版　南京文脉图文设计制作有限公司

印　刷　常熟市华顺印刷有限公司

开　本　787mm×1092mm　1/16

印　张　10

字　数　250 000

版　次　2022年12月第1版

印　次　2025年1月第2次印刷

书　号　ISBN 978-7-5765-0514-6

定　价　42.00元

前　言

2020年10月20日，国务院办公厅印发的《新能源汽车产业发展规划（2021—2035年）》指出，以纯电动汽车、插电式混合动力（含增程式）汽车、燃料电池汽车为“三纵”，布局整车技术创新链；以动力电池与管理系统、驱动电机与电力电子、网联化与智能化技术为“三横”，开展先进模块化动力电池与燃料电池系统技术攻关，支持有条件地区开展燃料电池汽车商业化示范运行。党的二十大报告提出的关于“积极稳妥推进碳达峰碳中和”“深入推进能源革命”等战略要求对新能源汽车的发展、强化新能源汽车产业供应链等有积极的推动作用。

随着新能源汽车的快速发展，社会对新能源汽车技术人才的需求应运而生，而汽车类专业的学生也迫切需要掌握新能源汽车相关知识。其中，燃料电池作为一种清洁、无污染的动力源，成为新能源汽车将来发展中的重要研究方向。燃料电池电动汽车具有无噪声、零污染、续驶里程长、动力性好、燃料加注时间短等特点，将成为未来的终极环保汽车。

本书关注国家新能源发展政策，结合燃料电池汽车行业发展需求，全面分析了燃料电池汽车的发展历程及前景，系统介绍了燃料电池技术和燃料电池电动汽车的相关知识，共分为4章：第1章介绍了燃料电池电动汽车的发展历程及前景，对国内外燃料电池技术的发展历程及当前国内外燃料电池汽车的发展现状进行了详细介绍；第2章介绍了燃料电池的基本工作原理、各组成部件的性能要求、燃料电池的几种类型及应用现状；第3章主要介绍了氢及氢燃料电池，包括氢的储存和运输、制氢技术以及氢燃料电池相关概念；第4章介绍燃料电池电动汽车技术，包括燃料电池电动汽车的组成、类型，燃料电池电动汽车的基本工作原理，燃料电池电动汽车的关键技术，燃料电池电动汽车的维护保养以及其他气体燃料汽车的概况。

本书根据新时代对人才培养的要求，在介绍知识的同时，体现思政教育，培养学生的创新精神和工匠精神，让学生树立国家自信、文化自信。本书可为汽车类专业新能源课程提供教学参考，同时方便广大汽车爱好者学习使用。

本书由王玉岭、王立忠担任主编，钟国伟、王圣文、孙会担任副主编，丁倩、李雪莉、赵红霞、周丽君参与编写。其中，王立忠主要负责第1章内容的编写，王玉岭主要负责第2章内容的编写，王圣文、孙会主要负责第3章内容的编写，钟国伟主要负责第4章内容的编写。

本书在编写过程中，参考了大量的教材和文献资料，在此向这些文献资料的编著者表示诚挚的感谢。

由于编写团队水平有限，编写时间仓促，书中难免有不足、不当之处，恳请广大读者及业内专家批评指正。

编　者

2022 年 7 月

目 录

第1章

燃料电池电动汽车发展历程及前景

学习目标

素质目标

1. 通过了解燃料电池技术的发展，体会科技创新的重要意义；

2. 通过了解我国燃料电池汽车发展历史，感受我国科技的强大力量，增强民族自信。

知识目标

1. 了解燃料电池的发展与应用；
2. 了解全球燃料电池电动汽车发展历程；
3. 熟悉我国燃料电池电动汽车产业技术发展规划。

能力目标

1. 能认识我国燃料电池电动汽车发展的主要目标；
2. 能认识我国燃料电池电动汽车的研发情况；
3. 能认识我国燃料电池电动汽车研发的重点问题。

1.1 燃料电池的发展与应用

1.1.1 燃料电池的发展概况

燃料电池的开发历史相当悠久，英国物理学家威廉·葛洛夫于1839年发表了一篇论文，证明了氢氧反应可用于发电的原理，并在1842年发表燃料电池设计草图，展示了氢气在铂箔催化的作用下生成氢离子，氢离子通过电解液稀释的硫酸溶液传输到氧气侧生成水，电子通过外电路传输发电。因此，威廉·葛洛夫被视为燃料电池之父，1839年被视为燃料电池诞生年，从此拉开了燃料电池发展的序幕。

20世纪50年代，英国工程师弗朗西斯·托马斯·培根以氢氧化钾溶液为电解液，用多孔镍膜作为电极，从而扩大了适用催化剂的种类，这种设计给燃料电池实用化带来了曙光。当时蓄电池技术不成熟且容易失火，而燃料电池只要氢气和氧气不接触就不会发生意外，且用作隔膜的石棉工艺成熟、结构可靠，极大地降低了氢氧接触概率，这让培根意识到燃料电池将非常适用于密闭空间，如潜水艇。随后培根顺利进入英国海军，虽然直到第二次世界大战结束，燃料电池也未能成功应用于潜水艇，但这段工作经历极大地促进了他对燃料电池的研究工作。1959年，培根带领团队制造出功率为5 kW的燃料电池实用系统。

20世纪90年代，燃料电池技术取得了突破性进展，质子交换膜燃料电池（Proton Exchange Membrane Fuel Cell, PEMFC）采用立体化电极和薄的质子交换膜（Proton Exchange Membrane, PEM），极大地加快了燃料电池的实用化进程。直到可以使用相对低成本的材料来制造燃料电池，车用燃料电池的想法才得以实现。

1.1.2 燃料电池的应用

19世纪中期，当时科学界对电子这一概念缺乏认识，甚至在威廉·葛洛夫发明燃料电池时科学界还没有发现电子。19世纪中后期，蒸汽发电技术逐渐成熟并得到大规模的使用。20世纪30年代后，火力发电技术大发展，价格昂贵的燃料电池没有得到应用。直到20世纪中期，燃料电池才开始应用于军事和航空航天领域。

1. 军事领域

氢燃料电池有三个优点：一是静噪；二是可产生持续电流；三是能量转换率高（超过80%，而普通燃料电池能量转换率仅超过30%）。因此，各国多将其应用在军事领域，主要应用于飞机、汽车、潜艇、军舰、单兵装备、通信设备等需要持续能量供应的设备。最成功的氢电池动力设备是德国214型潜艇，同时美军也在加紧研制和试验各种氢电池设备。

（1）德国214型AIP潜艇

德国214型潜艇以212型潜艇为原型研制，装备有两组西门子质子交换膜燃料电池，每组功率可达120 kW，能为潜水艇提供长达两周的水下续航供给，改变了柴油动力潜艇需要经常浮到海面上通过燃烧柴油发电的劣势。船体优良的流体动力学造型、低噪声电池和螺旋桨，降低了潜艇的噪声。因以上优势，各国纷纷订购该型号潜艇。

(2) 海底无人驾驶车辆

美国海军研究实验室开发了一种长航时海底无人驾驶车辆(Unmanned Underwater Vehicle，UUV)。海底无人驾驶车辆使用燃料电池代替传统电池，可以实现更大的有效载荷和更长的运行时间。由于燃料电池结构紧凑、质量轻、可靠、能够长时间运行，因此，美国海军采用了这一长耐力车辆能源技术。

(3) 轻型卡车

通用汽车与美国陆军合作开发了氢燃料电池驱动的轻型实用卡车。该卡车以雪佛兰科罗拉多 ZR2 为基础，采用加强型车身，并配有悬挂系统，可用于越野驾驶。卡车使用的氢燃料电池具有散热快和噪声小的特点，这与陆军的减少声音和热量的要求相符。该卡车装有功率为 50 kW 的电池，通过燃料电池充电，也可以拆下来为其他应用提供动力。由于燃料电池运作唯一的副产品是纯净水，因此该卡车还可以为士兵提供纯净水。

(4) 可穿戴电力系统

美国陆军所携带设备的理想质量是一个人体重的 30%，但有些士兵必须携带的设备超过 100 lb(约为 453.59 kg)的质量。为了减轻负荷，美国陆军使用燃料电池替代锂离子电池进行发电，从而将电池质量减少 50%。这种“可穿戴电力系统”能够产生 20 W 的连续输出功率和 35 W 的峰值功率。为了帮助实现这个目标，美国能源部积极开展多项工作来降低氢化铝的成本——氢化铝是一种很有前途的材料，可用于储存氢气，以便用于便携式燃料系统。

随着氢燃料电池在峰值输出功率和体积方面的改善，氢燃料电池在军事领域有了更广阔的应用范围。

2. 航空航天领域

20 世纪 60 年代的蓄电池可以满足几天的短途航天飞行需要，但价格昂贵，质量、体积极大，有时宇宙飞船不得不在飞行途中丢下用完的蓄电池以减轻质量。太阳能电池由于在没有日光时无法供电，故需要与蓄电池配合，而且那时的太阳能电池能量转换效率极低，即使宇宙飞船外面铺满太阳能电池板都无法满足需要。美国国家航空航天局为了完成“双子星座”计划，为之后的载人飞船登月积累经验，需要一种安全、稳定、轻便的装置作为飞船的电源。与蓄电池相比，燃料电池更符合这一需求。燃料电池具有五个优点：一是价格便宜；二是电池反应是化学反应，不受卡诺循环限制；三是能量转换效率高；四是体积小，质量小；五是副产物水可以供宇航员饮用。因此，燃料电池受到了美国国家航空航天局的青睐。

在“双子星座”号飞船第一次飞行前的 6 个月，通用电气公司还不清楚燃料电池到底能不能支撑到任务结束，是否安全，会不会中途罢工，这是因为燃料电池技术远远超出当时的科技水平。为此，美国国家航空航天局在前四次飞行中采用了传统蓄电池作电源。“双子星座”系列任务在早期出现过财务危机，在这种情况下更换电力系统无疑是雪上加霜。虽然每平方厘米制备了高达 0.028 g 的铂作催化剂以保证电极反应顺利进行，但当时的酸性离子交换膜燃料电池还存在水管理的问题，即电池中水不够时膜会干燥开裂，水太多又会淹没电板，这两个问题都会导致电池性能严重下降。因此，“双子星座”号不得不额外带了一个水箱维持燃料电池内部的水平衡。燃料电池系统使“双子星座”号的飞行时间由 4 天延长到 7 天，后来又延长到十几天。虽然期间出现过飞行不久就报警、水循环系统出问题等状况，但均有惊无险。“双子星座”号系列任务取得了很多开创性的成就，为后续“阿波罗”号飞船任务的成功开展提供了宇航员训练及生存、宇宙飞船控制、飞船安全返回等各方面的经验，同时证明了燃料电池系统的可靠性。

1961 年，美国政府开启了人类历史上非常伟大的“阿波罗”计划，该计划要在 20 世纪 60 年代的 10 年内完成载人登陆月球并返回地球，总耗资 240 亿美元。“阿波罗”计划极大地推动了科技进步，如航天发动机、计算机、医学和材料等多个领域为了服务“阿波罗”计划，都取得了诸多突破，燃料电池也是其中受惠的一部分。碱性燃料电池电极、隔膜等采用的都是较成熟的材料，不仅价格低廉且安全性更高。但为了在“阿波罗”号飞船中顺利、安全地应用，碱性燃料电池也采取了一些技术改造，如降低运行压力、提高运行温度等，其实际电池性能比在地球上略低。“阿波罗”号飞船使用的碱性燃料电池，质量为 100 kg，总功率为 1.5 kW，电极面积约为 700 cm^2。

燃料电池也曾有过事故。“阿波罗 1 号”在测试时发生了火灾，其原因是当时飞船内为纯氧环境，部分材料如铝在纯氧环境下会剧烈燃烧，同时电路中出现电火花引燃了铝材料，而飞船舱门设计不合理，耽误了航天员逃生，人们只能在监控录像中眼睁睁看着三名宇航员牺牲。在之后的美国航天飞机计划中，美国国家航空航天局继续使用碱性燃料电池作为电源，并不断改进技术，提高其安全性能。从 1981 年“哥伦比亚”号航天飞机飞行成功到 2011 年航天飞机全部退役，除正常的电解液氢氧化钾溶液被二氧化碳毒化外，燃料电池系统再没出现过任何意外。

1.1.3 我国燃料电池发展的战略定位

在我国的能源产业格局中，产生碳排放的煤炭、石油、天然气等占能源消耗总量的 84%，而不产生碳排放的水电、风电、核能和光伏等仅占 16%。要实现 2060 年碳中和的目标，就要大力发展可再生能源，降低化石能源的比重。因此，能源格局的重构是大势所趋。在碳达峰碳中和战略下，氢能产业已成为我国能源战略布局的重要组成部分。在“十四五”时期，氢能与储能被列为前瞻谋划的六大未来产业之一。

20 世纪 50 年代末期，我国实施“两弹一星”计划，相关航天任务被拆解为无数个子任务由各个科研机构承担。中国科学院大连化学物理研究所的科研团队由此开始航天燃料电池系统的研制，历经 10 年攻关，研发出两种航天碱性燃料电池系统，从此开启了我国燃料电池的应用。

我国政府非常重视燃料电池发电技术的研究，科技部于 1997 年将燃料电池技术列为“九五”重大科技攻关项目。“十五”国家重大科技专项之一的“电动汽车专项”也将燃料电池汽车列为重要内容。“十一五”期间，国家继续支持“节能与新能源汽车”的研究，主要包括电动车重大专题和能源领域中的高温燃料电池研究。经过多年的发展，我国燃料电池在电动车上的研究已取得较大进展。燃料电池电动汽车发展日益受到重视，在 2015 年 5 月 8 日，国务院发布《中国制造 2025》，明确了继续支持燃料电池汽车发展，提升动力电池等核心技术的工程化和产业化能力，形成从关键零部件到整车的完整工业体系和创新体系，推动自主品牌节能与新能源汽车同国际先进水平接轨的战略任务。2016 年 4 月，国家发展改革委、国家能源局发布《能源技术革命创新行动计划(2016—2030 年)》，明确支持氢能与燃料电池技术创新，2016 年 10 月 26 日，节能与新能源汽车技术路线图正式发布。在“双碳”目标指引下，我国氢能产业发展正步入快车道。2019 年两会期间，氢能源首次被写入政府工作报告中。2020 年 10 月 20 日，国务院办公厅印发的《新能源汽车产业发展规划(2021—2035 年)》指出，以纯电动汽车、插电式混合动力(含增程式)汽车、燃料电池汽车为“三纵”，布局整车技术创新链；开展先进模块化动力电池与燃料电池系统技术攻关，支持有条件的地区开展燃料电池汽车商业化示范运行。2021 年，氢能被正式写入“十四五”规划中。2021 年 10 月，国家发展改革委等十部门联合印发《“十四五”全国清洁生产推行方案》，支持开展煤炭清洁高效利用、氢能冶金等领域清洁生产技术集成应用示范。2022 年 1 月 29 日，国家发展改革委和国家能源局联合印发《“十四五”现代能源体系规划》，强化储能、氢能等前沿科技攻关。2022 年 3 月 23 日，国家发展改革委、国家能源局联合印发《氢能产业发展中长期规划(2021—2035 年)》，它是我国首个氢能产业中长期规划，首次明确氢能是未来国家能源体系的重要组成部分，并明确氢能是用新终端实现绿色低碳转型的重要载体，氢能产业是战略性新兴产业和未来产业重点发展方向。2022 年 6 月 1 日，国家发展改革委、国家能源局等 9 个部门联合印发《“十四五”可再生能源发展规划》，提出推动可再生能源规模化制氢利用，开展规模化可再生能源制氢示范。

1.2 国外燃料电池电动汽车发展历程

1.2.1 国外燃料电池电动汽车发展基本情况

早在 1968 年，通用汽车公司生产了世界上第一辆氢载氢燃料电池的汽车。1994 年，戴姆勒开发出了燃料电池汽车 NECAR1，随后又推出了它的姊妹车 NECAR2。在 1997 年秋，法兰克福汽车展上，戴姆勒展出了 NECAR3。与前两种相比，NECAR3 在技术上有很大的突破。它由两个 25 kW 的燃料电池堆驱动，功率密度可达 1 000 W/L，是世界上第一辆使用甲醇重整制氢装置的燃料电池汽车。踩踏加速器踏板的 2 s 内，汽车可得到 90%的系统动力。以驱动动力而言，它与传统的汽油和柴油汽车相同。满箱甲醇(40 L)的行程约 402.336 km，无尾气排放，不产生氮氧化物或烟灰颗粒，并且由于燃料电池堆效率高，CO_2 的排放量也远远低于柴油汽车。1999 年，戴姆勒-克莱斯勒汽车公司与福特汽车公司联手研制成功的以液氢为动力，可乘坐 5 人的 NECAR4 型燃料电池电动汽车结束了行驶试验，进入商业化生产的开发阶段。2000 年，戴姆勒-克莱斯勒公司宣布，已经开发出以甲醇为燃料的电池汽车 NECAR5 和 Jeep Commander 2。NECAR5 是基于奔驰 ACLASS 车型改造而成的，是 1997 年开发的 NECAR3 的后续产品。

从国际上来看，氢燃料电池汽车的发展可分为三个阶段：第一阶段是 1990—2005 年。1990 年，美国能源署开展了氢能和燃料电池研发和示范项目，世界发达国家(地区)纷纷加紧氢能与燃料电池的研发部署。当时人们对这项技术的攻关难度理解不够，以为燃料电池汽车可能在1995年前后就能实现产业化，而实际上做出的三辆氢燃料电池汽车虽然在试验阶段运行稳定，但放在芝加哥上路运行不到一个月就全部垮掉，大家这才意识到燃料电池的工况不适用于汽车的工况。第二阶段是2005—2012年。人们用了7年时间终于解决了燃料电池的工况适应性问题，燃料电池的比功率达到2 kW/L，在−30 ℃的环境中也能储存和启动，基本上满足了车用要求。第三阶段是2012年以后。丰田生产的燃料电池的比功率达到3.1 kW/L，该公司在2014年12月15日宣布，MIRAI氢燃料电池汽车实现商业化，进入了商业推广阶段。随后，本田与现代也相继推出了燃料电池商业化汽车。因此，从商业化角度来看，人们把2015年誉为燃料电池汽车元年。

1.2.2 燃料电池电动汽车在各国的发展情况

1. 欧洲燃料电池电动汽车发展情况

欧盟及欧洲各国非常支持氢能与燃料电池的研发和示范应用。2008年5月，欧盟委员会、欧洲工业合作研究组织共同成立了公私合营的燃料电池与氢能联合组织（FCH-JU），支持欧洲氢能与燃料电池的研发、示范与推广应用，第二阶段总经费超过13.3亿欧元。法国在2018年6月发布了《能源变革氢能开发计划》，提出到2023年推广5 000辆氢燃料电池轻型商用车、200辆重型货车；到2028年推广2万辆以上轻型商用车和800辆以上重型货车。欧洲企业研发燃料电池汽车起步很早。在政策和资金的持续支持下，欧洲逐步培育起一大批优秀的燃料电池企业，各整车厂也纷纷研发和推出燃料电池汽车。奥迪于2016年发布了h-tron quatto燃料电池概念车；戴姆勒-奔驰先后推出多款燃料电池乘用车和客车；奔驰于2017年推出首款插电式混合动力燃料电池汽车GLC F-CELL。

2. 美国燃料电池电动汽车发展情况

美国政府高度重视氢能与燃料电池的发展，不断推动氢能与燃料电池技术在交通运输及其他若干领域的发展。美国对氢能和燃料电池领域给予了持续稳定的支持。2018年6月，美国能源部能效和可再生资源办公室拿出总计近1 300万美元的资金，资助34个州的87个新项目，其中包括4个燃料电池项目。在多方支持下，美国的氢能与燃料电池已实现多种形式的应用。2019年至2020年，美国燃料电池出货量为1.07万台，2021至2022年的第一季度销售量也达到每季度1 000台。截至2022年10月3日，加利福尼亚开放的加氢站数量为57个，比年初增加了7个，还有9个新的加氢站正在建设中。

在2020年底，美国能源部发布了《氢能项目计划》，预计到2030年，美国氢能产业创造的营收为1 400亿美元并将提供70万个就业岗位；到2050年，美国本土氢能需求将增至4 100万 t/年，占未来能源消费总量的14%。在此背景下，美国氢能源汽车产业发展速度不断加快。

3. 日本燃料电池电动汽车发展情况

日本政府高度重视燃料电池汽车的发展。2017年12月，日本政府发布了《氢能源基本战略》，描绘了从2020—2050年的战略蓝图，提出未来氢能社会发展愿景。日本政府对燃料电池和氢燃料的补贴为3.55亿美元，一部分将用于燃料电池汽车及氢的开发和示范。根据该战略，日本氢燃料电动汽车保有量到2030年将达80万辆，同时日本将大力开展对燃料电池货车的研发。到2050年，燃料电池汽车将替代新增传统燃油汽车。2018年10月，在日本举办的第一届氢能部长级会议上，会议代表集中探讨了打造氢能可持续发展社会的愿景，达成了协调促进氢能与燃料电池技术和标准法规的发展、促进信息共享、加强国际合作以及加强氢能跨领域研究和科普宣传四个方面的共识。为了实现《氢能源基本战略》的目标，日本也在不断加大燃料电池汽车技术研发的投入。

日本燃料电池汽车以乘用车为主，丰田、本田汽车公司所研发的燃料电池乘用车整体性能可媲美传统燃油汽车，已在世界上率先迈入量产化阶段。丰田汽车公司经过20多年的技术积累，于2014年12月率先推出全球首款量产型氢燃料电池汽车——MIRAI(一代)，氢气加注时间约为5 min，续航里程约为483 km。2020年丰田汽车公司推出的MIRAI(二代)车型续航里程已达到650 km。本田汽车公司也一直致力于燃料电池汽车技术的开发，并将于2024年推出基于全新CR-V开发的插电式氢燃料电池车。在燃料电池技术已达到量产水平的情况下，日本将继续积极推广燃料电池汽车，日本燃料电池汽车产业已率先进入量产化发展阶段。

环球印象撰写并发布的《日本新能源汽车市场投资环境及风险分析报告》数据，表明了其未来的发展目标：2025年，将使燃料电池电动汽车(Fuel Cell Electric Vehicle，FCEV)保有量达20万辆左右；2030年将使燃料电池电动汽车保有量达80万辆左右。据日本新一代汽车研究中心数据，截至2021年6月，日本共有147座加氢站正在运营。日本政府于2019年公布的《氢能利用进度表》披露，到2025年，日本预计全面普及氢能交通工具，计划建成320座加氢站；到2030年，日本加氢站计划增加至900座。

4. 韩国燃料电池电动汽车发展情况

韩国政府制定了氢能和燃料电池研发的中长期规划，将燃料电池研发分为四个阶段：第一阶段：2009—2012年，主要开展研发与示范运行工作；第二阶段：2013—2020年，是商业化与市场渗透阶段；第三阶段：2021—2030年，是市场扩展阶段；第四阶段：2030年以后，市场完全开发，基础设施健全。目前韩国燃料电池的发展处于第三阶段。蔚山市政府计划投资455亿韩元，2016年将氢能车辆数量从8辆增加到35辆，2017年增加到56辆，到2018年为200辆，2019年为700辆，2020年增加到1 000辆。韩国政府计划到2030年新增63万辆燃料电池汽车，届时新增燃料电池汽车占韩国新车的比例将达到10%。韩国政府推行的环保汽车示范项目，已经促进燃料电池汽车在首尔、光州、萧山、昌原等设有加氢站的城市的销售。韩国政府还加大了燃料电池大巴的示范力度。韩国中央政府已与首尔、蔚山等5个地方政府合作展开燃料电池大巴的示范运行。此外，韩国政府还计划实现氢燃料电池汽车核心零件生产本地化，进而建立自足体系。

韩国企业也积极开展对燃料电池汽车技术的研发。2018年现代汽车在途胜iX燃料电池汽车的基础上，通过专用平台打造了全新一代NEXO燃料电池汽车，技术状态达全球领先水平。在燃料电池商用车方面，继成功开发了第一代、第二代燃料电池大巴后，2018年2月平昌冬奥会期间，现代汽车推出了第三代燃料电池大巴。2018年9月19日，现代汽车在德国举办的汉诺威国际商用车展览会上推出现代首款燃料电池概念货车，并与瑞士氢能源公司签署关于提供氢燃料电池重货产品的谅解备忘录，自2019年开始，现代汽车在5年时间内向氢能源公司提供1 000辆氢燃料电池重型货车。另外，现代汽车计划从2030年起，每年生产50万辆燃料电池电动汽车。

1.2.3 世界各大汽车品牌燃料电池电动汽车发展史

1. 奔驰公司甲醇燃料电池汽车发展史

甲醇最早作为一种燃料使用是在第二次世界大战后期，当时德国的原油供应受到限制，需要用一种新的液体燃料来替代。因此，德国就对甲醇进行了大量的研究，并在战斗机上应用甲醇与过氧化氢的混合液。甲醇再一次作为燃料进入人们的视野是在20世纪70年代的石油危机以后。作为当时汽车行业的先锋，德国奔驰公司基于S级轿车平台开发出了一款甲醇内燃机轿车。作为燃料，甲醇的应用不仅限于内燃机，各大主机厂在发展氢燃料电池的过程中，对甲醇的重视度也很高。

奔驰公司推出的燃料电池汽车有以下五代：

NECAR1(第一代)：真正现代意义上的燃料电池汽车是搭载质子交换膜的汽车——奔驰公司的NECAR。它有两种诠释法：一种是New Eletric Car，另一种是No Emission Car，二者的区别在于是否使用了甲醇作为燃料。NECAR1是基于奔驰公司的MB100的小面包平台，后备箱内放置30 kW的质子交换膜电堆，续驶里程为130 km，采用高压氢罐，有30 MPa压力。1994年NECAR1的面世，揭开了燃料电池研究的序幕。

NECAR2(第二代)：1996年NECAR更换为V系列的平台，这款商务旅行车的车顶被有效利用起来，增加了更多的实用空间。此时，质子交换膜电堆的功率为50 kW，但是燃料电池的系统输出功率已经达到45 kW，车辆的续驶里程也增加到250 km以上。正是这代产品使人们开始意识到，在续驶里程方面储氢罐有较大的局限性，于是奔驰在NECAR2的基础上开始进行技术分支，导入甲醇作为氢气的来源。与此同时，人们也开始进行液氢和纯氢的对比研究。

NECAR3(第三代)：在1997年推出的NECAR3上，奔驰公司率先使用甲醇重整技术，将甲醇重整成为氢气和二氧化碳，用氢气导入堆发电，氢气即产即用。38 L甲醇可以支持这辆A级车行驶300 km以上。这辆车的后座部分被用来放置甲醇重整的装置，质子交换膜电堆被布置在底盘下方。

NECAR4(第四代)：1999年和2000年推出的NECAR4和NECAR4a也是和NECAR3一样的平台和车型，但是它们的储氢方式不一样。NECAR4基于液体氢的思路，配置了压力为0.9 MPa、低温储存箱在−200 ℃的储氢系统；续驶里程达到450 km，充分体现了液体氢的优势。一年以后推出的NECAR4a依旧采用高压氢罐，压力可达35 MPa，续驶里程为200 km。此时的电堆技术已经发展到75 kW的等级。

NECAR5(第五代)：最有跨时代意义的是2000年推出的NECAR5，这款车在NECAR3的基础上有了很大的性能提升，尤其体现在“减体积”方面。质子交换膜电堆依旧被布置在底板之下，重整器、CO去除装置均被扁平化集成在车底之下，具有高度集成化的重整制氢系统，功率达到75 kW，续驶里程在400 km以上。

2002年5月20日至2002年6月4日，3辆NECAR5从旧金山出发，横跨美国大陆抵达华盛顿，行程5 000 km，跨过了海平面和2 600 m的高海拔地区。这批车每500 km加注一次甲醇，历时14天完成了测试。项目负责人费迪南德·帕尼克当时预测，到

2010年会有部分汽车量产后租给特定人群。后来定型的F-Cell,基于B-Class的压缩氢罐类型,共生产了几百台,在德国通过特种租赁的方式进行推广测试。

2018年推出的GLC F-CELL,是世界上第一款燃料电池插电式混合动力车,燃料电池支持续航478 km,氢气加注时间为3 min。同时,它也是世界第一款燃料电池插电式混合动力SUV(Sport Utility Vehicle,运动型多用途汽车)。

2. 丰田燃料电池电动汽车发展史

1996年,丰田推出了第一款燃料电池概念汽车FCHV-1(Fuel Cell Hybrid Vehicle-1,燃料电池混合动力汽车),并参加了大阪的游行,这是一款改装自RAV4,采用了10 kW的质子交换膜燃料电池和金属储氢装置的FCHV,又称为EVS13,该车的续驶里程达到了250 km。1997年,丰田推出了第二款燃料电池车型FCHV-2。该车同样改装自RAV4,搭载了25 kW的质子交换膜燃料电池,并且使用了甲醇重整燃料电池,其续驶里程达到了500 km。2001年3月,丰田推出了第三款燃料电池车型FCHV-3。该车根据汉兰达改装,采用了功率高达90 kW的质子交换膜燃料电池,且依然采用了金属储氢装置。另外,FCHV-3使用了镍氢电池作为辅助电池系统,这一设计参考了普锐斯的动力系统。2001年6月,即推出FCHV-3的3个月后,丰田又推出了其改进版FCHV-4。该车最大的特点是使用了高压储氢罐来储氢,共采用4个25 MPa的高压气罐,每个气罐体积达到34 L,这样让FCHV-4的储氢系统质量减少了250 kg,达到了100 kg的级别。2002年,丰田推出了在FCHV-4基础上改进的FCHV,得到了日本政府的认证,并开始在日本和美国进行小范围的销售。2005年,丰田的FCHV得到了日本政府的型式认证。2008年,丰田推出了FCHV-adv,这款车搭载了丰田第二代燃料电池,依然基于汉兰达的平台改装而来;使用了4个70 MPa的储氢罐,续驶里程达到760 km。在2014年以前,丰田已经在燃料电池领域取得了技术突破,可以使车用燃料电池的成本从100万美元降到5万美元,降幅高达95%。2015年,大家熟悉的MIRAI上线。同年10月21日,MIRAI开始在加州销售和交付。MIRAI是丰田首款量产的氢燃料电池车,被丰田视为"未来之车"。丰田MIRAI的结构与传统的汽油机汽车或纯电动汽车都不一样,如果硬要找出一个类似的结构,可能丰田最畅销的普锐斯跟MIRAI会有一点相似。MIRAI的动力系统被称为丰田燃料电池堆,是以燃料电池堆栈为核心组件的混合动力系统。丰田燃料电池堆没有传统的汽油机,也没有变速器,发动机舱内部是电动机和控制单元。在驾驶舱底部布置的燃料电池堆栈是整套系统的核心,车身后桥部分放置着一个镍氢动力电池组和前后两个高压储氢罐。MIRAI加满5 kg氢气就可以连续行驶650 km。MIRAI是丰田大批量生产的燃料电池车,售价为723万日元,补贴后价格约521万日元。相较于第一代MIRAI,丰田的第二代MIRAI氢燃料电池汽车迎来了相当大的改进,特别是在外观方面。在试驾MIRAI这款车时,人们体会最深的是其不影响传统汽车的驾驶习惯,且没有了发动机的声响,开车的静谧性极佳。充气(氢)3 min,就能行驶500 km,与传统车加油的时间相当。这款车的售价约723.6万日元(折合人民币40万元左右)。

在2017年的东京车展上,人们看到丰田推出的包括概念汽车在内的新车型,都是氢燃料电池汽车。至此,丰田混合动力汽车在全球范围内已经销售1 100万辆。国际车坛把混合动力技术的普及当作汽车转型入门的开始,即便是插电式混合动力或纯电动车也都以混合动力为基础。也是从那时起，福特和宝马积极与丰田寻求这方面的合作，引起业界关注。

2021 年 11 月 18 日，丰田在美国得克萨斯州普拉诺发布了 2022 款 MIRAI 的价格：起售价为 49 500 美元，对比一代 MIRAI 售价有明显下降，但性能和配置大幅提升。

按照“丰田环境挑战 2050”战略，混合动力汽车、插电式混合动力汽车只是短期目标，而中长期目标则要靠燃料电池汽车，最终要实现零排放目标。而 MIRAI 的推出，表明丰田的这一目标已经提前实现。MIRAI 可以说是继双擎之后零排放最为理想的终极车。MIRAI 是终极环保车，对节能减排有着重要的现实意义。

3. 本田燃料电池电动汽车发展史

在日本，除了丰田之外，本田同样是一家知名的燃料电池汽车制造商。从 1999 年开始，本田一直坚持燃料电池汽车的研发，并在 1999—2003 年间坚持每年推出一款新的燃料电池汽车，且每次都有明显进步。2003 年生产的 FCX-V4，其技术参数已经与现在的燃料电池汽车非常接近。本田的燃料电池汽车被认为可以与丰田的 MIRAI 媲美，这与其一直坚持自主研发有着密切联系。但在 2003 年后，本田停止了对燃料电池汽车的持续更新，直到 2007 年才再次推出一款氢燃料电池汽车 FCX Clarity。2007 年之后，本田再次“断更”，直到 2016 年才重新推出了新的燃料电池车 Clarity FUEL CELL。

（1）FCX-V1 和 FCX-V2

1999 年 9 月 6 日，本田先后推出了 FCX-V1 和 FCX-V2 两款由燃料电池驱动的原型车。这两款原型车均采用本田专为纯电动汽车设计的 EV Plus 车身，以及本田自己的小型驱动电动机和控制系统。其中 FCX-V1 使用了来自巴拉德的固体聚合物电解质燃料电池，输出功率达到 60 kW，储氢系统使用了合金储氢罐（La-Ni5）。FCX-V2 则使用了本田自产的甲醇重整器和自制的固体聚合物电解质燃料电池，功率也是 60 kW。这两款车均使用了电池作为辅助系统。

（2）FCX-V3

2000 年 9 月，本田推出了 FCX-V3。经过一年的时间，FCX-V3 最显著的变化是使用了来自 Civic GX 的 25 MPa 的高压储氢罐。燃料电池系统依然有两个版本，一个来自巴拉德，另一个则是本田自制。辅助电池系统则由电池换成了超级电容器。FCX-V3 的续驶里程达到了 180 km。值得一提的是，FCX-V3 参与了加州燃料电池计划，到美国加州进行了道路试验。

（3）FCX-V4

2001 年 9 月，本田推出了 FCX-V4 燃料电池汽车。该车进行了全新的设计，最值得关注的变化是使用了 35 MPa 的高压储氢罐，续驶里程也由 180 km 上升到 300 km。2002 年 7 月 24 日，本田 FCX-V4 成为世界上第一个获得政府认证的燃料电池汽车。

（4）FCX

2002 年 9 月，本田推出了 FCX 燃料电池汽车原型车，并于 2002 年 12 月 3 日在日本和美国交付首批本田 FCX 燃料电池汽车。FCX 是世界上第一款获得美国政府批准商业化的燃料电池汽车。2003 年 10 月，本田推出了配备 FC STACK 的 FCX 燃料电池汽车。FC STACK 是一个结构非常紧凑、具有高性能、可在低温下运行、世界上第一个采用冲压金属双极板和新开发的电解质膜的燃料电池系统，其功率提高到 80 kW，汽车续驶里程也增加到 450 km。同时，本田开始对车辆的冷启动和驾驶性能进行公开测试，以推动燃料电池汽车的广泛使用。

(5) FCX Clarity

本田在 2003 年后结束了每年推出一款燃料电池汽车的节奏，直到 2007 年才再次发布了新的 FCX Clarity 燃料电池汽车，并于当年 11 月在洛杉矶车展上推出了该车。FCX Clarity 是一款全新设计的燃料电池汽车，由本田 VFlow 燃料电池组提供动力，燃料电池功率达到了 100 kW，使用锂离子电池作为电池辅助系统以及 35 MPa 的高压储氢罐等。由于使用了众多先进技术，该车的续驶里程达到了 620 km。当时，本田计划在 3 年内量产 200 辆 FCX Clarity。2016 年 3 月，本田开始在日本销售全新的燃料电池汽车 Clarity FUEL CELL，也就是我们所熟知的本田 FCVClarity。该车使用了本田自研的燃料电池系统，功率达到 103 kW，储氢罐压力达到 70 MPa，续驶里程高达 750 km。本田自研的燃料电池系统结构非常紧凑，仅前舱就能将燃料电池系统完全容纳。

(6) PUYO

在 2007 年东京车展上，本田推出了一款燃料电池概念汽车 PUYO。该车用操纵杆取代了方向盘，最酷的地方是该车的车身可以旋转 360°，因此没有倒车的必要。

2021 年 4 月，本田宣布了北美电动汽车销售的主要目标，计划到 2040 年纯电动车和燃料电池电动汽车将占据其汽车销量的 100%，并以 2030 年的 40%和 2035 年的 80%为阶段性目标。

1.3　我国燃料电池电动汽车发展历程

1.3.1　我国燃料电池电动汽车研发情况

从 20 世纪 50 年代开始，我国一直进行燃料电池相关技术的研究，但直到 20 世纪 90 年代，全球环境署支持在我国进行燃料电池公共汽车示范，我国才对其产生浓厚兴趣。从那时起，我国在这一方面有了很大进步，有多个机构从事燃料电池的研究。这些机构中的大多数为研究所，研究的重点是质子交换膜技术（质子交换膜电解水制氢）。1998 年，上海神力科技有限公司成立。在短短的时间里，该公司展示了使用 40 kW 燃料电池的小公共汽车、汽车、摩托车和电动自行车，并研究用于面包车的 80 kW 质子交换膜燃料电池发电机。同年，清华大学研制出了第一辆燃料电池汽车，该汽车是一辆高尔夫车，它靠一组由北京富源世纪燃料电池有限公司提供的 5 kW 的燃料电池提供动力。1999 年，该团队展示了电动轿车。这个团队取得的标志性进展是北京富源的用于公共汽车发动机的 140 kW 燃料电池堆。2001 年，我国加大了在燃料电池车辆研究方面的投入，连续 5 年每年投资 2 000 万美元（约合 1.3 亿元人民币）。2001 年，泛亚汽车技术中心研制出一款功能型车，冠名为“凤凰”。“凤凰”采用了别克的小型货车车身和通用的燃料电池技术。该车采用通用车型 Hy-Wire，并于 2002 年在我国的一个技术论坛进行了展示。

2002 年，中国科学院宣布大约用 3 年的时间，投资 1 200 万美元进行氢技术研究，其中包括质子交换膜燃料电池技术。2001 年，北京绿能公司与清华大学、北京工业学院合作，研制出了以燃料电池为动力的出租车、客车和 12 个座位的公共汽车。清华大学也研制了以燃料电池为动力的公共汽车，同时与三星、丰田合作进行车辆的研制工作。2003 年，上海汽车集团(以下简称“上汽”)与同济大学合作研制了燃料电池发电机，以桑塔纳 2000 为基础，研制出“超越一号”燃料电池汽车，后续又研制出“超越二号”燃料电池汽车。“超越二号”燃料电池汽车能在 14 s 内加速到 80 km/h，最高车速达 110 km/h，可连续行驶 210 km。后备箱内放置的是可充气的氢气瓶，燃料氢气从这里沿管道进入反应器，和空气中的氧气结合释放能量，提供汽车前进的动力。为防止氢气从瓶中逃逸，氢气瓶采用了铝板碳纤维的特殊材料，里面层层设防。为安全起见，后厢内还安装了监测器，一旦氢气浓度升高，会及时报警。经测试，该车在污染排放、CO_2 排放、噪声和燃料经济性方面达到 A 级水平。

2008 年北京奥运会上，23 辆燃料电池汽车投入运行，其中有 3 辆客车作为奥运会所用的大巴，在北京 801 路公交线路上进行了示范运行，其燃料电池的功率是 80 kW。2009 年，共有 16 辆燃料电池汽车到美国加州进行试验。2010 年上海世博会，有 196 辆燃料电池汽车投入运营，燃料电池功率是 50 kW，锂电池的功率是 20 kW，同时这些燃料电池汽车还参加了新加坡的国际足联 U-20 世界杯。在这之后，上汽进行了“2014 创新征程万里行”，燃料电池汽车、纯电动汽车和插电式混合动力汽车三种车型参加了示范，在全国 14 个省(包括直辖市)、自治区的 25 个城市运行，总里程超过 10 000 km，接受了沿海潮湿、高原极寒、南方湿热、北方干燥的考验。在客车方面，宇通推出了第三代燃料电池客车，氢燃料加注时间仅需 10 min，测试工况下续驶里程超过 600 km，成本下降了 50%。上海大通 V80 氢燃料电池版轻客采用新能源动力电堆驱动，最高车速可达 120 km/h。

为推动新能源汽车产业高质量发展，加快建设汽车强国，2020 年 11 月 2 日，国务院办公厅印发的《新能源汽车产业发展规划(2021—2035 年)》提出，要以纯电动汽车、插电式混合动力(含增程式)汽车、燃料电池汽车为“三纵”，布局整车技术创新链；以动力电池与管理系统、驱动电机与电力电子、网联化与智能化技术为“三横”，构建关键零部件技术供给体系。在财政补贴方面，2021 年 12 月 31 日，财政部等国家四部委联合下发《关于 2022 年新能源汽车推广应用财政补贴政策的通知》，明确了 2022 年新能源汽车补贴标准在 2021 年基础上退坡 30%。

1.3.2 我国燃料电池电动汽车发展经历

我国燃料电池汽车示范应用已取得突破性进展。在充分考虑我国燃料电池汽车的发展现状、基础设施发展现状及成本基础后，可以得出我国燃料电池汽车的发展路径：通过发展燃料电池商用车，实现规模化，以降低燃料电池及氢气成本，再拓展到乘用车领域。在燃料电池客车方面，经过十几年的研发投入，我国燃料电池技术日益成熟，以福田欧辉、郑州宇通及佛山飞驰等为代表的燃料电池客车正逐步市场化。福田欧辉作为我国燃料电池商用车的龙头企业，已完成三代车型的开发，并逐步实现商业化运营。福田欧辉的第三代燃料电池客车，可实现−20 ℃低温启动，续驶里程也提高到 500 km。福田燃料电池客车曾亮相于北京奥运会和上海世博会，近年来技术又得到提升。2016 年，福田欧辉燃料电池客车获得全球首个 100 辆的订单，实现了商业化运行。宇通客车作为我国最早研发燃料电池客车的整车企业之一，通过多年的技术积累，于 2016 年开发出第三代燃料电池客车。在燃料电池物流车方面，我国也有多年的技术积淀，已具备商业化发展条件。北汽福田早在 2013 年就启动了燃料电池增程式物流车项目，2017 年又启动了全新平台的燃料电池环卫车项目。上汽大通在 2017 年的广州车展上正式展出燃料电池货车 MAXUS FCV80。该车搭载上汽集团自主研发的燃料电池电堆系统，使用便利性可媲美传统燃油商用车，2018 年获得 100 辆的订单。除此之外，东风汽车和青年汽车开发的燃料电池物流车均已进入运营阶段。近年来，我国燃料电池商用车得到较大发展，截至 2021 年年底，我国燃料电池汽车累计推广近 9 000 辆，从市场发展阶段来看，目前燃料电池汽车尚处于产业发展初期，市场规模还比较小。2021 年，我国燃料电池汽车销量为 1 881 辆，同比增长 25.7%，车型以客车和专用车为主；燃料电池专用车销量为 830 辆，占比 44.1%，市场份额呈回升态势。

2022 年 2 月，在北京冬奥会举办期间，为践行绿色办奥，助力“碳中和”，超过 1 000 辆的燃料电池电动汽车投入使用，并配备 30 多个加氢站。燃料电池电动汽车在 −20 ℃的情况下运行良好，为这项国际重大体育赛事提供运输保障服务。本次冬奥会是国内首次大规模使用氢燃料电池汽车，也是全球最大规模的燃料电池汽车示范运营，在严苛的可靠性要求和低温运行环境下，燃料电池电动汽车经受住了考验，充分展示了氢能技术的成熟性和应用潜力，对于构建低碳交通体系具有重要的示范意义。

2022 年 1—7 月，国内燃料电池车销量为 1 633 辆，同比增长 141.9%，超过 2021 年全年 1 596 辆的销售水平。我国燃料电池电动车的发展以公交和重卡等公用车辆为主，尤其是重卡。2020 年，燃料电池重卡销量只有 18 辆；2021 年，燃料电池重卡销售量达到 779 辆；2022 年 1—7 月，燃料电池重卡销售量达到 664 辆，同比增长 89%。

1.4　我国燃料电池电动汽车技术发展路线

1.4.1　我国燃料电池电动汽车发展的目标

2015 年 9 月 29 日，国家制造强国建设战略咨询委员会发布《〈中国制造 2025〉重点领域技术路线图（2015 版）》，要求继续支持电动汽车、燃料电池汽车发展，掌握汽车低碳化、信息化、智能化核心技术，提升动力电池、驱动电机、高效内燃机、先进变速器、轻量化材料、智能控制等核心技术的工程化和产业化能力，形成从关键零部件到整车的完整工业体系和创新体系，推动自主品牌节能与新能源汽车同国际先进水平接轨。

1. 我国燃料电池电动汽车发展规划

《中国制造 2025》提出了关于新能源汽车的发展规划：到 2025 年，基本完善制氢、加氢等基础设施，燃料电池电动汽车实现区域小规模运行。为了推行氢燃料电池电动汽车，国家出台了相应的补贴政策，同时国务院办公厅提出：对符合国家技术标准且日加氢能力不少于 200 kg 的新建燃料电池汽车加氢站，每个站奖励 400 万元。相信沿着这个目标，我国的氢燃料电池汽车，尤其是氢燃料电池客车必定会有一个大的发展前景。

工业和信息化部装备工业司发布了《〈中国制造 2025〉解读之：推动节能与新能源汽车发展》，提出了新能源汽车产业发展的战略目标，在燃料电池汽车方面主要有以下三个方面。

(1) 关键材料、零部件逐步国产化

到 2020 年，实现燃料电池关键材料批量化生产的质量控制和保证；到 2025 年，实现高品质关键材料、零部件国产化和批量供应。

(2) 燃料电池堆和整车性能逐步提升

到 2020 年，燃料电池堆寿命达到 5 000 h，比功率超过 2 kW/L，整车耐久性达到 15 万 km，续驶里程 500 km，加氢时间 3 min，冷启动温度低于 −30 ℃；到 2025 年，燃料电池堆耐久性达到 6 000 h，比功率超过 2.5 kW/L，到 2030 年燃料电池堆耐久性达到 8 000 h，比功率超过 2.5 kW/L。燃料电池堆系统可靠性和经济性大幅提高，和传统汽车、电动汽车相比具有一定的市场竞争力，实现批量生产和市场化推广。

(3) 燃料电池汽车运行规模进一步扩大

到 2020 年，生产 1 000 辆燃料电池汽车并进行示范运行，到 2025 年，制氢、加氢等配套基础设施基本完善，燃料电池汽车实现区域小规模运行。

《中国制造 2025》明确了新能源汽车的发展方向，从另外一个角度提出了新能源汽车发展的要求，以低碳化、信息化、智能化为核心技术，全面提升新能源汽车技术。

我国对燃料电池汽车的具体规划为 2020 年实现燃料电池汽车技术规模化示范运行，示范车辆超过 5 000 辆。其中，乘用车 2 000 辆，商用车 3 000 辆。2025 年实现燃料电池汽车技术的推广应用。以城市私人用车、公共服务用车的批量应用为主，商用车达到 1 万辆的规模，乘用车达到 4 万辆的规模。

《节能与新能源汽车技术路线图 2.0》指出，2025 年新能源汽车占汽车总销量比值为 20%左右，2030 年为 40%左右，2035 年为 50%以上，新能源汽车将成为主流。另外，到 2025 年，氢燃料电池汽车保有量要达到 10 万辆，到 2035 年达到 100 万辆。

总之，汽车产业是我国国民经济的重要支柱产业，将间接带动约 40 万亿元产值规模的庞大上下游产业。我国提出的 2035 年“生态环境根本好转，美丽中国目标基本实现”的战略目标，要求我国汽车产业技术加速向清洁低碳化转型升级。我国石油对外依存度为 70%，远超 50%的安全线，能源安全要求持续提高能效。环保问题不断凸显，蓝天保卫战要求低排放发展。气候变化问题日益突出，低碳绿色发展要求汽车产业进行低碳化转型。

2. 我国燃料电池电动汽车技术发展路线

我国燃料电池电动汽车的技术路线以实现燃料电池电动汽车产业化为目标，开展燃料电池系统、燃料电池堆及材料、车载储氢与加氢站等关键产业环节技术与产品攻关，突破核心技术，提高性能并进一步降低成本；建立并完善燃料电池关键技术及产业链，使燃料电池乘用车与商用车具有较强市场竞争力，并实现全面产业化。该技术发展路线可分为三个阶段。

第一阶段，在 2020 年我国燃料电池堆达到最高效率 60%，冷启动温度 −30 ℃，材料成本 1 000 元/kW。乘用车达到额定功率 70 kW，燃料电池堆寿命 5 000 h，体积比功率 3.0 kW/L，质量比功率 2.0 kW/kg。商用车达到额定功率 70 kW，燃料电池堆寿命 10 000 h，体积比功率 2.0 kW/L。在性能的提升上，基于现有材料体系优化膜电极结构，优化金属双极板和石墨双极板的结构。在燃料电池堆寿命的提升上，优化电堆设计，提高电堆关键部件的一致性。在环境适应性上，研究关键材料和部件低温特性。在成本控制上，减少关键材料用量，降低材料成本。

第二阶段，到 2025 年，达到最高效率 65%，冷启动温度 −40 ℃，材料成本 500 元/kW。乘用车达到额定功率 90 kW，燃料电池堆寿命 6 000 h，体积比功率 3.5 kW/L，质量比功率 2.5 kW/kg。商用车达到额定功率 120 kW，燃料电池堆寿命 20 000 h，体积比功率 2.5 kW/L。在性能的提升上，应用新型电极材料和电堆结构。在燃料电池堆寿命的提升上，开发高效水管理技术、应用新材料。在环境适应性上，开发电堆低温启动技术。在成本控制上，开发复合质子交换膜、新型催化剂等关键材料，开发金属和石墨双极板的批量制备技术。

第三阶段，到 2030 年，达到最高效率 65%，冷启动温度 −40 ℃，材料成本 150 元/kW。乘用车达到额定功率 120 kW，燃料电池堆寿命 8 000 h，体积比功率 4.0 kW/L，质量比功率 3.0 kW/kg。商用车达到额定功率 170 kW，燃料电池堆寿命 30 000 h，体积比功率 3.0 kW/L。在性能的提升上，强化新材料和结构的应用验证。在燃料电池堆寿命的提升上，优化电堆水管理技术、强化新材料应用。在环境适应性上，开发动力系统综合热管理技术。在成本控制上，应用低成本关键材料和部件，降低制造成本。

1.4.2　我国燃料电池电动汽车技术现状与进展

在国家科技计划支持下，通过产学研联合攻关，我国燃料电池汽车技术研发取得一定进展，但也有不足之处。我国燃料电池汽车技术的进展有初步掌握了整车、动力系统与核心部件的核心技术；基本建立了具有自主知识产权的燃料电池轿车与燃料电池城市客车动力系统技术平台；初步形成了燃料电池发动机、动力电池、DC/DC 变换器、驱动电机、供氢系统等关键零部件的配套研发体系。燃料电池系统方面，能够实现 −30 ℃低温启动、燃料电池堆寿命 12 000 h；功率密度 2.0 kW/L、比功率 1.5 kW/kg；能量效率 60%；铂担量 0.4 g/kW；客车百公里氢耗≤6 kg，轿车百公里氢耗≤1.1 kg；具备百辆级动力系统与整车生产能力。不足之处有：氢能研发起步早，但体系不完善；燃料电池汽车技术有所进步，但关键技术还落后于国外；核心专利少，创新能力不足；加氢站建设滞后；相关规章政策还不完善；产业整体处于研发示范阶段。

1.4.3　我国燃料电池电动汽车发展措施

1. 政策与产业方面

延续燃料电池汽车的补贴政策，并继续出台政策鼓励购买燃料电池汽车，如免费使用氢燃料等；继续给予燃料电池汽车免购置税、车船税、过路过桥费等优惠条件；鼓励社会资本和有技术创新能力的企业参与燃料电池汽车科研生产，对投资企业给予无偿贷款担保、部分税费减免以及生产资质等方面的支持政策；进一步加大研发和技术攻关的投入力度，突破关键共性技术，支持科研成果的工程化和产业化；重视燃料电池汽车关键零部件及装备制造相关产业的发展，对关键核心零部件和首台(套)设备的国产化替代应用予以支持，谨防产业的空心化发展；规范引导资本进入燃料电池汽车领域，扶持燃料电池相关企业在资本市场方面的正常运营，推动燃料电池汽车及相关产业的健康发展，防止过热和盲目投资。

2. 氢能基础设施方面

进一步明确加氢站建设的审批部门及流程，并尽快予以实施；完善加氢站安全技术规范及技术标准，并予以落实；出台并实施至少到2025年的对加氢站承建公司的奖励政策；加强加氢站的技术开发和建设，以京津冀、长三角、珠三角为核心，建立百座以上的加氢站，在主要示范城市逐步建立更多的加氢站。

3. 制氢储氢技术方面

从氢能的来源看，目前我国存在的焦炉气和工业副产气中含有大量的氢，同时可再生能源如弃风、弃电、弃水，也可以作为制取氢气的来源。重点研究高效低成本的化石能源和可再生能源制氢技术，根据国情及不同地域特征进行制氢技术研究；在制氢以及有机液态储氢技术上加大研发力度，重点培养该方面的人才；充分利用工业副产氢，并在城市建立用氢据点；积极促进和国外合作，并引进先进技术和先进设备进行消化吸收，解决制氢储氢问题。

4. 核心技术与专利方面

继续加大在创新技术能力上的投资，提高我国的创新能力，拥有更多专利；增加对高校和企业的专利研发奖励，鼓励其进行相关领域的专利技术研发，同时加强对自主知识产权的保护；针对国外标杆企业专利布局和技术竞争力进行分析，以绕开其技术壁垒；对业内的供应商、出现的潜在竞争者进行技术实力评估，以便寻找到合作伙伴；有针对性地分析目前全球机构在国内市场的专利布局，帮助竞争企业有策略地进行专利布局，防范风险。

5. 燃料电池动力系统及电堆技术方面

加大对系统集成和电堆技术的研究，实现电堆及其相关核心材料的国产化；提高电堆的功率密度；提高电堆的可靠性和耐久性；加强燃料电池基础关键部件制备和电堆集成技术等燃料电池电堆相关技术的研究和开发验证工作；促进燃料电池研究成果与发动机生产单位的融合；进一步研究阳极水管理过程、低温启动、系统模块化，延长燃料电池系统的寿命；发展燃料电池电堆快速评价方法，推进加氢站建设和燃料电池汽车的示范运行，以示范带动技术链与产业链的发展；加强燃料电池动力系统和电堆上下游产业链技术的研究，比如关键材料的自主研发等；加强对外交流和合作，输送人才去国外进修与学习；促进国内外企业合作，进行技术共享，培养自己的专业技术团队，以能够消化吸收产业化技术和自主完成批量生产为目标。

6. 燃料电池关键材料方面

积极推进关键材料如催化剂、质子交换膜、膜电极等的国内自主研究，加大对批量生产线的资助力度与研发投入，并积极鼓励替代材料的研究，实现关键材料国产化，降低成本，为燃料电池商业化奠定基础；把超低铂、非铂催化剂和电极的开发与使用作为一项艰巨而长久的任务；发挥产业联盟和专业机构的作用，与国外关键材料生产企业保持良好的业务往来，推动形成共赢局面；加大对先进制备技术与设备的投入，鼓励先进制备技术和设备的国产化，对首台(套)设备的应用给予支持。

7. 燃料电池系统附件方面

与国外先进企业进行合资和合作，以引进技术为先，最终实现技术的消化吸收和国产化应用；通过政府支持，促进企业加大研发经费投入，鼓励国内厂家和企业或者机构对空气压缩机、加湿器等系统附件的研发和产业化生产；促进高校和企业的合作，积极寻找突破口，加大产学研推进力度，实现科研成果的工程化和产业化。

8. 燃料电池电动汽车整车方面

对燃料电池电动汽车相对传统汽车和其他新能源汽车具有应用优势的车型领域，如载货汽车、物流车、大型城际客车等，予以重点扶持，尽快推进实现产业化突破；进一步突破燃料电池汽车整车集成技术，扩大燃料电池汽车在能源结构供给、续驶里程等方面的技术优势，尽快实现点面突破，从而带动全局突破。

9. 燃料电池电动汽车监控平台建设方面

借鉴国家电动车管理模式，建立燃料电池国家监控平台，对燃料电池运营关键参数进行实时监控，同时，利用采集的数据进行大数据分析，诊断燃料电池汽车技术和产业上存在的问题，并推动解决；基于燃料电池示范运行项目，开展典型区域如京津冀、长三角、珠三角和中原地区的远程监控测试验证与评价工作；首先建立燃料电池监控规范的团体标准，进而推广到国家标准。

10. 科普宣传方面

定期开展国际交流，了解国外先进燃料电池汽车与加氢基础设施的运营管理经验，并加强学习；定期组织召开国内燃料电池技术研讨会、讲座、培训等，通过走进高校、社区等方式进行宣传，提升燃料电池汽车的社会认知度；通过网站、简报、媒体及宣传资料等各种形式，展示新型环保汽车；开展试乘试驾、移动巡展、固定展览、活动赛事等活动，提高公众参与度；开展公众认知调查，包括政府人员、行业专家、技术人员、乘客、驾驶人员等，以便有针对性地做好宣传工作。

知识拓展

2022年中国氢燃料电池汽车市场现状及发展前景预测分析（节选）

中商情报网讯：氢燃料电池指的是氢通过与氧的化学反应而产生电能的装置。和电动车相比，氢燃料电池车续航足、加氢快；和传统燃油车比，氢燃料电池车又具有节能减排的属性。因此，氢能源汽车被视为21世纪最具发展潜力的清洁能源汽车，开发氢能已引起各国的高度重视。

一、市场现状

1. 产销情况

燃料电池车相比传统汽车，具有无污染、零排放、无噪声、无传动部件的优势；相比电动车，具有续航里程长、充电时间短、起动快的优势，发展前景广阔。我国目前已研发出燃料电池乘用车、客车、物流车等不同类型。数据显示，2021年，燃料电池汽车产销分别完成1 777辆和1 586辆，同比分别增长48.2%和34.7%。

2. 保有量

截至 2021 年，全球主要国家氢燃料电池汽车保有量为 49 562 辆，中国占 18%，保有量约为 8 922 辆。《氢能产业发展中长期规划(2021—2035 年)》指出，到 2025 年我国将初步建立较为完整的氢能供应链和产业体系，氢燃料电池汽车保有量约为 5 万辆。

二、发展前景

1. 政策利好行业发展

近日国家发展革命委、国家能源局联合印发的《氢能产业发展中长期规划(2021—2035 年)》提出，立足本地氢能供应能力、产业环境和市场空间等基础条件，结合道路运输行业发展特点，重点推进氢燃料电池中重型车辆的应用，有序拓展氢燃料电池等新能源客、货汽车市场应用空间，逐步建立燃料电池电动汽车与锂电池纯电动汽车的互补发展模式，促进氢燃料电池汽车行业发展。

2. “双碳”目标推动行业发展

2020 年是全球氢能发展加速之年，碳达峰、碳中和战略下脱碳成为全球氢能发展的第一驱动力。在此背景下，我国提出二氧化碳排放力争于 2030 年前达到峰值，努力争取 2060 年前实现碳中和。低碳清洁的氢能源成为实现碳中和路径的重要抓手。在政策的推动下，未来我国氢能源行业将进一步扩大市场，氢燃料电池汽车迎来新的发展方向。

3. 配套设施逐步完善利于行业发展

数据显示，2025 年氢能源将满足全球最终能源需求的 7%。在倡导健康环保的时代背景之下，发展新能源汽车是目前的主流趋势之一，其中氢能源汽车具有环境相容性良好、能量转换效率高、噪声小、续航里程长、加注燃料时间短、无需充电等特点，被视为很有前景的清洁能源汽车。

为构建可持续发展社会，未来氢燃料电池汽车市场规模将会进一步扩大，加速推进绿色环保社会。氢燃料电池汽车行业将迎来重大发展机遇。

资料来源：中商情报网(https://www.askci.com/news/chanye/20220411/1730291820581.shtml)

本章小节

本章主要对燃料电池的早期发展和应用作了概述，并展望了其发展前景。1966 年，美国通用公司对为美国登月计划研发的氢燃料电池进行了 10 个月的测试，发现其在耐久性及应对极端气候等方面均有不错表现。不过由于种种原因，这款氢燃料电池被雪藏多年，直到 2001 年才重见天日，成为通用氢燃料电池科技的巡回展演范本。20 世纪 90 年代，氢燃料电池汽车的研发大旗被日韩接管，两国后来居上，本田、丰田、现代汽车三家车企先后进军氢燃料电池汽车的研发工作。从 2013 年开始，日韩企业的研发成果陆续出炉，韩国现代 Tucson FCEV 燃料电池车、丰田 MIRAI 燃料电池车等量产产品接连问世，拉开了燃料电池电动汽车“飞入寻常百姓家”的产业化进程。从目前的全球市场看，国外车企普遍将重点放在乘用车领域，丰田、本田、现代、奔驰属于典型代表，是比较领先的四家企业。这四家企业在氢燃料乘用车领域一直有持续投入，在车型研发上也比较特别。

在燃料电池汽车推广过程中，多国政府和汽车制造商都已经认识到了加氢站对于燃料电池汽车产业化的重要性，并积极开展氢燃料电池汽车的关键技术研究，同时不断加大对加氢站等基础配套设施的建设力度。

自 2016 年《节能与新能源汽车技术路线图 1.0》发布以来，到 2021 年，我国累计生产燃料电池汽车超过 1 万辆，已经超过了路线图 1.0 当时预设的 5 000 辆的目标，也达到了路线图 2.0 设定后的 8 000～10 000 辆的目标；累计销售量从 2017 年的 1 000 辆增加到了 2021 年的 8 600 辆，5 年间增长了 8 倍，与美国、日本、韩国共同成为了全球氢燃料电池汽车推广应用的核心国家。我国氢燃料电池汽车的数量大概占到全球总量的 17%，市场发展与路线图的研判路径基本上是吻合的。《节能与新能源汽车技术路线图 2.0》发布后，我国燃料电池电动汽车技术有了更高的发展目标。

根据国家发展改革委、国家能源局印发的《氢能产业发展中长期规划（2021—2035 年）》，我国氢能燃料电池汽车的发展将经历三个阶段。

第一阶段：在 2020 年初步实现氢能燃料电池汽车的商业化应用。商业化规模达到 1 万辆，投入运营的加氢站 100 座，在北京、上海、郑州、武汉、成都、张家口、佛山等全国多个大中小城市，以公共交通、仓储物流为主要的业务，开展氢能燃料电池汽车的商业化示范运行，累计运行里程达到 1 亿 km。

第二阶段：到 2025 年，加快实现氢能燃料电池汽车的推广应用，以公共服务用车的批量应用为主，基于现有的储存、运输和加注的技术，在 150 km 的辐射范围内，因地制宜地推广氢能燃料电池技术。通过优化燃料电池系统的结构，加速关键零部件的产业化，大幅度降低燃料电池系统的成本，车辆的保有量要达到 5 万～10 万辆。

第三阶段：到 2030 至 2035 年，要实现氢能燃料电池技术的大规模推广应用，大规模的氢的制取、储存、运输、应用达到一体化，加氢站的现场储氢、制氢规模的标准化和推广应用也要达到一定的程度；要完全掌握燃料电池关键核心技术，具有完备的燃料电池的材料、部件及系统的制备能力。

我国氢燃料电池汽车的市场将快速起步，商业化进程基本上符合预期，同时也要走出具有中国特色的发展路径。国内燃料电池汽车发展还有一个突出特点，即近 5 年商用车（客车和卡车）发展较快。统计数据显示，到 2021 年年底，国内推广的燃料电池客车和货车分别达到 4 100 辆和 4 400 辆，但乘用车较少，不足 100 辆。

思考与练习

一、单项选择题

1. （　　）被视为燃料电池诞生年，（　　）也被视为燃料电池之父，自此拉开了燃料电池发展的序幕。

   A. 1839 年，威廉・葛洛夫

   B. 20 世纪 50 年代，弗朗西斯・托马斯・培根

   C. 20 世纪 70 年，杜邦公司

   D. 19 世纪 60 年代，威廉・葛洛夫

2. 我国提出的(　　)年“生态环境根本好转,美丽中国目标基本实现”的战略目标要求我国汽车产业技术加速向清洁低碳化转型升级。

A. 2020　　B. 2025　　C. 2030　　D. 2035

3. 目前我国在燃料电池系统方面,能够实现(　　)低温启动。

A. −20 ℃　　B. −30 ℃　　C. −35 ℃　　D. −40 ℃

4. 节能与新能源汽车技术路线图 2.0 指出,2025 年新能源汽车占汽车总销量比值为 20%左右,2030 年为 40%左右,2035 年为(　　)以上,新能源汽车成为主流。

A. 300%　　B. 400%　　C. 50%　　D. 60%

5.《中国制造 2025》提出了关于新能源汽车的发展规划:在(　　)年之前,基本完善制氢、加氢等基础设施,燃料电池电动汽车实现区域小规模运行。

A. 2020　　B. 2025　　C. 2030　　D. 2035

6. 燃料电池开始在军事和航空领域应用是在(　　)。

A. 19 世纪后期　　B. 20 世纪前期

C. 20 世纪中期　　D. 20 世纪后期

7. 目前我国在燃料电池系统方面,燃料电池堆寿命可达(　　)。

A. 10 000 h　　B. 11 000 h　　C. 12 000 h　　D. 13 000 h

8. 2021 年 12 月 31 日,财政部等五个国家部委联合下发《关于 2022 年新能源汽车推广应用财政补贴政策的通知》,明确 2022 年新能源汽车补贴标准在 2021 年基础上退坡(　　)。

A. 10%　　B. 20%　　C. 30%　　D. 40%

9. 在 2008 年北京奥运会上推出了 23 辆燃料电池汽车,其中有(　　)辆客车。

A. 1　　B. 2　　C. 3　　D. 4

二、填空题

1. 技术发展路线指出,到 2035 年我国在燃料电池私人用车、大型商用车领域实现大规模商业推广,达到(　　)万辆规模。
2. (　　)年,清华大学研制出了我国第一辆燃料电池汽车。
3. 节能与新能源汽车技术路线图 2.0 指出,到 2025 年,氢燃料电池汽车保有量要达到(　　)万辆。
4. 我国“十四五”规划纲要中,(　　)被列为前瞻谋划的六大未来产业之一。
5.《中国制造 2025》从另外一个角度提出了新能源汽车发展的要求,以(　　)为核心技术,全面提升新能源汽车技术。
6.《新能源汽车产业发展规划(2021—2035 年)》提出“三纵”是纯电动汽车、插电式混合动力汽车和(　　)。

三、问答题

1. 我国燃料电池电动汽车的总体发展思路是什么?
2. 我国燃料电池电动汽车的技术发展路线是怎样的?
3. 世界上第一个燃料电池是在什么时间,由谁发明的?
4. 我国首个氢能产业中长期规划是什么?

5. 我国燃料电池从什么时间开始应用的?
6.《中国制造 2025》在燃料电池汽车方面提出的战略目标有哪些?
7.《新能源汽车产业发展规划(2021—2035 年)》提出的“三纵”“三横”是什么?
8. 我国燃料电池电动汽车发展的远期目标是什么?
9. 我国燃料电池电堆技术发展的三个阶段是什么?
10. 我国燃料电池电动汽车整车方面的发展还需要哪些工作?

第2章

燃料电池

学习目标

素质目标

1. 通过了解燃料电池技术的发展,养成善于思考的习惯;
2. 通过了解中国燃料电池技术研发历程,树立创新意识和科技报国的精神。

知识目标

1. 熟悉燃料电池的概念和工作原理;
2. 掌握燃料电池的基本结构;
3. 熟悉燃料电池的类型和应用。

能力目标

1. 能认识各类燃料电池及其特点;
2. 能分析燃料电池的基本结构及工作原理;
3. 能指出各类燃料电池应用中的问题并提出应对思路。

2.1　燃料电池概述

2.1.1　燃料电池的概念

燃料电池(Fuel Cell，FC)，是一种通过氧化还原反应将燃料和氧化剂的化学能转换成电能的电化学反应装置。燃料电池与常规电池的区别在于，它工作时需要连续不断地向电池内输入燃料和氧化剂，只要持续供应燃料和氧化剂，燃料电池就会不断提供电能。另外，燃料电池以燃料和氧气作为原料，在能量转换过程中，生成物主要是水，几乎不产生污染环境的含氮和硫的氧化物。因此，燃料电池被认为是一种环境友好的能量转换装置。

我们通常用以下指标来衡量燃料电池的性能：

① 总体性能(I-V 曲线、功率密度)。

② 电极反应动力学(活化损失、交换电流密度、传递系数、电化学活性表面积)。

③ 欧姆特性(欧姆阻抗、电解质电导率、接触电阻、电极电阻、内部接触电阻)。

④ 质量传输特性(极限电流密度、扩散系数、渗透率、压强损耗、反应物/生成物均匀性)。

⑤ 寄生损失(漏电流、副反应、燃料泄漏、BOP 消耗功率)。

⑥ 电极结构(孔隙率、弯曲率、电导率)。

⑦ 催化层结构(厚度、孔隙率、催化剂负载、颗粒大小、电化学活性表面积、催化剂利用率、三相界面、离子传导率、电子传导率)。

2.1.2　燃料电池的特点

燃料电池是一种直接将燃料的化学能转化为电能的装置。从理论上来讲，只要连续供给燃料，燃料电池便能连续发电。因此，燃料电池被誉为是继水力、火力、核电之后的第四代发电技术。燃料电池的主要特点如下。

1. 发电效率高

燃料电池发电不受卡诺循环的限制。理论上它的发电效率可达到 85%～90%，但由于工作时各种极化的限制，目前燃料电池的能量转化效率约为 40%～60%。若实现热电联供，燃料的总利用率可达 80%以上。

2. 环境污染小

燃料电池以天然气等富氢气体为燃料时，二氧化碳的排放量比热机过程减少 40%以上，这对缓解地球的温室效应是十分重要的。另外，由于燃料电池的燃料气在反应前必须脱硫，而且按电化学原理发电，没有高温燃烧过程，因此发电过程中几乎不排放含氮和硫的氧化物，减轻了对大气的污染。

3. 比能量高

单位质量或单位体积的电池所给出的能量，也称质量比能量(W·h/kg)或体积比能量(W·h/L)。燃料电池中液氢燃料电池的比能量是镍镉电池的 800 倍，直接甲醇燃料电池的比能量比锂离子电池(能量密度最高的充电电池)高 10 倍以上。目前，燃料电池的实际比能量尽管只有理论值的10%，但仍比一般电池的实际比能量高很多。

4. 燃料范围广

对于燃料电池而言，只要是含有氢原子的物质都可以作为燃料，例如天然气、石油、煤炭等化石产物，或是沼气、酒精、甲醇等，因此燃料电池非常符合能源多样化的需求。而一些燃料电池如熔融碳酸盐燃料电池（Molten Carbonate Fuel Cell，MCFC）和固体氧化物燃料电池（Solid Oxide Fuel Cell，SOFC），可以直接利用天然气和低分子的碳氢气体作为燃料。此外，利用自然界的太阳能及风力等可再生能源提供的电力，可用来将水电解产生氢气，再供给燃料电池，如此亦可将水作为未经转化的燃料，实现完全零排放的能源系统。

5. 可靠性高

当燃料电池的负载有变动时，它会很快响应。无论是高于额定功率过载运行还是低于额定功率运行，它都能承受且效率变化不大。燃料电池运行高度可靠，可作为各种应急电源和不间断电源使用。

6. 易于建设

燃料电池的制造一般采用模块结构，因此它可以像常规电池一样通过多个模块串联或并联的组合方式进行供电，并根据用途和容量进行调节。燃料电池具有组装式结构，安装维修方便，不需要很多辅助设施。

然而，目前燃料电池也存在一些不足，比如燃料电池的制造成本高，是制约其应用的主要因素；另外，燃料的存储也面临着困难，氢气是燃料电池的最佳选用燃料，而氢气体积能量密度低，存储困难，如因密封不良导致氢气泄漏，会降低氢的利用率从而严重影响燃料电池的效率。因此，燃料电池至今未得到大规模应用。

2.1.3 燃料电池的工作原理

燃料电池由阳极、阴极和离子导电的电解质构成，其工作原理与普通电化学电池类似。燃料在阳极氧化，氧化剂在阴极还原，电子从阳极通过负载流向阴极构成电回路，产生电流。如图2-1所示，以氢燃料为例，介绍燃料电池的基本工作原理。

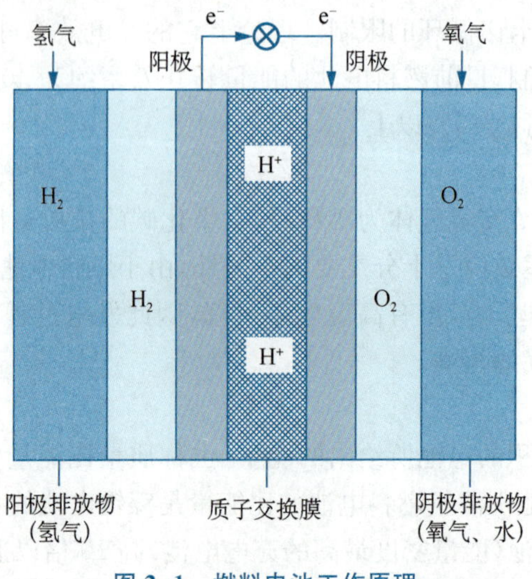

图2-1 燃料电池工作原理

阳极为氢燃料发生氧化的场所，阴极为氧化剂还原的场所，两极都含有催化剂，用以加速电化学反应，质子交换膜作为传递 H^+ 的介质，只允许 H^+ 通过。氢燃料电池工作时相当于一个直流电源，阳极为电源负极，阴极为电源正极。

电堆工作时，氢气和氧气分别由进口引入，经电堆气体主通道分配至各单电池的双极板，经双极板导流均匀分配至电极，通过电极支撑体与催化剂接触进行电化学反应。化学反应式如下：

$$\text{阳极(负极)}: 2H_2 \rightarrow 4H^+ + 4e^-$$

$$\text{阴极(正极)}: 4H^+ + 4e^- + O_2 \rightarrow 2H_2O$$

$$\text{总化学反应式}: 2H_2 + O_2 \rightarrow 2H_2O$$

知识链接

2022 年 7 月，中国一汽首台全新红旗 H5 燃料电池汽车在研发总院试制完成。一汽研发总院项目组相关成员 20 余人参加线下仪式，共同见证了这一重要时刻。

全新红旗 H5 燃料电池汽车搭载了动力总成部自主研发的第二代燃料电池发动机，该台发动机大量采用了先进的模块化、轻量化的设计理念，体积比功率密度为 694 W/L，较上一代提升 40%，额定功率 65 kW，实现−30 ℃的快速冷启动，达到国内领先水平。

此次全新红旗 H5 燃料电池汽车的成功试制，标志着红旗新能源动力在氢燃料电池领域取得了重要进展，为走向“零碳排放、零污染”的“双零”时代，实现“双碳”目标迈出了坚实一步。

资料来源：《吉林日报》，2022 年 7 月 22 日

2.2　燃料电池的结构

2.2.1　燃料电池的基本结构

构成燃料电池最基本的结构为单电池。单电池的基本结构由质子交换膜、催化层、气体扩散层和双极板组成，如图 2-2 所示。其中，催化层与气体扩散层分别在质子交换膜两侧构成阳极和阴极，阳极为氢电极，为燃料的氧化反应发生所在电极；阴极为氧电极，为氧化剂的还原反应发生所在电极。阳极和阴极上都需要含有一定量的电催化剂，用来加速电极上发生的电化学反应；两电极之间是电解质，即质子交换膜；通过热压将阴极、阳极与质子交换膜复合在一起而形成膜电极。

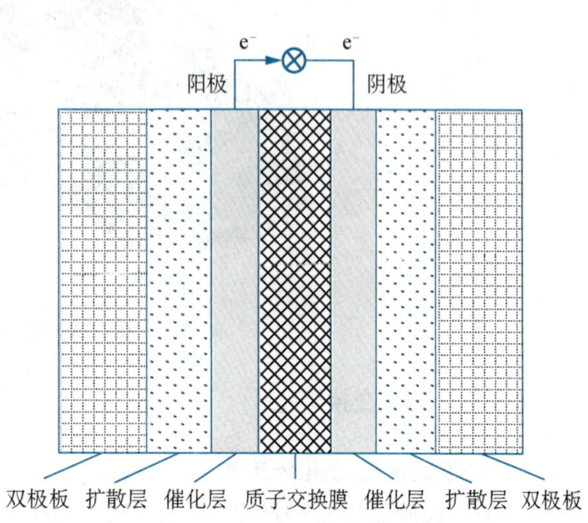

图 2-2　燃料电池基本结构

1. 质子交换膜

质子交换膜作为燃料电池的电解质,起到传导质子、隔离反应气体的作用。在燃料电池内部,质子交换膜为质子的迁移和输送提供通道,使得质子经过膜从阳极到达阴极,与外电路的电子转移构成回路,向外界提供电流。质子交换膜的性能对燃料电池的性能起着非常重要的作用,它的好坏也直接影响电池的使用寿命。

2. 催化层

作为氢燃料电池反应的关键,催化层是由催化剂和催化剂载体形成的薄层。催化剂主要采用铂碳(Pt/C)、铂合金/碳,载体材料主要是碳纳米颗粒、碳纳米管等。催化层材料要求导电性好,载体耐腐蚀,催化活性大。

3. 气体扩散层

气体扩散层是由导电材料制成的多孔合成物,起着支撑催化层、收集电流,并为电化学反应提供电子通道、气体通道和排水通道的作用。

4. 双极板

双极板又称集流板,放置在膜电极的两侧,其作用是阻隔燃料和氧化剂、收集和传导电流、导热,同时将各个单电池串联起来并通过流场为反应气体进入电极及水的排出提供通道。

以上为单电池的基本组成部分,而在实际应用中的燃料电池,是由若干个单电池组成电池堆,再由电池堆组成燃料电池系统,安装在车辆上,才能为燃料电池电动汽车提供动力,如图 2-3 所示。燃料电池电动汽车实质上是电动汽车的一种,在车身、动力传动系统、控制系统等方面,燃料电池电动汽车与普通电动汽车基本相同,其动力系统主要由燃料电池发电系统、燃料箱、驱动电机、动力蓄电池等组成,采用燃料电池作为主要能量源,通过电机驱动汽车前进。

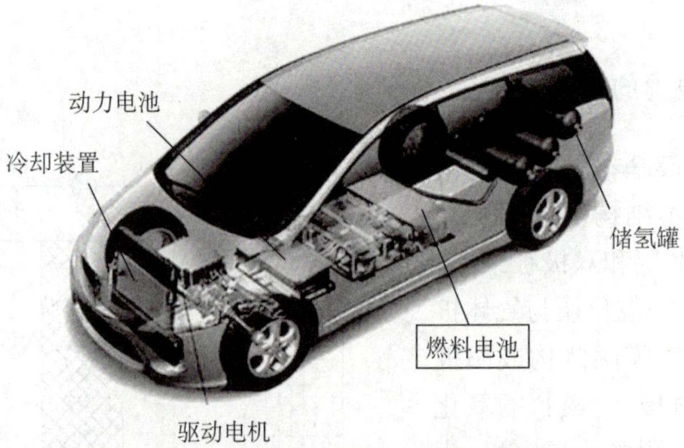

图 2-3 燃料电池汽车基本结构

2.2.2 质子交换膜

1. 质子交换膜的概念及类型

质子交换膜是以含酸性基团(如磺酸、磷酸和羧酸基团等,其中以磺酸基团为主)的高分子为材料的固体聚合物电解质膜,在燃料电池中起到分隔燃料和氧化剂、传导质子和绝缘电子的作用，如图 2-4 所示。

图 2-4　质子交换膜

按照聚合物的含氟量，可将质子交换膜分为全氟化磺酸质子交换膜、部分氟化质子交换膜和非氟化质子交换膜等。

(1) 全氟化磺酸质子交换膜

全氟化磺酸质子交换膜是指在高分子链上的氢原子全部被氟原子取代的质子交换膜。其原始单体是最简单的化合物乙烯，其中的氢原子全部被氟取代，然后将其结构磺化，即增强一个末端磺酸基团侧链，成为全氟聚乙烯磺酸膜。因此，全氟化磺酸质子交换膜由碳氟主链和带有磺酸基团的醚支链构成，具有极高的化学稳定性，成为目前应用最广泛的质子交换膜。

全氟化磺酸质子交换膜的优点有：机械强度高，化学稳定性高，在湿度大的条件下电导率高；低温时电流密度大，质子传导电阻小。但是全氟化磺酸质子交换膜也存在缺点：随着温度的升高质子的传导性会变差，高温时膜易发生化学降解；单体合成困难，成本较高，价格昂贵；用于甲醇燃料电池时易发生甲醇渗透等。

(2) 部分氟化质子交换膜

针对全氟化磺酸质子交换膜价格昂贵、工作温度低等缺点，研究人员除了对其进行复合等改性外，还开展大量新型非全氟化膜的研发工作，部分氟化质子交换膜便是其中之一，如聚三氟米乙烯磺酸膜、聚四氯乙烯膜、六氟丙烯膜等。部分氟化质子交换膜一般表现为主链全氟化，这样有利于在燃料电池苛刻的氧化环境下保证质子交换膜具有相应的使用寿命。质子交换基团一般是磺酸基团，按引入方式的不同，部分氟化质子交换膜分为三种：全氟化主链聚合，即带有磺酸基的单体接枝到主链上；全氟化侧链聚合，即单体侧链接枝，最后磺化；磺化单体直接聚合。采用部分氟化结构会明显降低薄膜成本。

(3) 非氟化质子交换膜

非氟化质子交换膜是指不含有任何氟原子的质子交换膜。与全氟化磺酸质子交换膜相比，非氟化质子交换膜具有很多优点：价格便宜，很多材料都容易买到；含极性基团的非氟化聚合物亲水能力在很宽的温度范围内都很高，吸收的水分聚集在主链上的极性基团周围，膜保水能力较高；通过适当的分子设计，稳定性能够有较大改善；废弃非氟化聚合物易降解，不会造成环境污染。

另外，磺化芳香型聚合物具有良好的热稳定性和较高的机械强度，因此，磺化产物被广泛用于质子交换膜。

2. 质子交换膜的作用及性能要求

(1) 质子交换膜的作用

质子交换膜作为电解质，起到传导质子、隔离反应气体的作用。在燃料电池内部，质子交换膜为质子的迁移和输送提供通道，使得质子经过膜从阳极到达阴极，与外电路的电子转移构成回路，向外界提供电流。具体作用如下。

① 为质子(H)传递提供通道，质子传导率越高，膜的内阻越小，燃料电池的效率越高。

② 隔离阳极和阴极，阻止阳极的燃料（H_2）和阴极的氧化剂（O_2 或空气）直接混合发生化学反应。

③ 作为电子绝缘体，阻止电子（e^-）在膜内传导，从而使燃料氧化后释放出的电子只能由阳极通过外电路向阴极流动，产生外部电流以供使用。

(2) 质子交换膜的性能要求

为保证以上作用，理想的质子交换膜通常应当满足以下性能要求。

① 良好的质子传导率，以降低电池内阻并提高电流密度。

② 较低的燃料渗透性，能有效阻隔燃料和氧化剂，避免二者在电极表面直接反应，造成电池局部过热，影响电池的效率。

③ 较高的化学和电化学稳定性，在氧化还原、酸性和自由基作用下不降解，以保证电池的工作寿命。

④ 较好的机械性能和热性能，可以承受电池加工和运行中机械和热量的冲击。

⑤ 优异的水稳定性，有利于质子交换膜吸收充足的水分而不过度溶胀，使水和质子在膜内可快速迁移。

⑥ 膜的表面适合与催化剂结合而制备膜电极。

3. 质子交换膜的性能指标

质子交换膜的物理、化学性质对燃料电池的性能有极大的影响。质子交换膜的性能指标主要有膜的厚度及其均匀性、质子传导率、离子交换摩尔质量、透气率、机械强度、溶胀率和吸水率等。

(1) 厚度及其均匀性

质子交换膜的电阻与膜的厚度成正比，降低膜的厚度，有利于提高膜的电导率和电池的工作电压。另外，膜的厚度减小，可以使阴极生成的水与阳极侧膜中所含的水形成较大的浓度梯度，使阴极生成的水便于向阳极迁移，有利于解决膜的干涸问题，从而减缓电池性能和膜使用寿命的下降。但是膜的厚度过小，会引起燃料的渗漏和膜的机械强度的下降，影响膜的工作寿命。因此，燃料电池的质子交换膜应在满足性能要求的前提下尽量做得薄且均匀性要好，这样能够在降低电池内阻的同时提高电池的性能。

(2) 质子传导率

质子传导率是指膜传导质子的能力，它是电阻率的倒数，单位为 S/cm。质子传导率是衡量膜的质子导通能力的一项电化学指标，它反映了质子在膜内迁移速度的大小。只有具备良好的质子传导性能，才可以保证较高的电流密度和电池工作效率。

(3) 离子交换摩尔质量

离子交换摩尔质量是指每摩尔离子基团所含干膜的质量，单位为 g/mol。它与表示离子交换能力大小的离子交换容量成倒数关系，体现了质子交换膜内的酸浓度。酸浓度越低，质子交换膜的质子传导率越高，内电阻越小，利用其制备得到的燃料电池性能越好。

(4) 透气率

透气率是指在单位压力下单位时间内透过单位面积和单位厚度物体的气体量，单位为 $cm^3/(cm^2 \cdot min)$。燃料电池用的质子交换膜应具有较低的透气率，起到阻隔燃料和氧化剂的作用，防止氢气和氧气在电极表面发生反应，影响燃料电池的性能和寿命。

（5）机械强度

质子交换膜的机械强度一般用拉伸强度来表示。拉伸强度是指在给定的温度、湿度和拉伸速度下，在标准膜试样上施加拉伸力，试样断裂前所承受的最大拉伸力与膜厚度及宽度的比值，单位为 MPa。在燃料电池运行时，质子交换膜的两侧总是要承受一定的压力波动。膜的机械强度过小，可能造成膜的破裂，进而引起燃料的渗漏，从而造成危险。膜的强度与厚度成正比，同时也与膜的工作环境有关，湿膜的强度大大低于干膜的强度。提高膜的强度，可以保证膜能承受燃料电池运行中不均匀的机械压力，从而保证燃料电池工作的稳定性。

（6）溶胀率

溶胀率是指质子交换膜在给定的温度和湿度下，相对于干膜在横向、纵向和厚度方向的尺寸变化，单位为%。膜中离子基团含量的多少、交联类型、交联程度和温度都会对质子交换膜的溶胀率产生一定的影响。膜的溶胀率过大，则易发生变形，从而使质子交换膜皱裂，进而影响燃料电池的性能。

（7）吸水率

吸水率是指在给定的温度和湿度下，单位质量干膜的吸水量，单位为%。吸水率不仅影响质子交换膜的质子传导性能，也会影响氧气在质子交换膜中的渗透扩散。燃料电池要求质子交换膜的吸水率适中，且具有良好的干、湿转换性。因为燃料电池在运行过程中，会使质子交换膜失去水分，所以为了获得最大的质子传导率，质子交换膜要在全湿状态下工作。

2.2.3　催化层

催化层是燃料电池电极中发生电化学反应的场所，由催化剂和催化剂载体构成。催化层需要具备质子、电子和反应气体的连续输送通道，如图 2-5 所示。

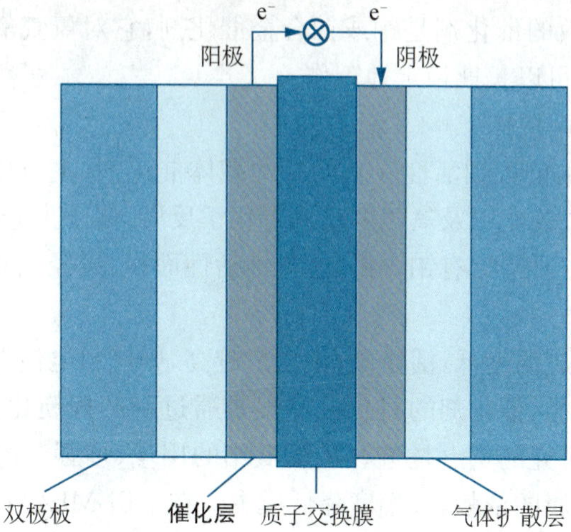

图 2-5　燃料电池的催化层

1. 电催化剂的概念及类型

电催化剂是指加速电极反应过程但本身不被消耗的物质，也简称为催化剂。

质子交换膜燃料电池的电催化剂分为非贵金属催化剂、贵金属催化剂和合金催化剂。非贵金属催化剂是不含贵金属成分的催化剂，这类催化剂价格便宜，但是催化活性较低，尤其是在低温条件下。因此尽管贵金属催化剂价格昂贵，贵金属铂及铂基合金催化剂仍是目前使用最为广泛的催化剂。

电催化剂按作用部位又可以可分为阳极催化剂和阴极催化剂两类。

2. 电催化剂的作用及性能要求

(1) 电催化剂的作用

电催化剂的主要作用是促进电极上氢氧的氧化还原反应，加快膜电极的电化学反应速率。质子交换膜燃料电池的阳极反应为氢的氧化反应，阴极反应为氧的还原反应。因为氧的催化还原作用比氢的催化氧化作用更为困难，所以阴极对催化剂的要求更高。

阳极催化层和阴极催化层是膜电极最重要的部分。阳极催化剂的作用是促进氢的氧化反应，涉及氢气氧化、气体扩散、电子运动、质子运动、水的迁移等多种过程；阴极催化剂的作用是促进氧的还原反应，涉及氧气还原、氧气扩散、电子运动、质子运动、反应生成的水的排出等。

(2) 电催化剂的性能要求

燃料电池对催化剂的性能要求主要有以下几个方面。

① 具有足够的催化活性和稳定性。

② 具有较高的质子传导率、电子传导率。

③ 具有良好的低温活性。由于质子交换膜燃料电池的工作温度低于 100 ℃，目前只有贵金属催化剂对氢气氧化和氧气还原反应表现出了足够的催化活性。

④ 阳极催化剂还应具有抗 CO 中毒的能力，对于使用烃类燃料重整的质子交换膜燃料电池系统，阳极催化剂应尤其注意这个问题。

现在所用的最有效的催化剂是铂或铂合金催化剂，它对氢气氧化和氧气还原都具有非常好的催化能力，且可以长期稳定地工作。

3. 电催化剂的性能指标

铂碳催化剂是将铂负载到活性炭上的一种载体催化剂，主要用于催化燃料电池的氢气氧化、甲醇氧化、甲酸氧化以及氧气的还原等化学反应，属于十分常见的贵金属催化剂。表征电催化剂性能的主要指标有铂含量、电化学活性面积、粒径、晶体结构和堆积密度等。

(1) 铂含量

铂属于贵金属，起燃温度低，活性高，铂含量越高，则燃料电池催化剂的活性越好。但因其储量稀有，价格高昂，催化剂的材料成本很难通过量产规模化来降低，而只能通过技术革新来实现。未来研究的重点是进一步降低铂的用量、增强其耐久性以及开发非铂催化剂，通过降低对贵金属的依赖，大幅度降低成本。在丰田 MIRAI 的燃料电池里，催化剂的铂金属含量约为 0.175 g/kW；本田 FCV 燃料电池催化剂铂金属含量降至 0.12 g/kW；而目前国内同类型产品的燃料电池催化剂中铂金属含量多在 0.4～0.5 g/kW 的水平，较好的产品可以控制在 0.3 g/kW。

(2) 电化学活性面积

电化学活性面积是指用电化学方法测得的催化剂的有效活性比表面积，单位为 m^2/g，它表示催化剂参加电化学反应的活性位的多少。

(3) 粒径

与传统化工用铂碳催化剂(铂担载量低于 5%)不同，用于燃料电池的铂碳催化剂，铂担载量一般在 20%以上，要求铂纳米颗粒粒径为 2～5 nm、粒径分布窄、在炭上分散均匀、不含有害杂质，这样催化剂就能具有较好的催化活性和稳定性。但是由于铂纳米颗粒的表面能非常大，很容易团聚。因此，制备铂碳催化剂的工艺难度非常大，这也是目前催化剂规模化制备研究的难点和重点。

(4) 晶体结构

晶体结构即晶体的微观结构，是指晶体中实际质点(原子、离子或分子)的具体排列情况。铂碳催化剂都以结晶状态使用，晶体结构是决定铂碳催化剂性能的基本因素之一。

(5) 堆积密度

堆积密度是指单位体积(含物质颗粒固体及其闭口、开口孔隙体积和颗粒间空隙体积)物质颗粒的质量。它是表示催化剂密度的一种方式，是大群催化剂颗粒堆积在一起时的密度，包括颗粒与颗粒之间的空隙在内。堆积密度的大小影响催化剂的外在形态。

2.2.4 气体扩散层

气体扩散层通常由碳纸或者碳布组成，主要起到传质、导电、传热、支持催化层、导水的作用。气体扩散层位于催化层和双极板之间，如图 2-6 所示。

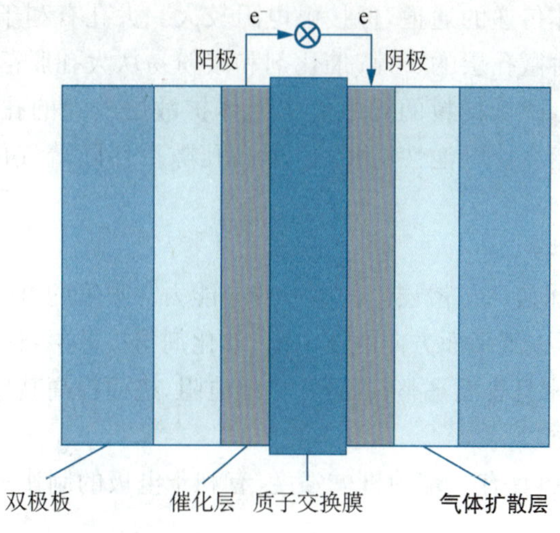

图 2-6 燃料电池的气体扩散层

1. 气体扩散层的材料及性能要求

常用于质子交换膜燃料电池电极中的气体扩散层材料有碳纸、碳布、碳黑纸及无纺布等，也有气体扩散层利用泡沫金属、金属网等进行制备。气体扩散层材料如图 2-7 所示。

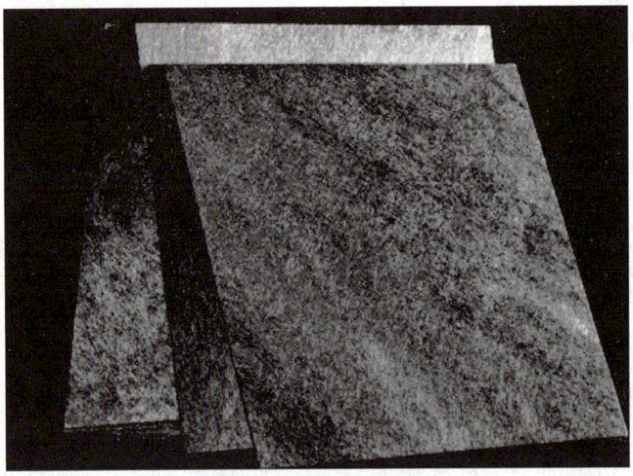

图 2-7 气体扩散层材料

气体扩散层材料的性能直接影响电化学反应的进行和燃料电池的工作效率。选用高性能的气体扩散层材料，有利于改善电池的综合性能。理想的气体扩散层材料应具备以下性能要求。

(1) 适宜的孔隙率和孔径分布

扩散层的孔隙多集中分布在 0.03～300 μm，其中直径小于 20 μm 的孔占总孔体积的 80%。另外，可以将气体扩散层中的孔分为微孔（0.03～0.06 μm）、中孔（0.06～5 μm）和大孔（5～20 μm）。气体扩散层必须同时控制水进入/流出电极和提高反应气体透过率，微孔可以传递凝结水，而大孔有利于缓解水淹时的传质受限。当小孔被水填满时，大孔可提供气体传递的通道，但接触电阻较大。大孔有利于反应气体有效扩散到催化层，但不利于其对微孔层的支撑；催化剂和碳粉易从大孔脱落，降低催化剂利用率，且不利于电流的传导，降低材料的导电性。气体扩散层较大的孔隙率会导致较高的电流密度，在一定程度上会使电池性能提高，但高孔隙率伴随着气体扩散层被水淹，又会显著降低电池的电压。

(2) 良好的导电性

低的电阻率可赋予气体扩散层高的电子传导能力。碳纸的电阻包括平行于碳纸平面方向的面电阻、垂直于碳纸平面方向的体电阻、催化剂与扩散层间的接触电阻。良好的导电性要求碳纸结构紧密且表面平整，以减小接触电阻，进而提高其导电性能。

(3) 一定的机械强度

气体扩散层的材料具有一定的机械强度，有利于电极的制作和提高长期操作条件下电极结构的稳定性。

(4) 一定的化学稳定性和热稳定性

一定的化学稳定性和热稳定性能够保证电池温度均匀分布和散热，在一定载荷下不发生蠕变，维持一定的力学性能。

(5) 较低的制造成本

碳纤维是制备碳纸或碳布必不可少的原料，而以碳纤维为基础原料的气体扩散层制造成本比较高。因此,开发出成本更低的气体扩散层材料是降低燃料电池成本的研究方向。

2. 气体扩散层的作用

燃料电池的气体扩散层具有以下主要作用。

① 引导气体从双极板的导流沟槽到催化层。

② 把反应生成的水排出至催化层之外,避免淹水问题。

③ 充当电流的传导器。

④ 在燃料电池反应时具有散热功能。

⑤ 以足够的强度支撑膜电极。

3. 气体扩散层的性能指标

气体扩散层(碳纸)的性能指标主要有厚度均匀性、电阻率、机械强度、透气率、孔隙率、表观密度、面密度和表面粗糙度等。

(1) 厚度均匀性

碳纸的厚度要适当,且要分布均匀。如果碳纸厚度较大,则透气性不好;如果碳纸的厚度过小,则机械强度不好。碳纸的透气性随厚度的增加呈下降趋势,厚度为 170 μm 的碳纸的透气性比厚度为 110 μm 的碳纸的透气性降低近 60%,这说明碳纸厚度是影响其透气性的重要参数。碳纸的厚度一般为 0.1～0.3 mm。碳纸的厚度均匀性用平均厚度、厚度标准偏差和厚度离散系数评价。

(2) 电阻率

碳纸的电阻率越低,其电子传导能力越强。碳纸的电阻率分为垂直方向电阻率和平面方向电阻率。垂直方向电阻率是指碳纸厚度方向的电阻率,单位为 mΩ · cm;平面方向电阻率是指碳纸平面方向的电阻率,单位为 mΩ · cm。碳纸的电阻率一般为 0.02～0.1 mΩ · cm。

(3) 机械强度

燃料电池要求碳纸具有一定的机械强度,碳纸的机械强度用拉伸强度、抗弯强度和压缩率来评价。碳纸的拉伸强度一般为 5～30 MPa。

(4) 透气率

透气率是指在恒定温度下,单位压差、单位时间内气体透过单位厚度、单位面积样品上的气体体积,单位为 $mL \cdot mm/(cm^2 \cdot h \cdot mmHg)$,1 mmHg=133.322 Pa。为保证气体的流通,要求气体扩散层具有较高的透气率。

(5) 孔隙率

孔隙率是指碳纸孔隙体积占总体积的比例。燃料电池要求碳纸具有适宜的孔隙率。目前碳纸的一般孔隙率在 30%～60%。

(6) 表观密度

表观密度是指碳纸质量与表观体积的比值,单位为 g/cm^3。碳纸的表观密度一般为 0.4～0.45 g/cm^3。

(7) 面密度

面密度是指碳纸质量与表观面积的比值,单位为 g/cm^2。目前气体扩散层使用材料的面密度一般在 20～70 g/cm^2。

(8) 表面粗糙度

表面粗糙度是指碳纸表面微小峰谷的微观不平度。碳纸的表面粗糙度可以用碳纸的轮廓算术平均偏差、轮廓最大高度和平均轮廓最大高度来评价。表面粗糙度影响材料的强度及透气率，因此要求扩散层材料具有适宜的表面粗糙度。

2.2.5 双极板

1. 双极板的概念及类型

双极板又称流场板，是燃料电池的核心零部件，是在燃料电池堆中用于收集电流、分隔氢气和空气并引导氢气和空气在电池内气体扩散层表面流动的导电隔板，如图 2-8 所示。它主要起机械支撑、物料分配、热量传递以及电子传导的作用。

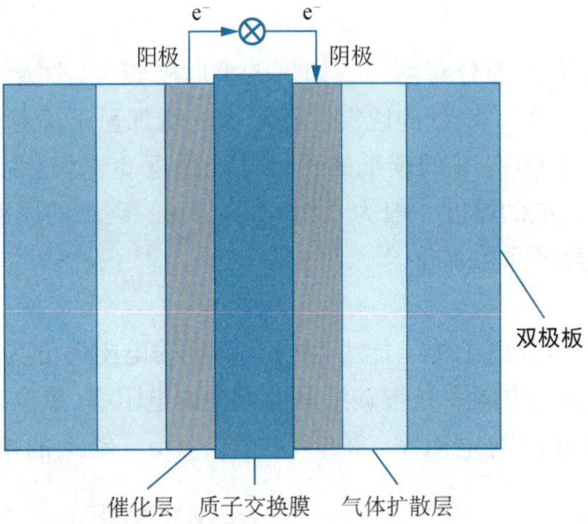

图 2-8 燃料电池的双极板

双极板按照材料大致可分为三类：碳质材料双极板、金属材料双极板以及复合材料双极板（金属与碳质）。

(1) 碳质材料双极板

碳质材料包括石墨、模压炭材料及膨胀（柔性）石墨。传统双极板采用致密石墨，经机械加工制成气体流道。石墨双极板化学性质稳定，与膜电极之间接触电阻小，常用于商用车燃料电池。图 2-9 为石墨双极板，石墨双极板的优点是导电性高，导热性好，耐腐蚀性强。缺点是易脆，组装困难，机械加工难，成本高。

(2) 金属材料双极板

双极板常用的金属材料有铝、镍、钛及不锈钢等。金属材料双极板的优点是强度高，韧性好，而且导电、导热性能好，功率密度大，可以方便地加工成很薄的质子交换膜燃料电池的双极板（0.1～0.3 mm）；缺点是易腐蚀，表面需要改性。石墨板和复合板一般用于中、低功率电堆，金属板则因其在超薄状态下的成形性优于其他材料，在高功率电堆中越来越得到重用。金属材料双极板可使质子交换膜燃料电池模块的功率密度大幅提升，已成为乘用车燃料电池的主流双极板。

图 2-9 石墨双极板

(3) 复合材料双极板

双极板与膜电极之间的接触电阻增大，会导致欧姆电阻产生的极化损失增多，燃料电池运行效率下降。在常用的各种双极板材料中，石墨材料的接触电阻最小，不锈钢和钛则因表面形成不导电的氧化物膜而使接触电阻增大。因此，复合材料是目前制造双极板的最佳选择。不锈钢、铝合金、钛合金、镍合金、铜合金和金属基复合材料已经广泛应用于双极板的制造。复合材料双极板兼具石墨双极板和金属材料双极板的优点，密度低，抗腐蚀，易成形，可使电池堆装配后达到更好的效果；缺点是加工周期长，长期工作可靠性差，未来将向低成本化方向发展。

常用双极板的优缺点见表 2-1。

表 2-1 常用双极板的比较

双极板类型	优点	缺点
碳质材料双极板	导电性、导热性好，耐腐蚀性强	易脆，组装困难，成本高
金属材料双极板	强度高，导电性、导热性好，成本低	密度较大，耐腐蚀性差
复合材料双极板	耐腐蚀性好、强度高、阻气性好	质量大，加工烦琐，成本高

2. 双极板的作用及性能要求

(1) 双极板的作用

① 与膜电极连接组成单电池，支撑电池堆和膜电极。

② 提供气体流道，输送氢气和氧气，并防止电池气室中的氢气与氧气串通。

③ 排出反应中产生的热量和水。

(2) 双极板的性能要求

双极板是燃料电池堆的骨架，对燃料电池堆的性能和成本有很大的影响。燃料电池对双极板的性能具有以下要求。

① 良好的导电性。双极板具有集流作用，必须具有尽可能小的电阻以确保电池性能。

② 良好的导热性。确保电池在工作时温度分布均匀并使电池的废热顺利排出，提高电极效率。

③ 良好的化学稳定性和抗腐蚀能力。双极板被腐蚀后表面电阻增大，进而使电池性能下降，故双极板材料必须在其工作温度与电位范围内，同时具有在氧化介质（如氧气）和还原介质（如氢气）两种条件下的化学稳定性和耐腐蚀能力。

④ 均匀分布流体。流体均匀分布确保燃料和氧化剂均匀到达催化层，有利于充分利用催化剂，从而大大提高燃料电池的性能。

⑤ 良好的气密性。双极板用以分隔氧化剂与还原剂，因此，双极板应具有阻气功能，不能采用多孔透气材料制备。如果采用多层复合材料，必须至少有一层无孔，防止在电池堆中阴、阳极气体透过双极板直接反应，降低电池堆的性能甚至发生危险。

⑥ 较高的机械强度。因双极板起到支撑膜电极和电池堆的作用，所以其机械强度要高。同时双极板还应质量小、体积小，容易加工。双极板质量小和体积小，可使燃料电池的质量比功率和体积比功率变大；而容易加工则可提高生产效率，大大降低电池的成本。

3. 双极板的性能指标

双极板的性能指标分为双极板材料的性能指标和双极板部件的性能指标。双板材料的性能指标主要有气体致密性、抗弯强度、密度、电阻和腐蚀电流密度等；双极板部件的性能指标主要有气体致密性、阻力降、面积利用率、厚度均匀性和平面度等。

(1) 气体致密性

气体致密性常用透气率来评价，透气率是指在单位压力下、单位时间内通过单位面积和单位厚度的物体的气体量，单位为 $cm^3/(cm^2 \cdot s)$。燃料电池要求双极板具有较低的透气率。

(2) 抗弯强度

抗弯强度是指在规定条件下，双极板在弯曲过程中所能承受的最大弯曲应力，单位为MPa。燃料电池要求双极板具有较高的抗弯强度。

(3) 密度

密度是指双极板单位体积的质量，单位为 g/cm^3。燃料电池要求双极板的密度要小，以避免降低燃料电池的质量。

(4) 电阻

双极板的电阻用体电阻率和接触电阻来评价。体电阻率是指双极板材料本体的电阻率；接触电阻是指两种材料之间的接触部分产生的电阻，双极板的接触电阻主要指双极板与碳纸之间的接触电阻。

(5) 腐蚀电流密度

腐蚀电流密度是指单位面积的双极板材料在燃料电池运行环境中，在腐蚀电位下由于化学或电化学作用引起的破坏产生的电流值。腐蚀电流密度的大小反映了双极板腐蚀速率的快慢，是表征双极板材料及部件在燃料电池运行环境下耐腐蚀性能的物理量。

(6) 阻力降

阻力降是指气体流经双极板的进出口压力差，单位为 MPa。设计双极板时既要充分考虑气体传质效率和排水作用，又不得忽略流场阻力降过大给燃料电池空气系统带来的大负担效应。

(7) 面积利用率

面积利用率是指双极板的有效面积比，即双极板的有效面积（流场部分的面积）与双极板总面积的比值。面积利用率与电堆功率密度密切相关，通常面积利用率越大，功率密度越高。

(8) 厚度均匀性

燃料电池要求双极板在具有足够强度的条件下，厚度尽量小，而且要均匀。双极板的厚度均匀性可以用厚度最大值与最小值之差和相对厚度偏差评价。

(9) 平面度

平面度是指双极板的脊背部分具有的宏观凹凸高度相对理想平面的偏差，双极板的平面度直接影响双极板与碳纸之间的接触电阻，从而影响电池性能。

2.2.6　膜电极

1. 膜电极的概念及组成

膜电极（Membrane Electrode Assembly，MEA），又称膜电极“三合一”或“五合一”组件，是质子交换膜燃料电池的核心部件，是燃料电池内部能量转换的场所。膜电极承担燃料电池内的多相物质传输（液态水、氢气、氧气、质子和电子传输）功能，通过电化学反应，负责将燃料的化学能转化为电能。

膜电极是质子交换膜和分别置于其两侧的催化层及气体扩散层通过一定的工艺组合在一起而构成的组件，如图 2-10 所示。

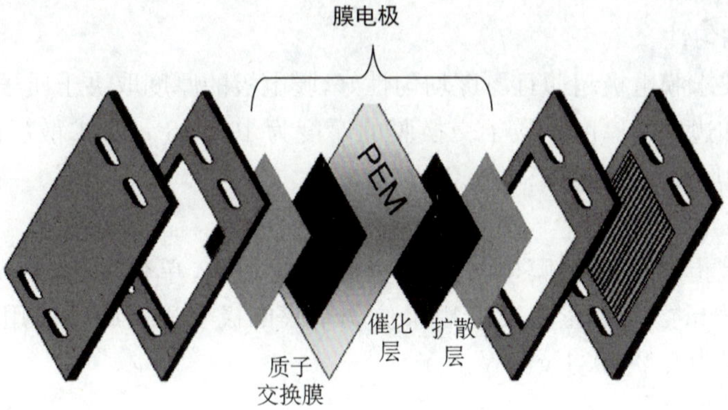

图 2-10　燃料电池的膜电极

2. 膜电极的作用及性能要求

(1) 膜电极的作用

膜电极中质子交换膜的作用是隔离燃料与氧化剂、传递质子；催化层的作用是降低反应的活化能，促进氢、氧在电极上的氧化还原过程，提高反应速率；气体扩散层的作用是支撑催化层，稳定电池结构，并具有质子、热、电的传递功能。为了方便质子交换膜燃料电池堆的堆叠组装工艺批量化且高效进行，膜电极通常还包括外侧的边框。边框具有一定的厚度和强度，以便与极板之间通过密封垫圈等形式实现密封，将氢气、空气、冷却剂与燃料电池堆外部环境相互隔离。密封垫圈可布置在膜电极的边框上，也可布置在极板上。

（2）膜电极的性能要求

膜电极的性能决定质子交换膜燃料电池的性能、寿命及成本。具备高效多相传输能力的膜电极，能极大提高燃料电池的性能。燃料电池对膜电极具有以下要求。

① 能够最大限度减小气体的传输阻力。减小气体传输阻力，能使得反应气体顺利由扩散层到达催化层并发生电化学反应，即最大限度发挥单位面积和单位质量的催化剂的反应活性。因此，气体扩散电极必须具备适当的疏水性，一方面保证反应气体能够顺利经过最短的通道到达催化层；另一方面确保生成的产物水能够润湿膜，同时多余的水可以排出，防止阻塞气体通道。

② 形成良好的质子通道，降低质子传输的阻力。质子交换膜燃料电池采用的是固体电解质，磺酸根固定在树脂的质子交换膜上，不会浸入电极。

③ 形成良好的电子通道。膜电极中碳载铂催化剂是电子的良导体，但是催化层和扩散层的存在将在一定程度上影响电导率。在满足离子和气体传导的基础上还要考虑电子传导能力，综合考虑以提高膜电极的整体性能。

④ 气体扩散电极应该保证良好的机械强度及导热性。

⑤ 有较高的质子传导性，能够很好地隔绝氢气、氧气，防止气体互窜。

⑥ 有很好的化学稳定性、热稳定性及水解稳定性。

3. 膜电极的性能指标

膜电极的性能指标主要有膜电极的厚度均匀性、铂担载量、功率密度、透氢电流密度、电化学活性面积等。

（1）厚度均匀性

燃料电池要求膜电极超薄且厚度均匀性好，膜电极的厚度取决于质子交换膜的厚度、扩散层的厚度和边框的厚度。质子交换膜的厚度为 10～18 μm，扩散层的厚度为 180～240 μm，边框的厚度为 70～125 μm。

（2）铂担载量

铂担载量是指单位面积膜电极上贵金属铂的用量，单位为 mg/cm^2，铂担载量为 0.1 ～ 0.5 mg/cm^2。担载量也可以用单位功率膜电极上贵金属铂的用量表示，单位为 g/kW，铂担载量为 0.2～0.4 g/kW。

（3）功率密度

功率密度是指膜电极单位面积输出的功率，是通过测试单电池极化曲线获得的，单位为 W/cm^2。功率密度越大越好，一般要求≥1 W/cm^2。

（4）透氢电流密度

透氢电流密度是指在一定温度、一定压力和一定湿度条件下，用电化学方法检测得到的氢气穿过膜电极的速率，单位为 A/cm^2。

（5）电化学活性面积

电化学活性面积是指膜电极内用电化学方法测试的催化剂的活性比表面积，单位为 m^2/g。膜电极的电化学活性面积与质子交换膜燃料电池的电化剂活性、电极结构等因素有关。

2.3 燃料电池堆和电池系统

燃料电池堆是发生电化学反应的场所，是燃料电池动力系统的核心部分。对于燃料电池来说，由一组电极板和电解质构成的燃料电池输出电压较低，电流密度较小，因此，为获得高的电压和功率，通常将多个单电池串联，构成电堆堆栈，如图 2-11 所示。

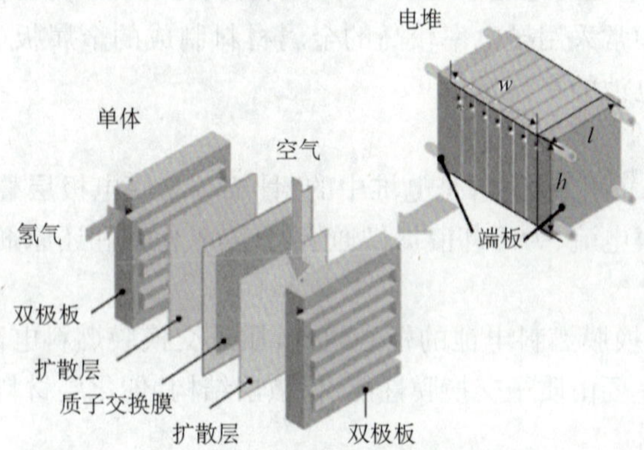

图 2-11 燃料电池堆

2.3.1 燃料电池堆的结构

电池堆的结构如图 2-12 所示，燃料电池电堆堆栈主要由端板、绝缘板、集流板、双极板、膜电极、紧固件、密封圈这七个部分组成。相邻单电池间用双极板隔开，双极板用来串联前后单电池和提供单电池的气体流路。双极板与膜电极交替叠合，各单体之间嵌入密封件，经前、后端板压紧后用螺杆紧固拴牢，即构成燃料电池堆。

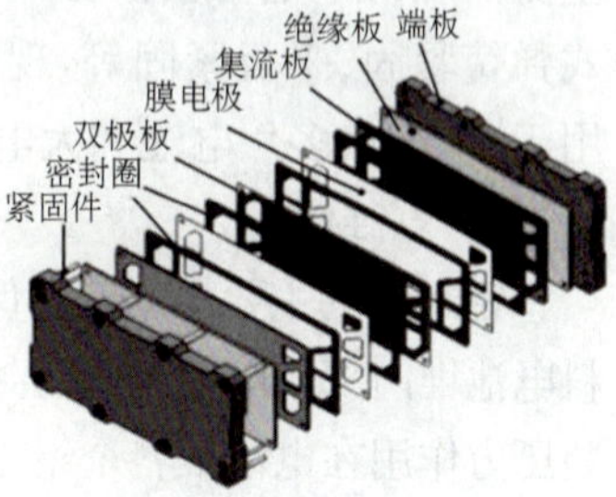

图 2-12 燃料电池堆组成结构

这种堆栈结构就是燃料电池系统的核心，也是燃料电池的关键技术。电堆工作时，氢气和氧气分别经电堆气体主通道分配至各单电池的双极板，经双极板导流均匀分配至电极，通过电极支撑体与催化剂接触完成电化学反应。

燃料电池堆组成部分的功能和特性如下。

(1) 端板

端板的主要作用是控制接触压力。因此，足够的强度与刚度是端板最重要的特性。足够的强度可以保证在封装力作用下端板不发生破坏，足够的刚度则可以使得端板变形更加合理，从而均匀地传递封装载荷到密封层和膜电极上。由于螺栓装配扭矩施加在端板四个角及四边中央，易导致端板发生少量翘曲，引起电堆中组件接触不均匀。端板和极板的不均匀变形，造成膜电极接触压力分布不均匀，会对电池性能造成影响。如果极板翘曲变形严重，可能会影响密封垫圈的密封效果，造成气体泄漏。所以，对端板材料的要求中很重要的一项就是高刚度，反映到材料参数就是高弹性模量。

（2）绝缘板

绝缘板位于端板和集流板之间，对集流板和端板起电隔离作用，从而不影响电功率的输出。为了提高功率密度，要求在保证绝缘距离（或绝缘电阻）的前提下最大化减小绝缘板厚度及减少质量。但减小绝缘板厚度存在制造过程产生针孔的风险，并且可能引入其他导电材料，导致绝缘性能降低。

（3）集流板

集流板是将燃料电池的电能输送到外部负载的关键部分。考虑到燃料电池的输出电流较大，在实际应用中常采用导电率较高的金属材料制成的金属板（如铜板、镍板或镀金的金属板）作为燃料电池的集流板。

（4）双极板

燃料电池双极板又叫流场板，是电堆中的“骨架”，与膜电极层叠装配成电堆，在燃料电池中起到支撑、收集电流、为冷却液提供通道、分隔氧化剂和还原剂等作用。

（5）膜电极

膜电极是质子交换膜燃料电池的核心组件，质子交换膜燃料电池的性能由膜电极决定，而膜电极的性能主要由质子交换膜性能、扩散层结构、催化层材料和性能、膜电极本身的制备工艺所决定。

（6）紧固件

紧固件的作用主要是维持电堆各组件之间的接触压力，为了维持接触压力的稳定以及补偿密封圈因压缩而形成的永久变形，端板与绝缘板之间还可以添加弹性元件。目前，主流的燃料电池堆紧固方式有两种：一是螺栓紧固；二是钢带紧固。其他紧固方式，如箱式弹簧紧固、平板紧固等，现阶段已经较少被使用。螺栓紧固是一种常用紧固方式，它适用于单电池、多片电池和大电堆的组装。

（7）密封圈

密封圈的主要作用就是保证电堆内部的气体和液体正常、安全地流动。现阶段针对燃料电池堆内部单电池间的密封，多采用弹性体密封，即所谓的静态密封，需要一个适当的组装压力作用在电池堆各个组件的接触面上，通过静摩擦力约束组件的移动，以达到密封的效果。燃料电池堆对密封可靠性要求高，不允许有任何泄漏，尤其在车用和军事应用等领域。为了达到较好的密封效果，需要选择适宜的密封结构和密封材料。一般需要满足以下的要求：

① 较高的气体阻隔性，保证对氢气和氧气的密封。

② 绝缘性，防止单体电池间电气短路。

③ 耐热性，适应高分子薄膜工作的工作环境。

④ 低透湿性，保证高分子薄膜在水蒸气饱和状态下工作。

⑤ 橡胶弹性，吸收振动和冲击。

⑥ 加工制造方便，取材容易。

2.3.2 燃料电池堆的组装

电池堆的组装需要专用设备来完成，如图 2-13 所示为氢燃料电池堆组装机。电堆组装机最基本的功能是向电堆施加夹紧力。除此之外，电堆组装机还有方便装配的校准杆、方便均匀施加夹紧力的压缩块、底座以及一些气密性检测设备等。

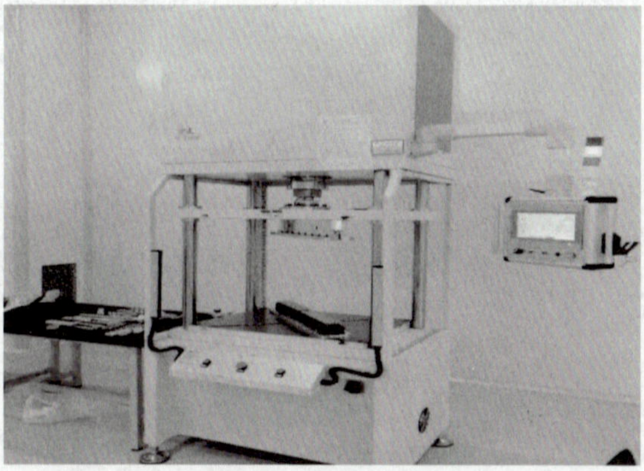

图 2-13 电堆组装机

燃料电池堆的组装过程如下。

① 将双极板、膜电极(此处为碳纸—催化剂涂层质子膜—碳纸)按顺序依次叠加在已安装好绝缘板、集流板的下端板上,组装出第一个单电池。

② 重复以上步骤,利用组装辅助定位装置把单电池整齐地叠加成电堆。

③ 安装好最后的单电池后,叠上上端板部分,使用组装机施加设计好的压力将电堆压紧。

④ 向电堆的进气歧管安装好气密性测试设备(此处用氮气测试),按照测试流程进行气密性检测。

⑤ 气密性检测通过后,在保持压力的情况下,安装好螺杆(压缩力保持装置)。随后即可撤除压力,至此一个电堆就组装完成了。

2.3.3 燃料电池堆的模块

在实际应用中,电堆的堆栈及其他附件都是封装于一个壳体之内的,如图 2-14 所示。不同类型的燃料电池电堆结构不完全相同,但基本上电堆封装壳体内的模块都包括以下五个部分。

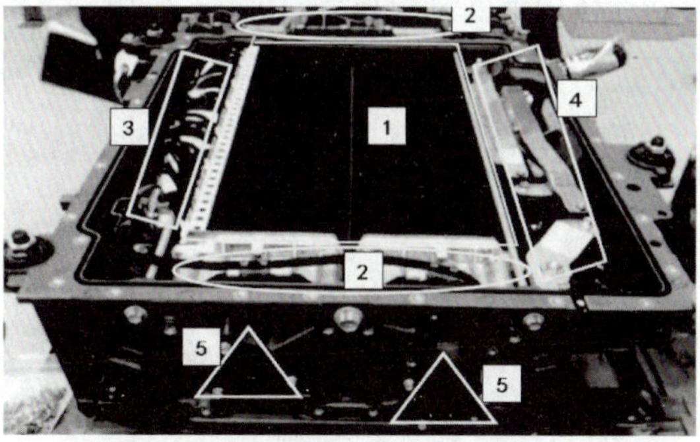

图 2-14 燃料电池堆组成模块

1—电池堆栈本体;2—堆栈与壳体的固定模块;3—巡检模块;4—汇流排模块;5—壳体内部与大气环境的交互模块

（1）电堆堆栈本体

它是燃料电池电堆系统的核心，是发生电化学反应以提供动力的场所，如图 2-15 所示。

图 2-15　燃料电池堆堆栈

（2）堆栈与壳体的固定模块

这一模块保证堆栈与壳体牢牢地固定在一起，避免在外力载荷情况下，堆栈在壳体内发生滑动，从而影响堆栈的结构稳定性。

（3）巡检模块

作为燃料电池模块中唯一的电子模块，巡检模块主要用于采集燃料电池电压，同时作出简单的故障诊断（如最低单体电压报警等）。这些信息与燃料电池控制器实现交互。

（4）汇流排模块

该模块为燃料电池模块中高压电气部件的一部分，其主要作用是汇集电流，并通过高压接插件向外界输出电流。

（5）壳体内部与大气环境的交互模块

壳体上应有开口，与大气相通，从而避免壳体内渗漏氢气的聚集；但是开口处又必须有防水功能，避免外部水分进入壳体内，导致壳体内水的冷凝聚集；另外壳体的开口应具有向外排水和防止外部液态水进入壳体内部的功能。各个电堆厂家的方案有所不同，有的采用防水透气膜，安装于封装壳体上；有的采用吹扫的方式，在封装壳体上开设吹扫口，通过主动吹气的方法排除壳体内部的氢气和水分，如图 2-16 所示。

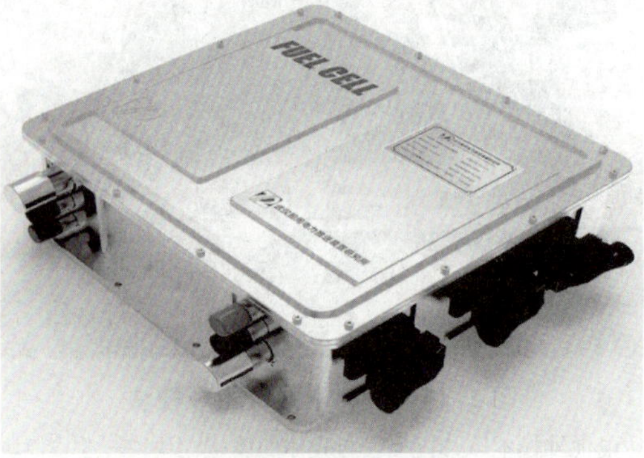

图 2-16　燃料电池壳体

封装壳体需要注意以下四个方面的要求。

① 壳体材料密度要小，强度要高，且易于机械加工成形。

② 需要考虑内部接触处电堆的短路防护。

③ 具有一定的外界防水能力。

④ 具有一定的耐酸碱、防腐蚀能力，且具有一定的高低温耐久性。

2.3.4　燃料电池系统的组成

燃料电池系统是指以燃料电池堆为核心，由氢气供给系统、空气供给系统、水热管理系统、电控系统、DC/DC 变换器等共同组成的发电系统，如图 2-17 所示。

燃料电池系统的主要系统部件包括空气压缩机、增湿器、氢气循环泵、高压氢瓶等，这些子系统和部件与燃料电池堆（或模块）组成了燃料电池系统。

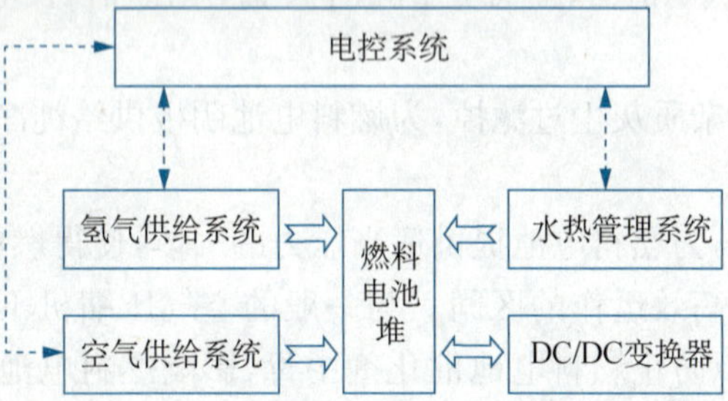

图 2-17　燃料电池系统的组成

1. 燃料电池堆

燃料电池堆由多个单电池以串联方式层叠组合构成，将双极板与膜电极三合一组件交替叠合，各单电池之间嵌入密封件，经前、后端板压紧后用螺杆紧固住，就组成了质子交换膜燃料电池堆。

知识链接

丰田 MIRAI 搭载的燃料电池堆栈是由 370 片薄片燃料电池以串联方式层叠组合构成的。将双极板与膜电极交替叠合，各单体之间嵌入密封件，经前、后端板压紧后用螺杆紧固拴牢，即构成燃料电池电堆，因此被称为“堆栈”(stack)。它共可以输出 114 kW 的发电功率。

资料来源：https://baijiahao.baidu.com/s?id=1687025789392686566&wfr=spider&for=pc

2. 氢气供给系统

氢气供给系统即燃料供给系统，其主要作用是将从储氢瓶出来的氢气进行一定的处理，转化成适于进行燃料电池堆内化学反应的气体（包含流量、压力、温度、湿度等的处理），经过氢气供给系统的处理，让燃料电池堆在相对适宜的条件下运行。

氢气供给系统主要包括氢气喷射器、氢气循环泵、氢气引射器等部件。

(1) 氢气喷射器

这一部件用来控制进入燃料电池堆的氢气压力及流量，并根据工况需求进行相应调整。

（2）氢气循环泵

这一部件将燃料电池堆出口未发生反应的氢气循环至燃料电池堆入口，并将出口处的水汽循环至入口，起到进气增湿的作用，同时增加氢气利用率，减少氢气排放，减少安全隐患。

（3）氢气引射器

这一部件的作用与氢气循环泵的作用类似，其与氢气循环泵的不同之处在于，氢气引射器是纯机械件，当按照燃料电池堆的额定功率设计时，引射器只能在一定的工作区间内起作用，尤其是燃料电池低功率时，引射器的作用较小。为解决该问题，可设计大、小两个引射器配合使用，或者与氢气循环泵配合使用。

3．空气供给系统

空气供给系统即氧气供给系统，其主要作用是对即将进入燃料电池的空气进行过滤、加压、加湿等处理，保证燃料电池堆阴极侧的温度、压力、湿度及流量处于比较适宜的范围内。空气供给系统主要由空气滤清器、空气压缩机、中冷器、增湿器以及电子节气门等组成。

（1）空气滤清器

作用是将空气中的杂质灰尘过滤掉，为燃料电池阴极供给纯净的空气。

（2）空气压缩机

作用是将空气增压，为燃料电池提供适当压力的气体，使得燃料电池的阴极侧的压力始终处于可使燃料电池高效运作的区间。与一般的空气压缩机不同，燃料电池用的空气压缩机需要完全无油，以防止燃料电池催化剂中毒，影响燃料电池的输出性能，并且还需要空压机具有高流量、高压比的特性。

（3）中冷器

作用是将压缩空气进行冷却。空气经空气压缩机压缩后，温度会急剧升高。为使燃料电池高效运行，燃料电池阴极侧应始终处于合适的温度区间。因此，需要用中冷器对压缩空气进行适当的冷却。

（4）增湿器

作用是将空气进行加湿，以提升燃料电池的输出性能，提高燃料电池的效率。

（5）电子节气门

作用是在空气供给系统中与空压机配合，为燃料电池堆提供适当压力的空气。

4．水热管理系统

水热管理系统的主要作用是维持燃料电池系统的热平衡，回收多余的热量，并在燃料电池系统启动时能够进行辅助加热，保证燃料电池堆内部能够迅速达到适合的温度区间，同时保证阴极与阳极两侧处于最佳的工作区域。水热管理系统主要由电子节温器、电子水泵、散热器、去离子器以及膨胀水箱等组成。

（1）电子节温器

作用是根据冷却液温度高低来调节进入散热系统中的大小循环的水流量，以实现精准温控。

（2）电子水泵

作用是通过调节转速来调节水流量，进而实现精准的温度控制，使燃料电池的工作温度始终处于合适的区间内。

(3) 散热器

作用是将冷却液的热量传递给环境,降低冷却液的温度,将燃料电池堆产生的热量带走。散热器要求散热量较大,清洁度较高,离子释放率低。散热风扇要求风量大、噪声低、无级调速并需要反馈相应的运行状态。

(4) 去离子器

作用是去除冷却液中的离子。在燃料电池工作过程中,双极板上会产生高电压,但该电压不能通过双极板中间的冷却液传递到整个冷却流道,因此冷却液需要具有极低的电导率。燃料电池系统运行过程中,冷却系统部件会不可避免地析出离子。因此,需要去离子器实时去除冷却液中的离子,使冷却液始终处于较低电导率的状态。

(5) 膨胀水箱

作用是收容和补偿系统中水的胀缩量,同时用作系统供水。膨胀水箱要满足去离子冷却液热胀冷缩的体积溶胀需求,以及补水、排气的需求。膨胀水箱一般用钢板制成,通常是圆形或矩形。由于供热系统水的热胀冷缩作用,当热水升温时,系统中的水容积增加,当无处容纳水的这部分膨胀量时,供热系统内的水压增高,将影响燃料电池正常运行。由膨胀水箱容纳系统的水膨胀量,可减小系统因水的膨胀而造成的水压波动,提高了系统运行的安全性、可靠性,当系统由于某种原因漏水或降温时,膨胀水箱水位下降,为系统补水。

5. 电控系统

电控系统主要由计算机及各种测量和控制执行机构组成,作用是控制燃料电池发电装置启动和停止、接通或断开负载,往往还具有实时监测和调节工况、远距离传输数据等功能。它主要由各类传感器、流量计、阀组件、逻辑控制单元等组成。

6. DC/DC 变换器

DC/DC 变换器的主要作用是将燃料电池产生的低压直流电转换为高压直流电输出,为燃料电池电动汽车提供电能,同时为动力蓄电池充电。

知识链接

截至 2021 年,国内燃料电池系统技术水平已远超燃料电池技术发展路线中规划的水平。预计 2025 年燃料电池系统主要额定功率为 130～180 kW,燃料电池系统最大额定功率将大于 180 kW,氢能在交通领域的应用将逐步向长续航、大载重的场景过渡。

资料来源:华经情报网《2021 年中国燃料电池电堆行业现状分析,出货量及市场规模增速加快》(https://www.huaon.com/channel/trend/798224.html)

2.4 燃料电池的类型及应用

2.4.1 燃料电池的分类

根据不同的分类标准,燃料电池通常有以下的主要类型。

1. 按电解质分类

目前最常用的分类方法是按燃料电池所采用的电解质的类型分类，通常可分为以下五类。

① 质子交换膜燃料电池。通常以全氟化或部分氟化的磺酸型质子交换膜为电解质。

② 碱性燃料电池（Alkaline Fuel Cell，AFC）。一般以碱性的氢氧化钾溶液为电解质。

③ 磷酸燃料电池（Phosphoric Acid Fuel Cell，PAFC）。以浓磷酸为电解质。

④ 熔融碳酸盐燃料电池（Molten Carbonate Fuel Cell，MCFC）。以熔融的锂-钾碳酸盐或锂-钠碳酸盐为电解质。

⑤ 固体氧化物燃料电池（Solid Oxide Fuel Cell，SOFC）。以氧离子导体固体氧化物为电解质。

知识链接

按电解质分类的几种燃料电池具有各自的工作特性和适用范围，并且处于不同的发展阶段。碱性燃料电池的效率很高，发展非常成熟，但其工作条件要求隔绝 CO_2，应用领域主要集中在航天方面。磷酸燃料电池技术已经非常成熟，被称为第一代燃料电池，它是最接近商业化的燃料电池，但磷酸燃料电池需要用到贵金属铂催化剂，成本较高，且其工作温度不够高，余热利用价值低。熔融碳酸盐燃料电池发展较早，被称为第二代燃料电池。固体氧化物燃料电池的研究则起步较晚，被称为第三代燃料电池。这两种燃料电池工作效率高，最适合实现热电联供，性能良好，但由于其工作温度较高，所以对电池材料的要求也较高。质子交换膜燃料电池技术近期发展迅速，采用较薄高分子隔膜作电解质，具有很高的比功率，而且工作温度较低，特别适合作为便携式电源和新能源汽车车载电源，但目前的主要问题是成本太高。

资料来源：搜狐网《新能源汽车燃料电池分类》(https://www.sohu.com/a/101744868_422377)

2. 按工作温度分类

根据工作温度的不同，燃料电池可分为以下三类。

① 低温燃料电池。工作温度范围一般是 25～100 ℃，如固体聚合物电解质燃料电池。

② 中温燃料电池。工作温度范围一般是 100～500 ℃，如磷酸燃料电池。

③ 高温型燃料电池。工作温度范围一般是 500～1 000 ℃，如熔融碳酸盐燃料电池和固体氧化物燃料电池。

知识链接

在常温下工作的燃料电池，例如质子交换膜燃料电池，需要采用贵金属作为催化剂。燃料的化学能绝大部分都能转化为电能，只产生少量的废热和水，不产生污染大气环境的氮氧化物，不需要废热能量回收装置；电池体积较小，质量较轻。但催化剂铂会与工作介质中的一氧化碳发生作用后产生“中毒”现象而失效，使燃料电池效率降低或完全损坏。而且铂的价格很高，增加了燃料电池的成本。

另一类是在高温(600～1 000 ℃)下工作的燃料电池,例如熔融碳酸盐燃料电池和固体氧化物燃料电池,这类燃料电池不需要采用贵金属作为催化剂。但由于工作温度高,需要采用复合废热回收装置来利用废热,该装置体积大,质量重,只适合用于大功率的发电厂中。

综合分析,最实用的燃料电池是氢或含富氢的气体燃料,但是在自然界是不能直接获得氢的,通常是以石油燃料、甲醇、乙醇、沼气、天然气、石脑油或煤气为原料,经过重整、裂解等化学处理后来制取含富氢的气体燃料。氧化剂则采用氧气或空气,最常见的是用空气作为氧化剂。

资料来源:新能源网《燃料电池有哪些种类》(www.china-nengyuan.com/baike/3584.html)

3. 按燃料的来源分类

根据燃料电池使用燃料的来源,可分为以下三类。

① 直接型燃料电池。直接型燃料是指燃料不经过转化步骤直接参加燃料电池的电极反应,比如氢氧燃料电池,燃料直接使用氢气。

② 间接型燃料电池。间接型燃料是指燃料不直接参加电化学反应,而是要通过重整等方法将燃料转化后再供给燃料电池发电,比如将甲醇重整后制取富氢的混合气作为燃料电池的燃料,即其燃料不是直接使用氢气,而是通过某种方法把甲烷、甲醇或其他烃类化合物转变成氢或含富氢的混合气后再供给燃料电池。

③ 再生型燃料电池。再生型燃料是指将燃料电池反应生成的水经过某种方式(如热和光等)分解成氢和氧,再将氢和氧重新输送给燃料电池进行发电。

4. 按燃料状态分类

根据燃料电池的燃料状态,可分为液体型燃料电池与气体型燃料电池两类。

此外,根据燃料电池使用燃料的种类,可分为氢燃料电池、甲醇燃料电池、乙醇燃料电池等;根据燃料电池运行机理的不同,可分为酸性燃料电池和碱性燃料电池。

2.4.2　质子交换膜燃料电池

质子交换膜燃料电池采用可传导离子的聚合膜作为电解质,所以也叫聚合物电解质燃料电池、同体聚合物燃料电池或固体聚合物电解质燃料电池。

1. 质子交换膜燃料电池的结构及工作原理

从本质上说,质子交换膜燃料电池是电解水的一个"逆"装置。电解水过程是利用外加电源使水发生电解,从而产生氢和氧。而燃料电池则是氢和氧发生电化学反应产生水,同时生产出电。质子交换膜燃料电池中阳极为氢电极,阴极为氧电极,阴阳极都含有一定量的催化剂用来加速电极上的电化学反应,两极之间以质子交换膜作为电解质。当氢气与氧气分别通入阳极和阴极时,进入阳极的氢气在催化剂作用下离化成氢离子和电子;电子经外电路转移到阴极,氢离子则经质子交换膜到达阴极;阴极的氧气与氢离子及电子反应生成水分子,其中产生的水不会稀释电解质,而是随着尾气通过电极排出,如图 2-18 所示。因此,质子交换膜燃料电池的电化学反应为:

阳极(负极):$2H_2 \rightarrow 4H^+ + 4e^-$

阴极(正极):$4H^+ + 4e^- + O_2 \rightarrow 2H_2O$

总化学反应式:$2H_2 + O_2 \rightarrow 2H_2O$

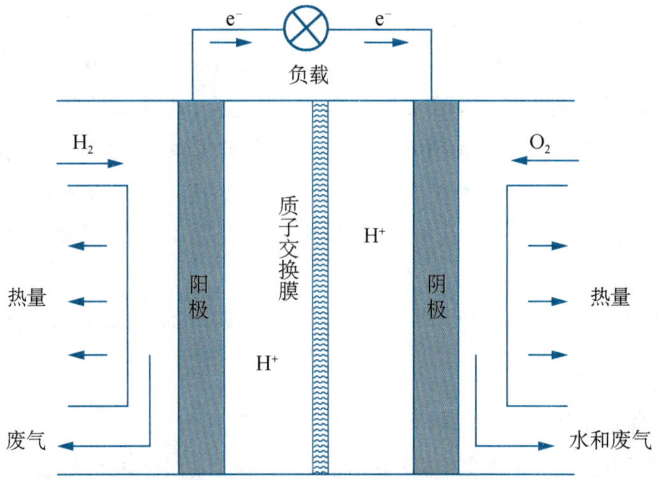

图 2-18　质子交换膜燃料电池工作原理

2. 质子交换膜燃料电池主要部件及材料

质子交换膜燃料电池的基本单元由质子交换膜、催化剂、电极(阳极扩散层、阴极扩散层、阳极催化层、阴极催化层)、膜电极(阳极、阴极和质子交换膜复合而成)、集流板(阳极集流板、阴极集流板)等组成。

(1) 质子交换膜

质子交换膜是质子交换膜燃料电池中最重要的部件之一,其性能好坏直接影响电池的性能和寿命。质子交换膜燃料电池中的质子交换膜与一般化学电源中使用的隔膜有很大不同,它不只是一种将阳极的燃料与阴极的氧化剂隔开的隔膜材料,还是电解质和电极活性物质(电催化剂)的基底,即兼有隔膜和电解质的作用。另外,质子交换膜还是一种选择透过性膜,它的高分子结构中含有多种离子基团,只允许 H^+ 穿过,其他离子、气体及液体均不能通过。

(2) 催化剂

为了加快电化学反应速度,气体扩散电极上都含有一定量的催化剂。质子交换膜燃料电池催化剂主要有铂系和非铂系电催化剂两类,目前多采用铂催化剂。因为质子交换膜燃料电池是在低温条件下工作的,因此,提高催化剂的活性,防止电极催化剂中毒很重要。

(3) 电极

质子交换膜燃料电池电极是一种多孔气体扩散电极,一般由扩散层和催化层构成。扩散层是由导电材料制成的多孔合成物,起着支撑催化层,以及收集电流、并为电化学反应提供电子通道、气体通道和排水通道的作用。催化层是进行电化学反应的区域,其表面粗糙多孔,有足够的表面积以促进氢气和氧气的电化学反应,因此电极制作的好坏对电池的性能有重要影响。

(4) 膜电极

膜电极是通过热压将阴极、阳极与质子交换膜复合在一起而形成的。为了使电化学反应顺利进行,多孔气体扩散电极必须具备质子、电子、反应气体和水的连续通道。膜电极的性能不仅依赖于电催化剂的活性，还与电极中四种通道的构成及各种组分的配比、电极孔分布与孔隙率、电导等因素密切相关。

（5）集流板

集流板放置在膜电极的两侧，分别称为阳极集流板和阴极集流板，其作用是阻隔和传送燃料及氧化剂、收集和传导电流、导热以及将各个单电池串联起来并通过流场为反应气体进入电极及水的排出提供通道。目前，制备质子交换膜燃料电池集流板广泛采用的材料是碳质材料、金属材料及金属与碳质的复合材料。集流板的流场结构与材料对电池性能具有重要的影响。流场功能是引导反应气体流动方向，确保反应气体均匀分配到电极的各处流场，经电极扩散层到达催化层并参与电化学反应。

通常，质子交换膜燃料电池的运行需要一系列辅助设备与之共同构成发电系统。质子交换膜燃料电池系统一般由燃料电池堆、氢气供给系统、空气供给系统、水热管理系统、安全系统和电控系统等构成。燃料电池堆是系统的核心，承担把化学能转化成电能的任务；氢气供给系统提供燃料电池正常工作所需的氢气；空气供给系统提供燃料电池正常工作所需的氧气；水热管理系统保证燃料堆所需空气、氢气的温度和湿度，保证电池堆在正常温度下工作；安全系统由氢气探测器、数据处理系统以及灭火设备等构成，保证系统运行安全；电控系统通过检测传感器信号和需求信号，利用一定的控制策略保证系统正常工作。

3. 质子交换膜燃料电池的特点

（1）质子交换膜燃料电池的优点

① 能量转化效率高。采用高分子膜作为固态电解质，通过氢氧化合作用，直接将化学能转化为电能，不受卡诺循环的限制。

② 无污染。排放物是水，没有污染物排放，属于环保型能源。

③ 维护方便。质子交换膜燃料电池内部构造简单，电池模块呈现自然的“积木化”结构，使得电池组的组装和维护都非常方便，也很容易实现“免维护”设计。

④ 发电效率平稳。发电效率受负荷变化影响很小，非常适于用作分散型发电装置（作为主机组），也适于用作电网的“调峰”发电机组（作为辅机组）。

⑤ 氢来源广泛。氢是世界上最多的元素，氢气来源极其广泛，是一种可再生的能源资源。可通过石油、天然气、甲醇、甲烷等进行重整制氢；也可通过电解水制氢、光解水制氢、生物制氢等方法获取氢气。

⑥ 技术成熟。氢气的生产、储存、运输和使用等技术，目前均已非常成熟、安全、可靠。

（2）质子交换膜燃料电池的缺点

① 成本高。膜材料和催化剂均十分昂贵，但随着将来成本的不断降低，质子交换膜燃料电池的经济效益将会充分显示出来。

② 对氢的纯度要求高。这种电池需要纯净的氢，因为它们极易受到一氧化碳和其他杂质的污染。

4. 质子交换膜燃料电池电池组失效分析

质子交换膜燃料电池电池组在长时间运行中，除了因电催化剂中毒与老化，质子交换膜的老化、腐蚀和污染，也会导致其能量转换效率低于设定值，这时就需要更换。有时在启动、停机和运行，特别是当负荷发生大幅度变化时，电池组内某节或某几节电池会失效，甚至可能会发生爆炸，导致整个电池组失效。

(1) 反极导致电池组失效

一旦发生以下两种情况的任何一种，均会导致燃料与氧化剂在一个气室的混合，在电催化剂的作用下，可能会发生燃烧、爆炸，从而烧毁一节或几节单电池，进而导致整个电池组的失效。

① 当电池组在运行时，如果电池组中的某节单电池不能获得工作电流下化学剂量的燃料供应量，氧化剂会经电解质迁移到燃料室，以维持电池组内电流的导通。

② 如果单电池不能获得适当的化学剂量的氧化剂供应量，则为了维持电池组内电流的导通，燃料会经过电解质迁移到氧化剂室。

因惰性气体累积或燃料、氧化剂供应不足等导致其中一节单电池电压从正到负的变化过程称为“反极”。如果电池组发生反极后仍让它继续运行，则此节单电池会在氧化剂室析出氧气，氧气经电池组共用管道进入其相邻单电池，会导致电池组电压大幅度下降。严重时会由于氢氧混合使电池组共用管道或单电池内气室发生爆炸。

(2) 交换膜破坏导致电池组失效

质子交换膜在质子交换膜燃料电池中除了传导质子，还起分隔燃料与氧化剂的作用。如果质子交换膜局部损坏，会导致燃料与氧化剂的混合，在电催化剂作用下将发生燃烧与爆炸，烧毁电池组内某节或几节电池，导致电池组失效。质子交换膜损坏的原因有：

① 因局部电流密度过高而产生过量的废热，导致质子交换膜的热点击穿。

② 膜电极制备时造成的机械损伤。

③ 反应气压力的波动引起膜的变形。

④ 膜的含水量急剧变化导致膜的损伤。

5. 质子交换膜燃料电池的应用现状及前景

质子交换膜燃料电池能量转换率高，发电时几乎零排放，可靠性高。在交通运输设备用燃料电池方面，质子交换膜燃料电池较其他技术优势明显。但由于使用贵金属作为催化剂，质子交换膜成本较高，其应用受到一定限制。

(1) 质子交换膜燃料电池存在的问题及对策

目前，质子交换膜燃料电池在应用中的主要问题有：

① 质子交换膜的价格高。每平方米的价格为 500～800 美元。

② 质子交换膜的膜内水量控制难度大。膜内相对湿度为 30%时 H^+ 导电率严重下降，15%时已成绝缘体。由于膜内必须有水，电池处于 0 ℃以下时水结冰会破坏膜。

针对以上情况，有专家提出了将膜本身改性(聚合物改性、有机无机复合等)，采用聚苯并咪唑(Polybenzimidazoles, PBI)、聚合物多元醇(Polyether Polyol, POP)等替代膜等改进措施。

(2) 质子交换膜燃料电池应用现状及前景

质子交换膜燃料电池由于工作温度低，启动速度较快，功率密度较高(体积较小)，所以很适于用作新一代交通工具的动力。世界各大汽车集团竞相投入巨资，研究开发电动汽车和代用燃料汽车。从目前的发展情况看，质子交换膜燃料电池是技术最成熟的燃料电池电动汽车动力源，质子交换膜燃料电池电动汽车被业内公认为是电动汽车的未来发展方向。燃料电池将会成为继蒸汽机和内燃机之后的第三代动力系统。

自 2021 年以来，随着氢能源行业整体产销回暖，市场逐渐复苏，质子交换膜燃料电池整体产业链发展得到提升。

知识链接

20 世纪 60 年代，美国首先将质子交换膜燃料电池用于“双子星座”航天飞行计划。该电池当时采用材料的是聚苯乙烯磺酸膜，在电池工作过程中该膜发生降解。膜的降解不但导致电池寿命的缩短，还污染了电池的生成水，使宇航员无法饮用。其后，尽管通用汽车(GM)公司采用杜邦(DuPont)公司的全氟磺酸膜，延长了电池寿命，解决了电池生成水被污染的问题，并用小电池在生物实验卫星上进行了搭载实验，但质子交换膜燃料电池在美国航天飞机用电源的竞争中未能中标，让位于石棉膜型碱性氢氧燃料电池，这导致对质子交换膜燃料电池的研究长时间内处于低谷状态。

1983 年，加拿大国防部资助了巴拉德动力(Ballard)公司进行质子交换膜燃料电池的研究。在加拿大、美国等国科学家的共同努力下，质子交换膜燃料电池取得了突破性进展，采用薄的(50～150 μm)高电导率的 Nafion 和 Dow 全氟磺酸膜，使电池性能提高数倍。接着又采用铂碳催化剂代替纯铂黑催化剂，在电极催化层中加入全氟磺酸树脂，实现了电极的立体化，阴极、阳极与膜热压到一起，组成膜电极“三合一”组件。这种工艺减小了膜与电池的接触电阻，并在电极内建立起质子通道，扩展了电极反应的三相界面，提高了铂的利用率。这不但大幅度提高了电池性能，而且使电极的铂担量降至低于 0.5 mg/cm^2，电池输出功率密度提升至 0.5～2 W/cm^2，电池组的质量比功率和体积比功率分别达到 700 W/kg 和 1 000 W/L。20 世纪 90 年代以来，质子交换膜燃料电池高效、环保等突出优点，引起了世界各发达国家和各大公司高度重视，并投巨资发展这一技术。加拿大政府将燃料电池产业作为国家知识经济的支柱产业之一加以发展；美国三大汽车公司(GM、Ford、Chrysler)和德国戴姆勒—奔驰、日本丰田等汽车公司均投入巨资开发质子交换膜燃料电池汽车；处于领先地位的加拿大 Ballard 公司已经开始出售商业化的各种功率系列的质子交换膜燃料电池装置。

在我国有中国科学院大连化学物理研究所、清华大学、上海空间电源研究所、上海神力等单位在开展质子交换膜燃料电池的研究，并取得了长足进展，接近国外先进水平，初步形成了自主的知识产权体系。就技术而言，千瓦级的质子交换膜燃料电池技术已基本成熟，2000 年年底我国首次以燃料电池为动力的电动汽车试验取得成功；2005 年北京国际马拉松赛上，由清华大学和上海神力联合研制的燃料电池大巴投入使用；2010 年 2 月，全球最大的质子交换膜燃料电池示范电站落户广州大学城。随着我国氢燃料电池汽车产量的提升，国产质子交换膜替换市场空间将更广阔。虽然国内技术水平与国外尚存差距，但部分企业正在加速布局，有望实现高端突破。

资料来源：王志成等著，《燃料电池与燃料电池汽车》，科学出版社，2016 年

2.4.3 碱性燃料电池

碱性燃料电池是以强碱(如氢氧化钠、氢氧化钾)为电解质的燃料电池,是第一个发展的燃料电池技术。

1. 碱性燃料电池的结构及工作原理

碱性燃料电池以强碱(如氢氧化钠、氢氧化钾)为电解质,以氢气为燃料,以纯氧或脱除二氧化碳的空气为氧化剂,采用对氧电化学还原具有良好催化活性的铂炭、银等为电催化剂制备的电极为氧电极;以对氢电化学还原具有良好催化活性的铂钯炭、铂炭、镍等为催化剂制备的电极为氢电极。以饱浸碱液的多孔石棉等作为隔膜,以无孔碳板、镍板或镀镍甚至镀银、镀金的各种金属板作为双极板材料。

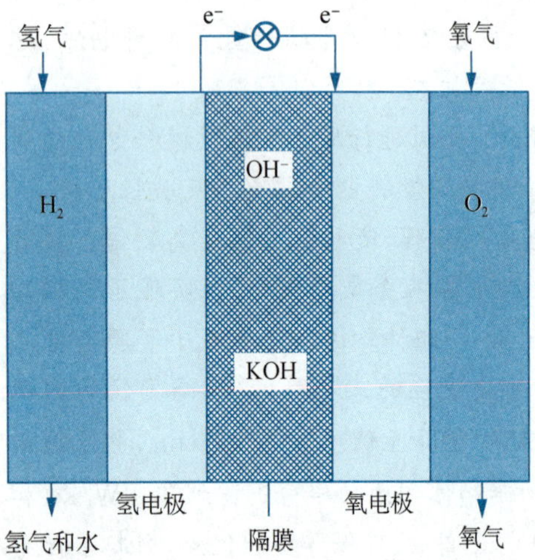

图 2-19 碱性燃料电池工作原理

碱性燃料电池单体电池主要由氢气室、阳极、电解质、阴极和氧气室组成。碱性燃料电池属于低温燃料电池,其工作温度一般为 80 ℃。其工作原理是:在阳极,氢气和强碱中的 OH^- 在催化剂的作用下发生氧化反应生成水和电子;电子通过外电路到达阴极后,与氧气和水发生反应,生成 OH^-;OH^- 通过饱浸碱液的多孔隔膜到达氢电极,如图 2-19 所示。化学反应式为:

阳极:$H_2+2OH\rightarrow 2H_2O+2e^-$

阴极:$2H_2O+O_2+4e^-\rightarrow 4OH$

总化学反应式:$2H_2+O_2\rightarrow 2H_2O$

在实际应用中,为了保证电池工作的连续性,要连续等速向碱性燃料电池供应氢气和氧气,还要连续等速从阳极排出反应生成的水,以维持电解质的碱液浓度恒定,同时要排出电池反应的废热以保持电池工作的稳定。

2. 碱性燃料电池的关键部件材料

(1) 电催化剂

作为碱性燃料电池的电催化剂必须满足一定的条件:首先电催化剂要对氢的电化学氧化和氧的电化学还原具有催化活性;其次要求电催化剂在浓碱中具有稳定性;此外电催化剂最好是电的良导体,如果电催化剂是半导体或绝缘体,则需要将电催化剂担载到具有良好导电性的担体(如活性炭)上。

① 阳极催化剂。一般使用的催化剂有贵金属催化剂、贵金属合金或多金属催化剂、非贵金属催化剂。其中,贵金属催化剂虽然价格较为昂贵,但还是存在着不可替代的优点;然而在研制使用碱性燃料电池时,一般不使用纯氢和纯氧作为燃料和氧化剂,因此要考虑进一步提高催化剂的电催化活性、抗毒化能力以及降低贵金属催化剂的用量。一般用铂基二元和三元复合催化剂来达到上述要求,如 Pt-Ag、Pt-Rh、Pt-Pd、Pt-Ni、Ir-Pt-Au 等。非贵金属催化剂通常是采用镍、镍合金或其他合金,但这些催化剂的活性和寿命都不如贵金属

催化剂。因此，这些非贵金属催化剂很少在实际的碱性燃料电池中使用。

② 阴极催化剂。阴极催化剂包含贵金属催化剂、氮化物催化剂、银催化剂等。其中，氮化物可以作为氧气在酸性介质中还原的电催化剂，其催化性能可以与贵金属媲美，是非常理想的催化剂材料。

(2) 电极

碱性燃料电池的电极结构目前主要有双孔结构电极和含有聚四氟乙烯等防水剂的黏合型电极。双孔结构电极一般采用雷尼镍制备，具有粗孔层和细孔层。在电池工作时，可以通过控制反应气与电解液压差的方式将反应区稳定在粗孔层。为了提高双孔电极的电催化活性，可将高催化性的组分引入粗孔层内，采用原位液相还原法将其高度分散到粗孔层框架的表面上。而细孔层在浸入电解液后，则起到阻气和传导导电离子的作用。

黏合型电极是通过在各种电催化剂材料中加入适量的防水剂，如 PTFE(聚四氟乙烯)等，使分散的催化剂材料牢固结合的同时形成相互交错的网络体系结构的气体扩散电极。由防水剂构成的憎水网络为反应气在电极内传输提供了通道；而电催化材料构成的亲水网络则使电解液完全浸润，具有良好的传导性。这种黏合型电极一般具有较高的极限电流和反应面积。

(3) 双极板

碱性燃料电池的双极板和流场相对于质子交换膜燃料电池而言比较简单，目前常用的碱性燃料电池双极板材料是镍和无孔石墨板，这些材料在碱性燃料电池的工作条件下性能稳定，且价格低。对于质量比功率和体积比功率要求较高的碱性燃料电池，则多采用厚度为毫米级的镁、铝等轻金属制备双极板，但在这些双极板上会镀上金或银。其他一些材料如铁板镀镍也可以作为双极板。

(4) 电解质

碱性燃料电池一般用氢氧化钾或氢氧化钠作为电解质，在电解质内部传输的导电离子是 OH^-。比较典型的电解质溶液是质量分数为 35%～50%的氢氧化钾溶液，可以在较低温度下使用(<120 ℃)。当温度较高的时候，如 200 ℃，可以使用较高浓度的电解质溶液(85%)。氢氧化钠也可作电解质，其优点是价格比氢氧化钾低，但是如果在反应气中有 CO_2 存在，会生成 Na_2CO_3，溶解度较 K_2CO_3 低，易堵塞电池的气体通道。因此氢氧化钾是目前是最常用的碱性燃料电池电解质。

3. 碱性燃料电池的特点

(1) 碱性燃料电池的优点

① 碱性燃料电池具有较高的效率(60%～70%)。

② 工作温度为常温，一般为 60～120 ℃，因此启动也很快。

③ 性能可靠，可用非贵金属作为催化剂。

④ 碱性燃料电池是燃料电池中生产成本最低的一种。

⑤ 碱性燃料电池是技术发展最快的一种，主要为航天任务，包括为航天飞机提供动力和饮用水；也可用于交通工具，具有一定的发展和应用前景。

(2) 碱性燃料电池的缺点

① 使用具有腐蚀性的液态电解质，具有一定的危险性且容易造成环境污染。

② 为解决CO毒化所采用的一些方法，如使用循环电解液、吸收CO_2等，增加了系统的复杂性。

4. 碱性燃料电池的应用现状

在众多类型的燃料电池中，碱性燃料电池技术是最成熟的。从20世纪60到80年代，国内外学者深入广泛地研究并开发了碱性燃料电池。但是在80年代以后，由于新的燃料电池技术的出现，例如质子交换膜燃料电池使用了更为便捷的固态电解质而且可以有效防止电解液的泄漏，碱性燃料电池逐渐褪去了其原有的光彩。

(1) 碱性燃料电池的主要问题及对策

① 以浓碱作为电解质，容易和CO_2发生反应，生成碳酸盐，导致导电率下降。

② 电催化剂中毒，使催化剂失去活性。

针对以上情况，为延长碱性燃料电池的使用寿命，目前已经研究出多种防止催化剂中毒的方法，主要有利用物理、化学方法去除CO_2，采用循环电解液，改善电极制备方法等，减少碳酸盐对电极性能的破坏。

(2) 碱性燃料电池应用现状及前景

通过质子交换膜燃料电池和碱性燃料电池之间的对比，不难发现理论上碱性燃料电池的性能要优于质子交换膜燃料电池，甚至早期的碱性燃料电池系统都可以输出比现有质子交换膜燃料电池系统更高的电流密度。成本分析表明：碱性燃料电池系统用于混合动力电动车时比质子交换膜燃料电池要更有优势。同时，碱性体系的弱腐蚀性也确保了碱性燃料电池能够长期工作。碱性燃料电池中更快的氧化还原反应(ORR)使得非贵金属以及低价金属(例如银和镍)作为催化剂成为可能，这也使得碱性燃料电池与使用铂催化剂为主的质子交换膜燃料电池相比更有竞争力。因此，近年来对碱性燃料电池研究逐渐复苏。

知识链接

碱性燃料电池是最早开发和获得成功应用的一类燃料电池。碱性燃料电池技术是在1902年提出的，但直到20世纪四五十年代，剑桥大学的弗朗西斯·托马斯·培根(1904—1992)才完成了碱性燃料电池的研究。他用氢氧化钾溶液替代了自葛洛夫时代一直使用的腐蚀性较强的酸性电解质溶液，制造出了世界上第一个碱性燃料电池。碱性燃料电池具有高的比功率，其在航天方面的成功应用证明了碱性燃料能量转化效率高(50%～70%)，且运行高度可靠，展示出其作为环境友好的发电装置的可能性。因此这曾推动人们探索其在地面和水下应用的可行性。然而，由于碱性燃料电池以浓碱作为电解质，在地面应用时必须脱除空气中的CO_2，而且它只能以H_2或NH_3、NH_4等分解气为燃料，若以碳氢化合物的重整气为燃料，则必须要分离出其中的CO，从而导致整个系统的复杂化和成本增加。20世纪80年代末以后，由于质子交换膜燃料电池技术的快速发展，寻求地面和水下应用的燃料电池工作转向了质子交换膜燃料电池的研究和应用。

资料来源：王志成等著，《燃料电池与燃料电池汽车》，科学出版社，2016年

2.4.4 磷酸燃料电池

磷酸燃料电池是以浓磷酸为电解质的燃料电池，其燃料为氢气，氧化剂为空气。

1. 磷酸燃料电池的结构及工作原理

磷酸燃料电池单电池主要由氢气室、阳极、磷酸电解质隔膜、阴极和氧气室组成。

磷酸燃料电池用氢气作为燃料，氢气进入气室，到达阳极后在催化剂作用下失去 2 个电子，氧化成 H^+，H^+ 通过磷酸电解质到达阴极，电子通过外电路做功后到达阴极，氧气经气室到达阴极，在催化剂作用下，与到达阴极的 H^+ 和电子结合反应生成水，如图 2-20 所示。反应方程式如下：

阳极：$H_2 \rightarrow 2H^+ + 2e^-$

阴极：$4H^+ + 4e^- + O_2 \rightarrow 2H_2O$

总化学反应式：$2H_2 + O_2 \rightarrow 2H_2O$

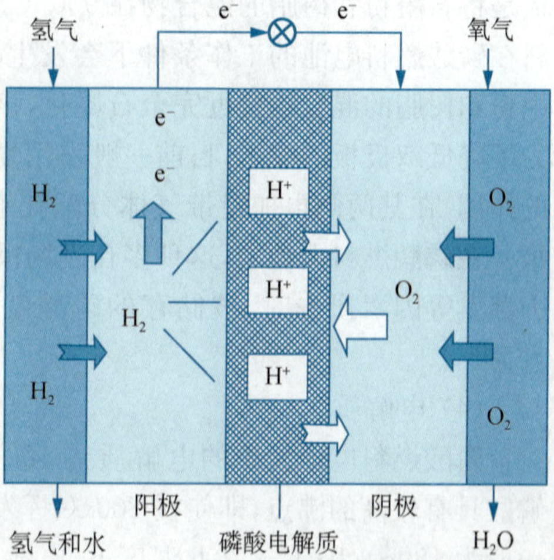

图 2-20　磷酸燃料电池工作原理

2. 磷酸燃料电池的关键部件及材料

(1) 电催化剂

在磷酸燃料电池中，为了促进电极反应，起初一般采用贵金属(如铂黑)作为电极催化剂，铂黑的用量为 9 mg/cm²，成本较高。但随着引入导电性好、耐腐蚀性强、比表面积高、密度低的廉价碳黑(如 X-72 型碳)作为电催化剂的担体后，铂催化剂的利用率得到很大的提高，使电催化剂铂的用量大幅度降低。现在磷酸燃料电池阳极铂的担载量已降至 0.1 mg/cm²，阴极为 0.5 mg/cm²。

① 阳极催化剂。到目前为止，磷酸燃料电池所使用的阳极催化剂仍然以铂或铂金为主，因为贵金属催化剂催化电极反应的可逆性较好，催化活性较高，且耐腐蚀，长期化学稳定性好。

② 阴极催化剂。由于在酸性介质中，酸的离子吸附等会影响氧在电催化剂上的电还原速度，因此阴极的电催化剂用量较大。为了降低电池成本，阴极除了使用贵金属作为催化剂，也采用其他金属大环化合物催化剂来代替纯铂或铂合金催化剂，虽然这种催化剂的成本较低，但其性能特别是稳定性不好。目前研究较多的为铂与镍、铬、钴、钒、锆、钽等的合金，并测试了它们作为磷酸燃料电池阴极催化剂的电催化性能。该类催化剂能够提高氧化还原反应的电催化活性，如 Pt-Ni 阴极催化剂的性能比铂提高了 50%。

(2) 隔膜

在早期磷酸燃料电池的研制中，隔膜主要使用经过特殊处理的石棉膜和玻璃纤维纸，但是，石棉和玻璃纤维的碱性氧化物会和电解质浓磷酸发生反应，从而使电池的性能降低。目前普遍使用碳化硅作为隔膜材料。碳化硅在磷酸燃料电池工作条件下具有很好的化学稳定性和电化学稳定性。在磷酸燃料电池中碳化硅隔膜与其两侧的氢、氧多孔气体扩散电极形成膜电极组件。碳化硅在饱浸磷酸后能够起到离子传导作用，同时起到隔离燃料和氧化剂的作用。

(3) 双极板

双极板的作用主要是分隔氧化剂和燃料，同时起到传导电流的作用。在其两面加工的流场将反应气均匀分配至电极各处。与碱性染料电池不同，由于酸的强腐蚀性，磷酸燃料电池的双极板不能采用一般金属材料，因此，只能用石墨作为双极板材料。早期的双极板是将石墨粉和树脂的混合物在 900 ℃左右的温度下使树脂部分碳化制得的，但这种材料在磷酸燃料电池的工作条件下会发生降解。后来将热处理温度提高到 2 700 ℃，使石墨粉和树脂的混合物接近完全石墨化，该双极板的稳定性就达到预期目标，但费用太高。为了降低双极板的成本，目前一般采用复合双极板，中间一层为无孔薄板，起着分隔气体的作用，在其两侧再加置带气体分配孔道的多孔碳板作为流场板，构成一套完整的双极板。在磷酸燃料电池中，这种多孔流场板还可储存一定容量的磷酸，当电池隔板中的磷酸因蒸发等因素损失时，被储存的磷酸就会迁移到电解质隔膜内，从而延长电池的使用寿命。

(4) 电解质

磷酸燃料电池使用的电解质是 100％的磷酸，采用磷酸作为电解质有明显的优势。磷酸具有较高的沸点，即使在 200 ℃挥发性也很低，因此磷酸燃料电池的工作温度较高，一般为 180～210 ℃。在此温度下，电池的性能较高。另外，磷酸燃料电池耐燃料气体及空气中 CO_2 的性能较好，不必除去。因此，磷酸燃料电池对燃料的要求比较低。100％的磷酸固化温度在 42 ℃左右，当电池停止运行时，电解质会产生固化，使电池体积增加；此外，电池在有负载和无负载时，也会引起酸的体积变化；在磷酸凝固、重新熔化的过程中会产生应力。这都会损害电池的电解质隔膜，使电池性能降低。所以，磷酸燃料电池在运行和不运行时，都要使电池的温度保持在 45 ℃之上。

3. 磷酸燃料电池特点

(1) 磷酸燃料电池的优点

① 无需对气体 CO_2 进行去除的预处理，所以使系统简化，成本降低。

② 工作温度较温和，一般为 180～210 ℃，对电池的材料要求不高。

③ 在运行时所产生的水可供饮用。

④ 化学稳定性比较好。

(2) 磷酸燃料电池的缺点

① 发电效率低，仅能达到 40％～45％。

② 由于采用酸性电解质，需要使用稳定性好的贵金属催化剂，如价格高的铂催化剂，因而成本较高。

③ 磷酸燃料电池电堆启动时间较长，因此不适合作为快速启动装置的电源使用，应用范围受到限制。

5. 磷酸燃料电池的应用现状

磷酸燃料电池由于具有明显的优势，发展迅速，在技术上已经比较成熟。然而仍需要进一步改进其性能，降低制造成本。

(1) 磷酸燃料电池的主要问题及对策

如前所述，磷酸燃料电池的主要问题有：发电效率低、成本高、启动时间长、电池寿命不够长等。针对这些情况，专家提出了以下对策。

① 提高电池功率密度。提高电池功率密度有利于减小电池的质量和尺寸，可以降低

电池造价。

② 延长电池使用寿命，提高其运行可靠性。

③ 进一步降低电池制造成本。

(2) 磷酸燃料电池应用现状及前景

磷酸燃料电池由于其固有的缺点，很难应用于轿车上。目前在一些固定发电场所会应用磷酸燃料电池，如学校、医院和小型发电站等。

2.4.4　熔融碳酸盐燃料电池

熔融碳酸盐燃料电池是由多孔陶瓷阴极、多孔陶瓷电解质隔膜、多孔金属阳极、金属极板构成的燃料电池。

1. 熔融碳酸盐燃料电池的结构及工作原理

单体的熔融碳酸盐燃料电池一般由阳极、阴极、充有碳酸盐电解质的隔膜、集流板和双极板等关键材料和部件组成。其中，熔融态的碳酸盐既有离子导体的功能，又具有隔离燃料气体和氧化剂的功能。

熔融碳酸盐燃料电池以碳酸盐作为电解质，工作温度为 600～700 ℃，在此温度下电解质呈熔融状态。电池工作过程是燃料的氧化和氧化剂的还原过程。阳极上的氢气与从阴极上通过电解质迁移过来的碳酸根离子反应，生成二氧化碳和水，同时电子通过外电路到达阴极，与氧气和二氧化碳结合，生成碳酸根离子。熔融碳酸盐燃料电池的电化学反应方程式如下：

$$\text{阳极：}H_2+CO_3^{2-}\rightarrow CO_2+H_2O+2e^-$$

$$\text{阴极：}CO_2+4e^-+2O_2\rightarrow 2CO_3^{2-}$$

$$\text{总化学反应式：}2H_2+O_2+2CO_2\rightarrow 2H_2O+2CO_2$$

2. 熔融碳酸盐燃料电池的关键部件及材料

(1) 电极

① 阳极材料。熔融碳酸盐燃料电池的阳极催化剂最早用银和铂，为降低成本，后来采用了电导性与电催化性能良好的镍。但纯镍在熔融碳酸盐燃料电池的工作温度与电池组装力的作用下会发生阳极蠕变现象，晶体结构产生微形变破坏阳极结构，导致电极性能的衰减。因此，为改善电极的性能，需要对纯镍阳极进行改性。常用方法是在镍中加入摩尔分数10%左右的铬、钴、铝等金属与镍形成合金，对电极起加固作用，同时对蠕变应力起分散作用。

② 阴极材料。目前熔融碳酸盐燃料电池的电极反应稳定性很高，电极催化活性也较高，因此电解材料一般采用非贵金属。阴极一般采用多孔氧化镍，是由于多孔镍在电池升温过程中原位氧化，并且部分被原位锂化，形成非化学计量化合物，具有电导率高、电催化活性高和制备方便的优点。因此氧化镍被作为标准的熔融碳酸盐燃料电池阴极材料。

(2) 隔膜

电解质隔膜是熔融碳酸盐燃料电池的重要组成部件，其中电解质被固定在隔膜载体内，它的使用也是熔融碳酸盐燃料电池的特征之一。电解质隔膜应至少具备四种功能：一是它能隔离阴极与阳极的电子绝缘体；二是它要充当碳酸盐电解质的载体和碳酸根离子迁移的通道；三是隔膜浸满熔盐后防止气体的渗透，因此隔膜既是离子导体，又是阴、阳极隔板，它必须具备强度高、耐高温熔盐腐蚀的特点，其浸入熔盐电解质后既能够阻挡气体通过，又具有良好的离子导电性能；四是它的可塑性可用于电池的气体密封，防止气体外泄，即所谓的“湿封”。当电池的外壳为金属时，湿封是唯一的气体密封方法。隔膜是陶瓷颗粒混合物，以形成毛细网络来容纳电解质。隔膜为电解质提供结构，但不参加电学或电化学过程。电解质的物理性质在很大程度上受隔膜控制。隔膜颗粒的尺寸、形状及分布决定孔隙率的孔隙分布，进而决定电解质的欧姆电阻等性质。隔膜一般是粗、细颗粒及纤维的混合物。其中，细颗粒提供高的孔隙率，粗粒材料用于提高抗压强度和热循环能力。早期采用过氧化镁作为熔融碳酸盐燃料电池的隔膜材料，但氧化镁在高温下的熔融碳酸盐中会有微量的溶解，使隔膜的强度变差。目前，几乎所有熔融碳酸盐燃料电池使用的细颗粒材料都是偏铝酸锂，它具有很强的抗碳酸熔盐腐蚀能力。

(3) 双极板

双极板通常用不锈钢和镍基合金钢制成。目前使用最多的还是 316 L 不锈钢和 310 不锈钢双极板。对于小型电池组，其双极板采用机械方法进行加工；对于大型电池组，其双极板采用冲压方法进行加工。

在高温电解质中，双极板容易产生腐蚀。在双极板受到腐蚀的同时，电解质也被消耗了，同时在密封面的腐蚀易引起电解质流失，若不及时补充电解质，会导致电池性能的衰减。此外，腐蚀作用会导致双极板的电导降低，欧姆极化增加，机械强度降低。为了提高双极板的防腐蚀性能，除了采用防腐蚀性能更好的材料如特种钢制备双极板，还可以对 316 L 不锈钢双极板的表面进行防腐蚀处理，一般通过在阳极侧镀镍、在密封面镀铝来提高防腐蚀性能。

(4) 电解质

熔融碳酸盐燃料电池以摩尔分数 62% 的碳酸锂（Li_2CO_3）和 38% 的碳酸钾（K_2CO_3）的混合物为标准电解质。这是一个低共熔混合物，熔点为 487.85 ℃。碳酸锂-碳酸钾体系还有一个低共熔混合物为 43%的碳酸锂加 57%碳酸钾，其熔点为 499.85 ℃。20 世纪 70 年代之前，熔融碳酸盐燃料电池电解质材料大多选用碳酸锂－碳酸钠二元混合物作为电解质。因为锂－钠体系的蒸气压和热膨胀系数均略低于锂－钾体系，近几年又重新得到重视。在确定电解质组成时需要考虑的因素很多，其中，电解质影响电池性能的因素有电导率、气体溶解度、扩散能力、表面张力及对电催化的作用等；影响电池长期工作寿命的因素有电解质的蒸气压和腐蚀性对基底及电极稳定性的影响、电解质与基底的热膨胀匹配，以及其在应用中的价格等。

3. 熔融碳酸盐燃料电池的特点

(1) 熔融碳酸盐燃料电池的优点

① 工作温度高，无论氢的氧化或是氧的还原，都不需贵金属作为催化剂，降低了成本。

② 可以使用含量高的燃料气，如煤制气。

③ 电池排放的余热温度高达 400 ℃之多，使总的热效率达到 80%。

④ 可以不用水冷却，而用空气冷却代替，尤其适用于缺水状态。

(2) 熔融碳酸盐燃料电池的缺点

① 由于高温工作以及电解质的强腐蚀性，对电池各种材料的长期耐腐蚀性能有十分严格的要求，电池的寿命也因此受到限制。

② 单电池边缘的高温湿密封难度大，尤其阳极区容易遭受到严重的腐蚀；另外，会出现熔融碳酸盐的一些固有问题，如由于冷却导致的破裂问题等。

③ 电池系统中需要有循环，将阳极析出的 CO_2 重新输送到阴极，增加了系统结构的复杂性。

4. 熔融碳酸盐燃料电池的应用现状

（1）熔融碳酸盐燃料电池的主要问题及对策

熔融碳酸盐燃料电池的电解质由碳酸锂和碳酸钾组成，工作温度在 650 ℃左右，其阴极、阳极电化学反应快，无需贵金属催化剂。由于在较高温度工作，可以对天然气、煤炭气化燃料进行内部重整，直接加以利用，不需要复杂昂贵的外重整设备。另外，燃料转换效率高，余热利用效率也较高。但熔融碳酸盐燃料电池在高温下长期工作时电解质损失造成的电池失效、隔板腐蚀对电池寿命的影响，以及镍电极缓慢溶解所造成的性能下降都是有待解决的课题。

（2）熔融碳酸盐燃料电池的应用现状及前景

目前熔融碳酸盐燃料电池主要作为固定式电池，应用于分布式电站，在德国、日本、美国、意大利等国家得到了很好的示范应用，国内一些企业也在进行熔融碳酸盐燃料电池技术开发研究。

2.4.5　固体氧化物燃料电池

固体氧化物燃料电池是一种在中高温下直接将储存在燃料和氧化剂中的化学能高效、环境友好地转化成电能的全固态化学发电装置，被普遍认为是在未来可与质子交换膜燃料电池一样得到广泛应用的燃料电池。

1. 固体氧化物燃料电池的结构及工作原理

固体氧化物燃料电池采用了陶瓷材料作为电解质、阴极和阳极，为全固态结构。单体燃料电池主要组成部分由电解质、阳极或燃料极、阴极或空气极和连接体或双极分离器组成，目前主要有平板式和管式两种结构的固体氧化物燃料电池。电解质具有较高的离子电导率，是固体氧化物燃料电池的基础。用于固体氧化物燃料电池的电解质有两类，即氧离子导电电解质和氢离子（质子）导电电解质，因此根据导电离子的不同，可以将固体氧化物燃料电池分为两类：氧离子传导电解质燃料电池和质子传导电解质燃料电池。目前，固体氧化物燃料电池的研究工作主要集中在氧离子传导电解质燃料电池。

氧离子传导电解质燃料电池工作时，在阳极侧持续通入燃料气，如 H_2、CH_4、天然气等，具有催化作用的阳极表面吸附燃料气体如氢气，并通过阳极的多孔结构扩散到阳极与电解质的界面。在阴极一侧持续通入氧气或空气，具有多孔结构的阴极表面吸附氧气。由于阴极本身的催化作用，O_2 得到电子变为 O^{2-}，O^{2-} 进入起电解质作用的固体氧离子导体，由于浓度梯度引起扩散最终到达固体电解质与阳极的界面，与燃料气体发生反应失去电子，电子通过外电路回到阴极。氧离子传导电解质燃料电池的反应为：

$$\text{阴极：} O_2 + 4e^- \rightarrow 2O^{2-}$$

$$\text{阳极：} H_2 + O^{2-} \rightarrow H_2O + 2e^-$$

$$\text{总化学反应式：} 2H_2 + O_2 \rightarrow 2H_2O$$

2. 固体氧化物燃料电池的关键部件及材料

(1) 电解质

对固体氧化物燃料电池而言，电解质材料基本采用氧离子传导电解质，因此电解质材料必须具有良好的氧离子电导率，其氧离子传递系数接近于1，且能长时间保持，还能够在氧化性气氛和还原性气氛下具有足够的化学稳定性、形貌稳定性和尺寸稳定性。此外，电解质必须易于制备成致密的薄膜，以有效隔离燃料和氧化剂。目前使用的电解质材料包括萤石结构电解质材料、钙钛矿结构电解质材料以及磷灰石类电解质材料。

(2) 电极

① 阳极材料。阳极材料必须对燃料的电化学反应具有足够的催化活性；必须有足够高的孔隙率，才能确保燃料的供应及产物的排出；此外还必须具备高温环境下稳定的混合电导特性，同时具备与相邻双极板和电解质等组件相容的特性。目前，金属-电解质复合阳极材料仍是阳极材料研究的主要方向。多孔的金属-陶瓷复合阳极材料主要是通过在阳极电催化剂中添加一定量的电解质材料构成。常用的阳极催化剂有镍、钴等以及一些贵金属材料。其中，镍由于具有较好的活性，得到广泛应用。

② 阴极材料。阴极的作用是为氧化剂的电化学反应提供场所。因此，阴极材料必须在氧化气氛下保持稳定性，并在固体氧化物燃料电池操作条件下具有足够高的电子电导率、对氧电化学还原反应的催化活性以及适当的孔隙率。为了满足“三合一”和电池组的需要，阴极材料还要与其他电池材料化学上相容、热膨胀系数相匹配。贵金属由于在氧化气氛中具有优良导电性及催化活性，最先作为固体氧化物燃料电池的阴极，但贵金属是纯电子导体，储量有限、价格高，不能大量应用。目前，主要采用以稀土元素为主要成分的钙钛矿型复合氧化物作为固体氧化物燃料电池的阴极材料，主要有掺杂的锰酸盐和掺杂的钴酸盐两类材料。

(3) 双极连接体

双极连接体在固体氧化物燃料电池中起连接相邻单电池阳极和阴极的作用。对于管式固体氧化物燃料电池而言，双极连接材料称为连接体；对于平板式固体氧化物燃料电池而言，双极连接材料称为双极板，可同时兼顾导电和传输气体的作用，是平板式固体氧化物燃料电池的关键材料之一。因此，双极连接体材料必须在高温(800～1 000 ℃)的条件下，在氧化、还原过程中具备高的电导率和优良的机械和化学稳定性、从室温到工作温度下的良好气密性，同时与电池的其他组件具有相似的热膨胀系数。目前使用的主要有两类材料，一类是掺杂的铬酸镧，这种材料具有较好的抗高温氧化性和导电性，与其他组件热膨胀系数匹配，但是其价格昂贵，不易成形；另一类是合金双极板材料，这种材料具有导电率高、机械加工性好、易于成形、密封性好、成本低等优点，成为双链接体的最佳选择。

(4) 密封圈

在平板式固体氧化物燃料电池中，密封材料除了起到有效隔离燃料和氧化剂的作用，还要保障电池组的机械强度。同时密封材料的工作温度在800 ℃左右，直接接触高温氧化环境(阴极侧)和高温潮湿还原环境(阳极侧)，且在频繁启动中要经受多次热冲击。因此，密封材料不仅需要在很宽的氧分压下保持化学稳定，且要长期保持与相邻电池组件的紧密结合，还需要经受热循环而无泄漏或损坏，此外密封材料还要具有良好的绝缘性能。目前，平板式固体氧化物燃料电池用密封材料主要有玻璃和玻璃—陶瓷材料、金属材料及云母材料三大类。另外，少数耐热高分子材料也用来密封平板式固体氧化物燃料电池。密封材料可按在使用过程中是否施加载荷分为硬密封材料和压缩式密封材料。其中，硬密封材料主要包括玻璃及玻璃—陶瓷密封材料和耐热金属材料；压缩式密封材料则包括金、银等延性金属材料和云母基密封材料。

3. 固体氧化物燃料电池的特点

(1) 固体氧化物燃料电池的优点

除了具有一般燃料电池系统具备的高效、清洁、环境友好的共性外，固体氧化物燃料电池还具有以下优点。

① 固体氧化物燃料电池是全固态的电池结构，不存在电解质渗漏问题，避免了使用液态电解质所带来的腐蚀和电解液流失等问题。

② 燃料无须是纯氢，可以采用其他可燃的碳氢气体。

③ 不必使用贵金属催化剂。陶瓷电解质要求高温运行(600～1 000 ℃)，加快了反应速度，还可以实现多种碳氢燃料气体的内部还原，简化了设备。

④ 系统产生的高温、清洁的高质量热气适于热电联产，能量利用率高达 80%左右，是一种清洁高效的能源系统。

⑤ 固体氧化物燃料电池无须配置电解质管理系统，可实现长寿命运行。

(2) 固体氧化物燃料电池的缺点

① 固体氧化物电解质材料为陶瓷材料，质脆易裂，电堆组装较困难。

② 高温热应力作用会引起电池龟裂，所以主要部件的热膨胀率应严格匹配。

③ 工作温度高，预热时间较长，不适用于需经常启动的非固定场所。

4. 固体氧化物燃料电池的应用现状

(1) 固体氧化物燃料电池的主要问题及对策

如前所述，固体氧化物燃料电池在应用中面临着一些技术问题，主要有降低运行温度、加快启动速度、延长设备寿命以及节约材料等。而这些问题，可以通过改变固体氧化物燃料电池的结构及材料来解决。目前，提高寿命、降低成本方面的主要对策有以下四条。

① 质子交换膜方面，可以增强膜的机械性能，延长其使用寿命；为质子交换膜加进自由基，可以保证膜不会降解；加强热分解也能降低自由基数量，保证质子交换膜拥有足够的寿命。

② 催化剂层面，采用高比表面体的载体、抗反击的催化剂以及抗氧化的载体，使用化学过滤器，确保氢气和空气洁净不受污染，保证催化剂在整个寿命周期中活性不降低。

③ 双极板材料方面，则需要采用防腐涂层，以延长寿命。

④ 在电极材料涂锂氧化物，改变材料的酸碱度，降低铬金属对燃料电池的寿命影响。

另外，改造成微管化结构是解决固体氧化物燃料电池现存问题的重要方法。

(2) 固体氧化物燃料电池应用现状及前景

固体氧化物燃料电池技术的发展突破了固定电站的局限，在车辆动力源、便携电源、航空航天器电源等领域有着广阔的应用前景。为实现零碳目标，可再生能源在船舶交通方面将变得越来越重要。固体氧化物燃料电池凭借其明显的优势在交通领域最具竞争力。因此，国家需要在船舶领域对固体氧化物燃料电池技术进行引导，实现固体氧化物燃料电池电力系统在船舶上的应用。同时，随着固体氧化物燃料电池成本的降低、能量密度的增加和启动时间的缩短，其在今后燃料电池电动汽车发展中有着较好的发展前景。

2.4.6 直接甲醇燃料电池

直接甲醇燃料电池(Direct Methand Fuel Cell, DMFC)是直接使用甲醇作为阳极活性物质的燃料电池，是质子交换膜电池的一种，只是阳极燃料不是氢气而是甲醇。

1. 直接甲醇燃料电池的结构及工作原理

直接甲醇燃料电池的工作原理与质子交换膜燃料电池基本相同，图 2-21 为直接甲醇燃料电池的工作原理图。甲醇在阳极表面进行电催化氧化反应，生成二氧化碳和氢离子，并释放电子，电子通过外电路传导到阴极，氢离子通过质子交换膜扩散到阴极表面，与空气中的氧气及通过外电路传导过来的电子结合生成水，直接甲醇燃料电池的工作温度从室温到 130℃左右，电极反应方程式为：

$$\text{阳极}:CH_3OH+H_2O \rightarrow CO_2+6H^++6e^-$$

$$\text{阴极}:\frac{3}{2}O_2+6H^++6e^- \rightarrow 3H_2O$$

$$\text{总化学反应式}:CH_3OH+\frac{3}{2}O_2 \rightarrow CO_2+2H_2O$$

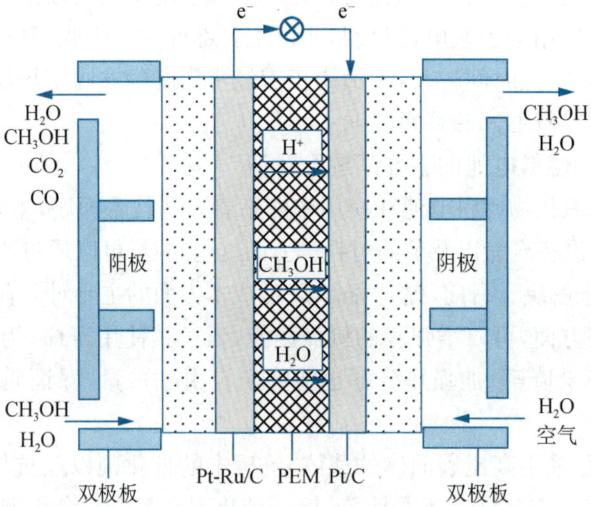

图 2-21 直接甲醇燃料电池工作原理

从热力学上看，甲醇的电化学氧化电位和氢的电化学氧化电位非常接近。但实际上，甲醇的电化学氧化过程是一个缓慢的动力学过程。甲醇在阳极被催化氧化时，其机理非常复杂，甲醇首先解离，生成中间体 CO，再生成 CO_2。在完成 6 个电子转移的过程中，会生成一些中间物，有的中间物会成为电催化剂的毒物，导致催化剂中毒，从而降低电催化剂的活性。

2. 直接甲醇燃料电池的关键部件及材料

(1) 阳极催化剂

研究表明铂催化剂对甲醇的氧化呈现出很高的活性，但铂金属的价格昂贵，且随着极化过程的不断进行，CO 的毒化作用会使其活性极大地降低，为此需要研制出更加适合直接甲醇燃料电池的新型催化剂。

① 铂基合金催化剂

在所有铂基二元复合催化剂中，铂钌(Pt-Ru)合金是最重要的铂基合金催化剂，其对甲醇的电催化效果最好。其催化活性是通过双功能机理起作用的，钌的加入一方面会影响铂的电子状态，从而减弱铂和钴之间的相互作用；另一方面钌原子容易形成活性的 Ru-OH，可以促进甲醇解离吸附的中间体在铂表面的氧化，从而提高铂对甲醇氧化的电化学催化活性和抗中毒性能。虽然铂钌合金催化剂对甲醇氧化有很好的催化活性，但由于钌的氧化物在酸性介质中易溶解，其稳定性不太好。

② 复合催化剂

铂基催化剂大多以碳为搭载体，但是碳在一定电位作用下，容易出现“反极”现象，导致碳被氧化成 CO，进而使铂中毒。因此，可采用导电聚合物作为铂催化剂的载体，从而避免催化剂中毒。

③ 金属氧化催化剂

由于铂催化剂在缺氧时容易因 CO 中毒，因此具有高催化活性和导电性的 ABO_3 型氧化物成为直接甲醇燃料电池的另一选择。A 位材料有锶、铅等，B 位材料有钴、钌等。

(2) 阴极催化剂

直接甲醇燃料电池所用的阴极催化剂一般是铂碳，但其也存在问题，主要是对氧还原的电催化活性低以及透过隔膜的甲醇燃料会使阴极催化剂中毒，从而导致其性能降低并产生混合电位。因此，目前阴极催化剂的研究重点是如何提高催化剂的氧还原电催化活性和耐甲醇能力。可以在铂催化剂中添加如铬、镍、杂多酸或过渡金属的卟啉和酞菁化合物等，不但可以提高铂对氧还原的电催化活性，而且能较大幅度地提升铂的耐甲醇能力。铂基催化剂目前仍然是直接甲醇燃料电池阴极的主要催化剂。

(3) 直接甲醇燃料电池质子交换膜

直接甲醇燃料电池的质子交换膜的主要作用是阻隔阴、阳极组分以及传递质子、绝缘电子等。但由于 Nation 膜的选择透过性很差，在一定工作状况下甲醇的透过率高达 40%，这不仅使甲醇燃料大量损失，而且甲醇渗透到阴极以后会发生反应导致阴极催化剂中毒，从而极大地降低了燃料电池的使用效率和寿命。因此，热稳定性好、甲醇渗透率低、化学稳定性好、质子电导率高、机械强度大、成本低的阻醇膜成为了直接甲醇燃料电池研究的热点。

3. 直接甲醇燃料电池的特点

直接甲醇燃料电池属于质子交换膜燃料电池中的一类，直接使用水溶液以及蒸气甲醇为燃料供给来源，而不需要通过重整器重整甲醇、汽油及天然气等并取出氢以供发电。

(1) 直接甲醇燃料电池的优点

① 甲醇来源丰富，价格低廉，储存携带方便。

② 与质子交换膜燃料电池相比,结构更简单,操作更方便,体积能量密度更高。

③ 与重整式甲醇燃料电池相比,它没有甲醇重整装置,质量更轻,体积更小,响应速度更快。

(2) 直接甲醇燃料电池的缺点

当甲醇低温转换为氢和二氧化碳时,要比常规的质子交换膜燃料电池需要更多的铂金催化剂,提高了电池的成本。

4. 直接甲醇燃料电池与质子交换膜燃料电池的对比

直接甲醇燃料电池是在质子交换膜燃料电池的基础上发展起来的,虽然两者的结构相似,但在燃料、催化剂、电极结构及水管理方面各有特点。

① 直接甲醇燃料电池采用甲醇为燃料,燃料来源非常丰富,室温下为液体,与水互溶,燃料储存和供应系统简单,可以采用类似加油站的系统,这是直接甲醇燃料电池最大的优势。

② 由甲醇阳极氧化电化学方程可知,当甲醇阳极氧化时,不但产生 H^+ 与电子,而且产生气体 CO_2,因此尽管反应物 CH_3OH 与 H_2O 均为液体,仍要求电极具有憎水孔。此外,由水电解工业经验可知,对析气电极,尤其是采用多孔气体扩散电极这类立体电极时,电极构成材料(铂碳电催化剂)极易在析出的反应气作用下脱落、损失,进而影响电池寿命。因此与质子交换膜燃料电池相比,直接甲醇燃料电池在阳极结构与制备工艺优化时,必须考虑 CO_2 析出这一因素。

③ 当采用甲醇水溶液作为燃料时,由于阳极室充满了液态水,直接甲醇燃料电池质子交换膜阳极侧会始终保持在良好的水饱和状态下。但与质子交换膜燃料电池不同的是,当直接甲醇燃料电池工作时不管是电迁移还是浓差扩散,水均由阳极侧迁移至阴极侧,即对以甲醇水浴液为燃料的直接甲醇燃料电池,阴极需排出远大于电化学反应生成的水。因此,与质子交换膜燃料电池相比,直接甲醇燃料电池阴极侧不但排水负荷增大,而且阴极被水淹的情况更严重。在设计直接甲醇燃料电池阴极结构与选定制备工艺时必须考虑这一因素。

5. 直接甲醇燃料电池的应用现状

(1) 直接甲醇燃料电池的主要问题及对策

目前,在直接甲醇燃料电池的应用中,存在的主要问题是阳极电化学氧化剂活性不高和甲醇渗透问题。因此,提高阳极催化剂活性是直接甲醇燃料电池发展的关键技术之一,也是直接甲醇燃料电池进一步研究的重要方向。

(2) 直接甲醇燃料电池的应用现状及前景

直接甲醇燃料电池尽管存在技术难题,但是其结构简单,目前主要应用于电动车的动力源和移动电源,将来在手机、笔记本电脑等可携式电子产品和交通、电气、能源等方面将成为主流。

本章小节

燃料电池作为继火电、水电、核电之后的第四代发电方式,被誉为 21 世纪清洁、高效的动力源，受到人们广泛的关注，燃料电池技术也在飞速地发展。

燃料电池具有发电效率高、环境污染小、比能量高、燃料范围广、可靠性高、易于建设等优点。

燃料电池是一种电化学装置，其组成与一般电池相同。其单体电池是由正负两个电极（负极即燃料电极，正极即氧化剂电极）以及电解质组成。不同的是一般电池的活性物质贮存在电池内部，因此限制了电池容量。而燃料电池的正、负极本身不包含活性物质，只是个催化转换元件。因此燃料电池是名副其实的把化学能转化为电能的能量转换机器。燃料电池工作时，燃料和氧化剂由外部供给，进行反应。原则上只要反应物不断输入，反应产物不断排除，燃料电池就能连续地发电。

构成燃料电池最基本的结构为单电池。单电池的基本结构由质子交换膜、催化层、气体扩散层和双极板组成，其中催化层与气体扩散层分别在质子交换膜两侧构成阳极和阴极。阳极为氢电极，为燃料的氧化反应所在电极；阴极为氧电极，为氧化剂的还原反应所在电极；阳极和阴极上都需要含有一定量的电催化剂，用来加速电极上发生的电化学反应；两电极之间是电解质，即质子交换膜。通过热压将阴极、阳极与质子交换膜复合在一起而形成膜电极。

根据电解质的不同，燃料电池可以分为不同的类型，燃料电池的主要类型如下。

(1) 质子交换膜燃料电池

采用极薄的塑料薄膜作为电解质。这种电解质具有功率高、质量轻和工作温度低的特点，是适用于固定和移动装置的理想材料。

(2) 碱性燃料电池

采用氢氧化钾溶液作为电解液。这种电解液效率很高（可达 60%～90%），但对影响纯度的杂质，如二氧化碳很敏感。因而运行中需采用纯态氢气和氧气。这一点限制了将其应用于航天飞行及国际工程等领域。

(3) 磷酸燃料电池

采用 200 ℃高温下的磷酸作为电解质，很适合用于分散式的热电联产系统。

(4) 熔融碳酸盐燃料电池

其工作温度可达 650 ℃，这种电池的效率很高，但是对材料的要求也高。

(5) 固态氧化物燃料电池

采用固态氧化物作为电解质，性能较好，需要采用相应的材料和过程处理技术，因为电池的工作温度约为 1 000 ℃。如果电池的工作温度进一步降低，将有广阔的应用前景。

思考与练习

一、单项选择题

1. 燃料电池属于二次能源，直接把物质(　　)发生时释出的能量变换为电能。

A. 内热反应　　B. 化学反应　　C. 物理反应　　D. 生物反应

2. 燃料电池堆相比一般的二次化学储能电池组存在(　　)的明显优势。

A. 可以瞬间大功率输出　　B. 不需要充电

C. 能量密度更大　　　　　　　　　　D. 不需要电量均衡，系统结构简单

3. 下面(　　)的结构与原理与其他电池存在着本质区别。

A. 锂离子电池　　B. 镍氢电池　　C. 燃料电池　　D. 聚合物锂电池

4. 以下哪个不是燃料电池的优点？(　　)

A. 发电效率高　　B. 环境污染小　　C. 可靠性高　　D. 制造成本低

5. 燃料电池是一种高效、环境友好的发电装置，它的原理是原电池原理，可进行能量的转换。如以甲烷为燃料时，另一极通入氧气，以氢氧化钾为电解质溶液，产物为碳酸钾和水，二氧化碳的排放量比常规发电减少 40%以上。下列有关燃料电池的说法正确的是(　　)。

A. 通入甲烷的一极是燃料电池的负极

B. 燃料电池是将热能转换为电能的装置

C. 通入氧气的一极是燃料电池的负极

D. 该燃料电池使用一段时间后，溶液的 pH 值增大

6. (　　)不能作为新能源汽车的动力电池。

A. 镍镉电池　　B. 镍氢电池　　C. 锂电池　　D. 燃料电池

7. 直接燃料电池通常采用的燃料是(　　)。

A. 汽油　　B. 甲醇　　C. 氢气　　D. 天然气

8. 在燃料电池的组成结构中，起到传导质子、隔离反应气体的作用的是(　　)。

A. 质子交换膜　　B. 双极板　　C. 扩散层　　D. 催化剂

9. 在燃料电池的组成结构中，起支撑催化层、收集电流，并为电化学反应提供电子通道、气体通道和排水通道的作用的是(　　)。

A. 质子交换膜　　B. 双极板　　C. 扩散层　　D. 催化剂

10. 直接甲醇燃料电池是直接使用(　　)为阳极活性物质的燃料电池，是质子交换膜电池的一种。

A. 质子交换膜　　B. 甲醇　　C. 氢气　　D. 催化剂

二、填空题

1. 构成燃料电池最基本的结构为单电池，单电池的基本结构由(　　　)、(　　　)、(　　　)、(　　　)四部分组成。

2. 燃料电池按所采用的电解质的类型分类，可分为：(　　　)、(　　　)、(　　　)、(　　　)、(　　　)。

3. 质子交换膜燃料电池的电催化剂分为(　　　)、(　　　)。

4. 铂碳催化剂是燃料电池常用的电催化剂，其性能指标主要有(　　)、(　　)、(　　)、(　　)、(　　)。

5. 膜电极是由质子交换膜和分别置于其两侧的(　　)及(　　)通过一定的工艺组合在一起构成的组件。

6. 碱性燃料电池是以(　　)(如氢氧化钠、氢氧化钾)为电解质的燃料电池。

7. 气体扩散层的性能指标主要有(　　　)、(　　　)、(　　　)、(　　　)、孔隙率、表观密度、面密度和表面粗糙度等。

8. 固体氧化物燃料电池的总化学反应式为（　　　　　　　　　　　　　　）。
9. 直接甲醇燃料电池的总化学反应式为（　　　　　　　　　　　　　　）。
10. 典型的燃料电池系统除了燃料电池及电堆外，还包括（　　　　）、（　　　　）、（　　　　　　　　）、（　　　　　　　）、（　　　　）等。

三、问答题

1. 燃料电池的优点有哪些？
2. 燃料电池的类型有哪些？
3. 简述燃料电池的基本组成及工作原理。
4. 磷酸燃料电池的主要特点有哪些？
5. 质子交换膜燃料电池的主要优点有哪些？
6. 固体氧化物燃料电池的优缺点有哪些？
7. 直接甲醇燃料电池的优缺点有哪些？
8. 燃料电池管理系统包含哪些部分？
9. 简述质子交换膜燃料电池的工作原理。
10. 简述熔融碳酸盐燃料电池的工作原理。

第3章

氢与氢燃料电池

学习目标

素质目标

1. 通过了解氢的发现过程，体会探索和求知的重要意义；
2. 通过了解氢的发展历史，感受中国在科技发展上的自强不息，增强民族自信。

知识目标

1. 熟悉氢和氢燃料电池的特点；
2. 熟悉当下几种主要的储氢技术；
3. 掌握氢燃料电池的基本结构和工作原理；
4. 熟悉氢燃料电池的类型和应用。

能力目标

1. 能认识各类氢燃料电池及其特点；
2. 能分析氢燃料电池的基本结构及工作原理；
3. 能指出氢燃料电池应用中的问题并说出应对思路。

3.1　氢的概述

3.1.1　氢气的发现

16 世纪，瑞士著名的医生帕拉塞尔苏斯已经发现了氢气，他是这样描述的："把铁屑投到硫酸里，就会产生气泡，像旋风一样腾空而起。"此外，他还发现这种气体可以燃烧，但由于他的病人很多，他并没有作进一步的研究。

17 世纪，瑞士一位叫梅德椰内的医生也发现了氢气，但那时人们认为不管什么气体都不能单独存在，所以很快就放弃了研究。

1766 年，英国的一位化学家亨利·卡文迪许最先把氢气收集起来并进行了认真的研究。一次实验中，卡文迪许不小心把一个铁片掉进了盐酸中，正当他在为自己的粗心而懊恼时，却发现盐酸溶液中有气泡产生，这个情景一下子吸引了他。之后，卡文迪许又做了好多次实验，并用排水法收集了这种新气体，他发现这种气体和空气混合在一起，一遇火星就会爆炸。随后不久，他测出了这种气体的比重，接着又发现这种气体燃烧后的产物是水，这种气体无疑就是氢气了。

后来安东尼·拉瓦锡听说了这件事，他重复了卡文迪许的实验，认为水不是一种元素，而是氢和氧的化合物。在 1787 年，他正式提出"氢"是一种元素，因为氢燃烧后的产物是水，便用拉丁文把它命名为"水的生成者"。

氢气具有来源广泛、单位质量能量密度高、无污染等特点。氢气不是直接从自然界获取的，需要人工制取，常用的制氢方法有电解水制氢、化石燃料催化重整制氢、生物制氢以及太阳能制氢。氢气单位质量所含的能量比其他燃料都高，利用形式也不单一，可以通过燃烧、制成电池等方式加以利用。

3.1.2　氢能的应用

氢是宇宙中分布最广泛的物质，它构成了宇宙质量的 75%，是二次能源。氢具有燃烧热值高的特点，是汽油的 3 倍，酒精的 3.9 倍，焦炭的 4.5 倍。氢燃烧的产物是水，是世界上最干净的能源。

氢能被视为 21 世纪最具发展潜力的清洁能源。早在 1970 年，美国通用汽车公司的技术研究中心就提出了"氢经济"的概念。1976 年，美国斯坦福研究院就开展了氢经济的可行性研究。20 世纪 90 年代中期以来，多种因素的汇合增加了氢能经济的吸引力。这些因素包括：持久的城市空气污染、对较低或零废气排放的交通工具的需求、减少对外国进口石油的需要、CO_2 排放和全球气候变化、储存可再生电能供应的需求等。氢能作为一种清洁、高效、安全、可持续的新能源，被视为 21 世纪最具发展潜力的清洁能源，是人类的能源发展战略方向。世界各国如冰岛、中国、德国、日本和美国等不同的国家之间在氢能交通工具的商业化方面已经出现了激烈的竞争。虽然氢能也用于其他领域（例如取暖、烹饪、发电、航行器、机车），但氢能在小汽车、卡车、公共汽车、出租车、摩托车和商业船上的应用已经成为焦点。

我国对氢能的研究与发展可以追溯到20世纪60年代初，我国科学家为发展本国的航天事业，对作为火箭燃料的液氢的生产、燃料电池的研制与开发进行了大量有效的工作。将氢作为能源载体和新的能源系统进行开发，则是从20世纪70年代开始的。为进一步开发氢能，推动氢能利用的发展，氢能技术已被列入《新能源汽车产业发展规划(2021—2035年)》。

氢燃料电池技术一直被认为是利用氢能解决未来人类能源危机的终极方案。上海一直是我国氢燃料电池研发和应用的重要基地，上汽、上海神力、同济大学等企业、高校，也一直在研发氢燃料电池和氢能车辆。

知识链接

氢能是解决国家能源安全和环境问题的最佳能源载体，燃料电池技术在大功率、长距离场景应用优势显著，市场潜力巨大。现阶段的主要能源仍然是化石能源，这些能源不仅储藏量有限，而且不清洁。作为清洁能源的氢能因为它的独特优势，将会逐步取代现阶段的能源，同时也可解决能源危机问题。据预测在2050年左右将全面进入氢能社会，氢能必将带来整个汽车甚至能源产业的革命性变革，也必将成为未来产业的制高点，具有极大的产业引领效应。

资料来源：明天氢能科技股份有限公司《氢能发展史和氢能社会的意义》

3.2 氢

3.2.1 氢的特性

氢(Hydrogenium)是一种化学元素，在元素周期表中位于第一位，是宇宙间最丰富的元素。氢的化学符号为H，原子序数是1。氢通常的单质形态是氢气，氢气是最轻的气体，在通常条件下为无色、无味的气体，氢的气体分子由双原子组成。氢在不同的压力和温度下会呈现不同的状态，比如，在101 kPa压强下，温度为−252.87 ℃时，氢气可转变成无色的液体；温度继续下降，达到−259.1 ℃时，液态的氢会变成雪状固体。氢原子藏在水中，可以使水有很强的导热能力。氢与氧化合就会生成水。氢的具体特性如下。

1. 最轻的气体

氢是最轻的气体，无色无味，几乎不溶于水。同温同压下，氢气的密度最小，常用来填充气球。

2. 易燃易爆

氢气化学式为H_2，常温常压下，是一种极易燃烧的气体。

常温下，氢气的性质很稳定，不容易跟其他物质发生化学反应。但是，当条件发生变化时，比如加热、点燃、使用催化剂等，氢气就会发生燃烧、爆炸或者化合反应。当空气中氢气的体积占混合体积的 4%～74.2%时，只要把氢气点燃就会产生爆炸，这个体积分数范围叫爆炸极限。

氢气和氟气、氯气、氧气、一氧化碳以及空气混合均有爆炸的危险，其中，氢气与氟气的混合物在低温和黑暗环境中就能发生自发性爆炸；与氯气的混合比为 1∶1 时，在光照下也可爆炸。由于氢气无色无味，燃烧时火焰是透明的，因此其存在不易被感官发现。在许多情况下，会向氢气中加入乙硫醇。乙硫醇是一种无色液体，有蒜的气味，可使氢气泄漏的时候被嗅到，并可同时赋予火焰以颜色。

3. 氢原子活泼好动

氢分子虽然很稳定，但在高温下，在电弧中进行低压放电，或在紫外线的照射下，氢分子能发生离解作用，得到原子氢。所得原子氢仅能存在半秒钟，随后便重新结合成分子氢，并放出大量的热。

原子氢有以下特点：

① 把原子氢气流通向金属表面，原子氢结合成分子氢的反应热可以产生高达 4 273 K(3 999.85 ℃)的高温，这就是常说的原子氢焰。可以利用此反应来焊接高熔点金属。

② 原子氢是一种比分子氢更强的还原剂。它可以同锗、锡、砷、硫、锑等直接作用生成相应的氢化物。

案例

第二次世界大战前夕的 1938 年，英国突然发生了一起飞机失事的空难事故，事故造成机毁人亡。失事的是一架英国的“斯皮菲尔”式战斗机，飞行员是一位勋爵的儿子。那一天晴空万里，是适合特技飞行的绝好天气。勋爵的儿子驾驶飞机升空，在碧蓝的天空中做着各种飞行动作，地面上观看的人们目不转睛地看着。忽然，飞机迅速地向地面坠落，随着一声巨响，整架飞机爆炸起火，化成一堆废墟，勋爵的儿子当即死于这场空难。勋爵的儿子驾驶技术是过硬的，但好好的一架飞机为什么会突然失事？于是，英国空军下令立即调查飞机失事的原因。

原因分析：这起事故并非人为的破坏，而是飞机发动机的主轴断成了两截。英国空军进一步检查，发现在主轴内部有大量像人的头发丝那么细的裂纹。为什么在发动机主轴里会出现大量的裂纹呢？要怎样才能防止这种裂纹造成的断裂现象呢？后来发现，钢中的裂纹是由钢在冶炼过程中混进的氢原子引起的。氢原子混进钢中后就像潜伏在人体中的病毒一样，刚开始并不“兴风作浪”，但是时机成熟，它就跑出来变成小的氢气泡，像“定时炸弹”一样，在外力作用下就会一触即发，使钢脆裂。这种脆裂就叫“氢脆”。

4. 氢气的还原性

高温下氢气是一种非常好的还原剂。其还原性主要表现在以下四个方面：

① 氢气能在空气中燃烧生成水，氢气燃烧时火焰温度可以达到 3 273 K(2 999.85 ℃)左右，工业上常利用此反应切割和焊接金属。

② 高温下氢气还能同卤素、氮气等非金属反应，生成共价型氢化物。

③ 高温下氢气能与活泼金属反应，生成金属氢化物。

④ 高温下氢气还能还原许多金属氧化物或金属卤化物为金属。比如氢气与氧化铜发生的还原反应。氢气与氧化铜反应，实质是氢气夺取氧化铜中的氧生成水，使氧化铜变为红色的金属铜。在这个反应中，氧化铜失去氧变成铜，即氧化铜发生了还原反应。这种含氧化合物失去氧的反应，叫作还原反应。能夺取含氧化物里的氧，使它发生还原反应的物质，叫作还原剂。

一般金属都是以其氧化态存在的，譬如氧化铁、氧化锆等。而氢气可以夺取它们当中的氧，从而把它们还原成金属单质。能被还原的金属是那些在电化学顺序中位置低于铁的金属。这类反应多用来制备纯金属。

相较于其他方法，在高温下用氢将金属氧化物还原来制取金属，产品的性质更容易控制，同时金属的纯度也更高。这种方法早已经广泛用于制取钨、钼、钴、铁等金属粉末和锗、硅的生产。

3.2.2 氢的储存

氢能储运包括氢气的储存以及氢能源的运输。当下几种主要的储氢技术为高压气态储氢、低温液态储氢、有机液态储氢、固态材料储氢等。目前我国氢气储运方式以高压气态为主。

1. 高压气态储氢

高压气态储氢是目前最常用并且发展比较成熟的储氢技术，其储存方式是采用增压设备将氢气压缩到一个耐高压的容器里。因高压容器内氢以气态储存，氢气的储量与储罐内的压力成正比。通常采用气罐作为容器，简便易行，其优点是存储能耗低、成本低。压力不太高时，可通过减压阀调控氢气的释放。因此，高压气态储氢已成为较为成熟的储氢方案。钢制储氢瓶是目前技术最成熟的储氢瓶，如图 3-1 所示。它的优点是结构简单、成本较低、安全可靠。

图 3-1 钢制储氢瓶

钢制储氢瓶在氢气的运输环节仍存在着运输效率低的缺点，加压的过程成本也较大，且随着压力的增大，储氢的安全性也大大降低，存在泄漏、爆炸的安全隐患，因此安全性能有待提升。未来，高压气态储氢还需向轻量化、高压化、低成本、质量稳定的方向发展，探索新型储氢罐材料以匹配更高压力下的储氢需求，提高储氢安全性和经济性。

2. 低温液态储氢

低温液态储氢是先将氢气液化，然后储存在低温绝热真空容器中。该方式的优点是氢的体积能量很高，由于液氢密度为 70.78 g/L，是标况下氢气密度的近 850 倍，即使将氢气压缩，气态氢单位体积的储存量也不及液态储存。相同有效装载容积下液氢罐的质量比各种类型的高压储氢装备都要轻，因此液氢容器比高压储氢装备更适合远距离运输，具有更高的运输效率和更低的运输费用。但液氢的沸点极低（−252.78 ℃），与环境温差极大，对储氢容器的绝热要求很高。高真空、绝热性能好的储氢容器是目前研究的重点。由于液氢蒸发损失量与储罐表面积和容积的比值成正比，因此，储罐的容量越大，其液氢的汽化率就越低。

储罐的最佳形状为球形，球型储罐由于应力分布均匀，具有机械强度良好等优点。但大尺寸的球型液氢储罐制造加工相对困难，制造成本较高，通常需要在项目现场制造。

目前经常使用的是圆柱形储罐，如图 3-2 所示。圆柱形储罐通常作为公路车辆或铁路车辆运输液氢的容器。采用圆柱形筒体，椭圆形、蝶形或半球形封头的容器，其表面积和容积的比例只比球型容器高约 10 个百分点。由于蒸发损失与低温储存容器的表面积和容积的比值成正比，随着储罐尺寸的增加，蒸发率将大幅减少。就双层真空绝热球型容器而言，50 m^3 容器的日蒸发率为 0.3%～0.5%，100 m^3 储罐的日蒸发率为 0.2%。

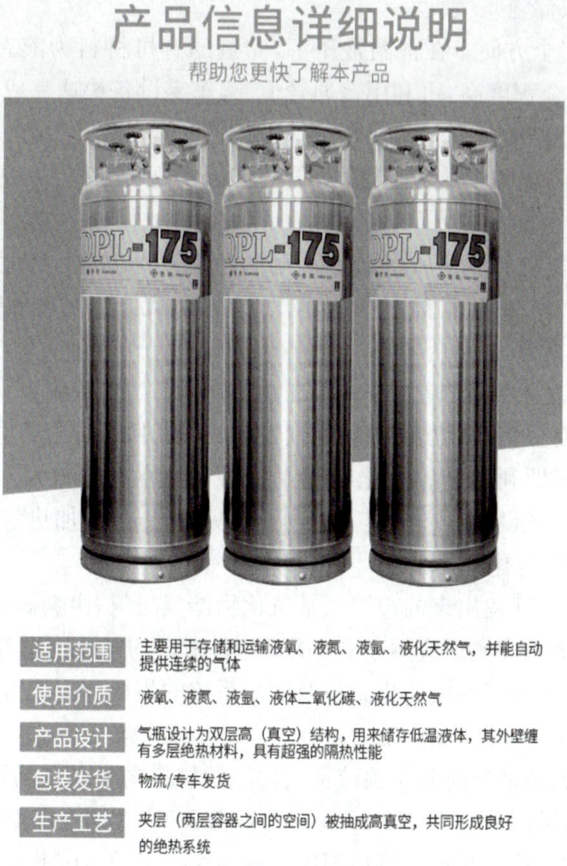

图 3-2　现在市场上的低温绝热真空容器

3. 有机液态储氢

有机液态储氢是通过加氢反应将氢气与甲烷等芳香族有机化合物固定，形成分子内结合氢的甲基环己烷等饱和环状化合物，从而可在常温和常压下，将氢气以液态形式进行储存和运输，并在使用地点在催化剂作用下通过脱氢反应提取出所需量的氢气。

液态有机物储氢使得氢可在常温常压下以液态输运，储运过程安全、高效，但还存在脱氢技术复杂、脱氢能耗大、脱氢催化剂技术亟待突破等技术瓶颈。若能解决上述问题，液态有机物储氢将成为氢能储运领域最有希望实现大规模应用的技术之一。

有机液态储氢技术的工作原理可分为三个过程，即加氢、运输、脱氢。加氢即氢气通过催化反应被加到液态储氢载体中，形成可在常温常压条件下稳定储存的液体有机储氢化合物（此部分可在专门的加氢工厂完成）。运输即加氢后的储氢液体（氢油）通过普通的槽罐车运输到补给码头后，采取类似汽柴油加注的泵送形式，简单、快速地加注到车上的有机液体存储罐中。脱氢即储氢液体（氢油）在供氢（脱氢）装置中进行脱氢。供氢（脱氢）装置的工作原理：将储氢液体（氢油）通过计量泵输送至脱氢反应装置，在一定温度条件下发生催化脱氢反应，反应产物气液分离后，氢气输送至燃料电池电堆，回收脱氢后完成热量交换的液态载体，循环利用。

有机液态储氢的技术优势有以下 5 个方面。

① 储氢密度高、储氢量大。

② 储存、运输安全方便。在常温常压下，储氢的有机材料为液态形式，闪点高，遇到明火不燃烧，存储安全程度高，可利用普通管道、罐车等设备快速完成物料补给，在整个运输、补给过程中，不会产生任何氢气或能量损失。

③ 脱氢（供氢）的过程中响应速度快，氢气可以实现即脱即用，适宜和燃料电池匹配使用。

④ 液态有机储氢材料脱氢所得到的氢气纯度高达 99.99%，且无尾气排放。

⑤ 液态储氢载体反应过程高度可逆，可重复使用，无废弃物排放问题。

4. 固态材料储氢

根据固态材料储氢机制的差异，可将储氢材料分为物理吸附型储氢材料和金属氢化物储氢合金两类。而金属氢化物储氢是目前发展较快的固态储氢方式。

金属氢化物储氢即利用金属氢化物储氢材料来储存和释放氢气。在一定温度下加压，过渡金属或合金与氢反应，以金属氢化物形式吸附氢，然后加热氢化物释放氢。

（1）氨基化合物-氢化物体系

它是于 2002 年被开发出来的金属氨基氢化物储氢材料，由金属氨基化合物和金属氢化物复合而成。该体系离实现应用还有一段距离，未来的工作应着重于金属氨基氢化物材料性能的优化、材料的规模廉价化制备及储氢系统的集成与优化等。

（2）氨硼烷及其衍生物体系

氨硼烷（NH_3BH_3）是当前储氢领域备受关注的材料之一。氨硼烷热分解放氢反应可分为三步进行，反应温度分别在 110 ℃、1 150 ℃和 500 ℃以上，每步反应均释放 1 mol 当量氢气。其中，氨硼烷第二步放氢反应温度较高，达 1 150 ℃，因此并不具有实用性。

(3) 有机无机杂化储氢材料

有机液态储氢材料具有储氢密度较高、大量易得、可利用现有的石油管路构架等优势，然而现有的有机液态材料面临着脱氢温度高的缺点。近期，中科院大连化物所研究人员利用无机储氢材料改性有机材料，结合两种材料各自的优势，开发出了性能较为优异的有机无机杂化储氢体系，有效地降低了材料的脱氢焓变，在低于 100 ℃的温度下实现加氢脱氢循环，储氢量约 5wt%。作为新近开发的材料体系，其优化与拓展空间较大，需要着重在新材料开发、材料稳定性、高效催化剂开发等方面进行深入研究。

知识链接

我国低温液态储氢技术应用较少，且该技术的成本高，长期来看，其在国内商业化应用的前景不如另外三种储氢技术。高压气态储氢是我国最为成熟的储氢技术，低温液态储氢和有机液态储氢综合性能好，但亟待相关技术攻关以降低其成本。目前加氢站采用的是高压气态储氢技术。长期来看，高压气态储氢还是国内发展的主流。但由于该技术存有安全隐患和体积容量比低的问题，在氢燃料汽车上的应用并不完美，因此未来该技术的应用可能有下降的趋势。固态储氢材料储氢性能卓越，是四种方式中最为理想的储氢方式，也是储氢科研领域的前沿方向之一，但是现在尚处于技术攻关阶段。因此我国可以以此技术为突破口，打破氢能储存技术壁垒，加速氢能产业发展。

资料来源：氢能网《四大储氢技术，谁将成为未来主流?》(https://h2.in-en.com/html/h2-2417308.shtml)

3.2.3　氢的运输

根据储氢状态和运输量的不同，氢的运输方式也是不同的，主要有气氢输送、液氢输送和固氢输送三种方式。

1. 气氢输送

气态输运分为管道输运和长管拖车两种。我国长管拖车运输设备产业已经较为成熟，但在长距离、大容量输送时，成本较高，整体落后于国际先进水平；而管道运输是实现氢气大规模、长距离输送的重要方式。管道运输输氢量大、能耗低，但是建造管道一次性投入较大。在管道输运发展初期，可以积极探索掺氢天然气方式。

鉴于氢在通常环境条件下的特性，气态氢运输为许多应用提供了最简单且通常能效最高的解决方案。表 3-1 概述了气态氢运输模式及其通常的运输距离。

表 3-1　气态氢的运输模式和通常的运输距离

运输形式	运输距离			
	～2 000 km	灵活	＜500 km	＜1 000 km
长途运输	管道			
短距离输配		管道	卡车	火车

气态氢运输的最大缺点是体积能量密度较低。常压下的气态氢仅提供 3 kW h/m^3 的低热值能量。由于气态氢的体积能量密度相当低,因此长距离、大规模使用交通工具的运输效率低下,此时管道成为一种可行的选择。在石油化工和化肥行业领域,局域性或地区性纯氢气管道已经使用多年,2016 年在全球范围内的总长度超过 4 500 km。

2. 液氢输送

液态输运适合远距离、大容量输送,可以采用液氢罐车或者专用液氢驳船运输。采用液氢输运可以提高加氢站单站供应能力,日本、美国已经将液氢罐车作为加氢站运氢的重要方式之一。日本千代田公司于 2009 年成功研发出 LOHC(液态有机氢载体)系统关键技术,全球首条氢供应链示范项目采用了千代田公司的 SPERA 技术探索液态有机氢载体的商业化示范,在 2020 年实现了 210 t/年的氢气输运能力。

分子氢在通常的环境条件下不会以液态形式呈现。因此,液态氢的储存和运输需要额外的物理或化学转化过程。氢气在 1 个大气压时,在 −253 ℃(20 K)以下的温度液化。与 30 MPa 的气态氢相比,氢的低温液化带来的好处是将其体积能量密度提高到了 3 倍以上(30 MPa 时氢的单位体积能量低热值为 750 kW·h/m^3,液态氢的单位体积能量低热值为 2 417 kW·h/m^3)。这使得液化氢成为在需要高体积能量密度时的首选方案。然而与常规液体燃料(例如柴油或喷气燃料)相比,液化氢的体积能量密度仍然很低(柴油的单位体积能量低热值为 10 000 kW·h/m^3)。但液化氢仍可以在重载公路运输、海上运输和部分航空领域中成为可行的燃料。

3. 固氢输送

通过金属氢化物存储的氢能可以采取更加丰富的运输手段,驳船、大型槽车等运输工具均可以用以运输固态氢。用储氢材料储存与输送氢比较简单,即用储氢合金储存氢气,然后运输装有储氢合金的容器。

固氢输送的优点有以下 3 个方面。

① 体积储氢密度高。

② 容器工作条件温和,不需要高压容器和隔热容器。

③ 系统安全性好,没有爆炸危险。

固氢输送的最大缺点是运输效率太低(不到 1%)。固氢输送装置应该质量轻、储氢能力大。如日本大阪氢工业研究所的多管式大气热交换型固氢装置,用 672 kg 钛基储氢合金,可储氢 134 m^3,储氢率为 1.78%,氢压 3.3~3.5 MPa。德国曼内斯曼公司、戴姆勒奔驰公司采用 7 根直径 0.114 m 管的管式内部隔离、外部冷热型固氢装置,用 10 t 钛基储氢合金,储氢 2 000 m^3,储氢率为 1.78%,氢压 5 MPa。这里的钛基合金在放氢时,需加热至较高的温度。由于储氢合金价格高(通常几十万元/t),放氢速度慢,还要加热,所以用固氢输送的情形并不多见。

3.2.4 工业级氢储存和运输的方式

工业级氢储存和运输的方式主要包括:氢气的气态常压存储及高压存储,在低温条件下的物理液化氢的液态存储,以及化学形式下的氢存储。化学液态氢存储系统中包括了氨和液态有机载氢体。从理论上讲,也可以使用金属氢化物使氢以固体形式结合。但由于这种存储技术面临诸如质量大和资源稀缺等若干困难，因此难以在大型存储系统中应用。

目前主要有高压气体运输、液态氢气运输和管道运输等方式。

1. 高压氢气运输以长管拖车为主，结合集装格小范围补充

高压氢气运输分为集装格和长管拖车两类，其中，集装格由多个体积为 40 L、压力为 15 MPa 的高压储氢钢瓶组成，运输较为灵活，适用于需求量小的加氢站。

2. 液氢槽罐车氢气容量高，国外较多采用该类运输方式

液氢的体积能量密度为 8.5 $MJ \cdot L^{-1}$，是 15 MPa 压力下氢气体积能量密度的 6.5 倍。液氢槽罐车运输是将氢气深度冷冻至 21 K(−252 ℃)液化，再装入隔温的槽罐车中运输。目前商用的槽罐车容量约为 65 m^3，可容纳 4 000 kg 氢气。国外加氢站使用该类运输略多于高压气态长管拖车运输。

3. 国外气态管道应用相对较多，液态管道运输技术要求较高

管道运输分为气态管道运输和液态管道运输两类。气态管道直径约 0.25～0.3 m、压力范围为 1～3 MPa，每小时流量约 310～8 900 kg 氢气。目前该类管道总长度已超过 16 000 km，主要分布在美国、加拿大和欧洲等地，其投资成本较天然气管道高 50%～80%，其中大部分的成本用于搜寻合适的地质环境来布局管道线路。液态管道采用真空夹套绝热技术，由内层和外层两个等截面同心套管构成，且两个管套中间抽成真空状态，防止内管内液氢的温度扩散。

4. 铁路和轮船上的运输需依托液氢技术

氢气在铁路和轮船上的运输需依托液氢技术，目前仅在国外少量应用。其中，深冷铁路槽车长距离运输液氢输气量大，又相对经济，储气装置常采用水平放置的圆筒形杜瓦槽罐，存贮液氢容量可达 100 m^3，部分特殊的扩容铁路槽车容量可达 120～200 m^3，目前仅在国外有非常少量的氢气铁路运输路线。表 3-2 为常用氢气储存和运输方式的对比情况。

表 3-2　各种物理状态下氢的物流

存储和运输物理状态	气态			液态			固态
存储形式	洞穴存储	枯竭的气田	加压容器	液化氢	氨	液态有机载氢体	金属氢化物
存储体积	中—大	大	小	小—中	大	小—大	小
存储时间	数周—数月	季度	天	数天—数周	数周—数月	数周—数月	数天—数周
运输模式	管道(纯氢/混合)、汽车拖车、火车			轮船、汽车拖车、火车	管道、轮船、汽车拖车、火车	管道、轮船、汽车拖车、火车	轮船、汽车拖车、火车

知识链接

300 km 以上的运输距离，运输成本排序为 LOHC<LH_2（液氢槽车）<氢气管道<管束车；50 km 以内，氢气管道运输成本较低，因此适合小规模运输，比如化工厂区氢气管道以及孤岛微电网内氢气运输等场合。随着输送距离的增加，有机液态输氢和低温液态输氢成本极具优势，因此液态输运更适合长距离、大规模输氢，比如跨省运输，将制氢中心的氢运输至消费中心。

对于氢能制、储、运过程中的安全性问题，有学者提出“液态阳光”的思路，即用二氧化碳和氢气反应生成甲醇，将有效解决氢存储问题。甲醇是非常好的液体储氢、运氢载体，甲醇储氢的安全性和便捷性都是极佳的，这也将成为解决可再生资源间歇性问题的新方案，为边远地区难以上网的可再生能源弃风、弃光、弃水提供消纳渠道，还将成为除特高压输电之外，另一种规模化输送能源的途径。

“液态阳光”的思路也拓展了碳捕获封存技术，可以把捕获的碳循环利用，形成完整的生态碳循环，有助于我国碳中和进程的推进。因此为了助力绿色能源发展，解决弃风、弃光、弃水问题，2020 年 10 月，全球首个千吨级“液态阳光加氢站”示范工程项目示范成功。液态加氢站的建成为我国氢能储运技术的进一步发展开拓了一条新的道路。

资料来源：氢能网《四种氢储运技术现状》(https://h2.in-en.com/html/h2-2418087.shtml)

3.3 氢　　能

3.3.1 氢能概述

1. 氢能的概念

氢能是一种来源丰富、应用广泛、燃烧热值高、清洁绿色的二次能源，也是目前最有潜力替代传统化石能源的未来能源之一。

二次能源是联系一次能源和能源用户的中间纽带。二次能源又可分为过程性能源和含能体能源。当今电能就是应用最广的过程性能源；柴油、汽油则是应用最广的含能体能源。由于过程性能源很难大量地直接贮存，汽车、轮船、飞机等机动性强的现代交通运输工具就无法大量使用从发电厂输出来的电能，只能大量使用柴油、汽油和天然气一类的含能体能源。但是随着电动汽车、混合动力车的发展，过程性能源也可以部分替代含能体能源。作为二次能源的电能可从各种一次能源中生产出来。例如煤炭、石油、天然气、太阳能、风能、水力、潮汐能、地热能、核燃料等均可直接生产电能，而同为二次能源的汽油和柴油等则不然，生产它们几乎完全依靠化石燃料。随着化石燃料耗量的日益增加，其储量日益减少，终有一天这些资源将要枯竭，这就迫切需要寻找一种不依赖化石燃料的、储量丰富的新的含能体能源。氢能正是一种在常规能源危机出现、开发新能源之际，人们期待的新的二次能源。

在全球向低碳、绿色转型的“第三次能源革命”大背景之下，以氢能为代表的可再生清洁能源正迎来前所未有的发展机遇。氢能作为清洁、高效、应用场景多元的能量载体，是连接传统化石能源与可再生能源的桥梁。发展氢能可降低传统化石能源的消费量，促进能源结构转型升级，是落实能源安全新战略、深入实施碳达峰碳中和的重要措施，对于促进新时代新能源业高质量发展具有重要意义。

2. 氢能的特点

氢在常温常压下呈气态，在超低温、高压下又可成为液态。作为能源，氢能具备其他能源所没有的优点。

(1) 清洁可再生

氢的燃烧产物是水，无二氧化碳和氮氧化物的排放，基本实现温室气体和污染物的零排放、无污染。同时，水又可以通过多种方式重新转化为氢，实现能源的循环利用。在众多的新能源中，氢能将会成为 21 世纪最理想的能源。

(2) 化学活性高，燃烧性好，发热值高

在体积占 3%～97%的范围内均可燃，发热值是汽油的 3 倍。

(3) 资源丰富，来源多样

氢在宇宙中是含量最丰富的物质，它在构成宇宙的物质中约占 75%。可见氢能是可以同时满足资源、环境和可持续发展要求的能源，这是其他能源所不能比拟的，因此其应用前景好。遗憾的是，目前条件下氢能仍然无法全面替代化石燃料。首先，氢能的利用主要是通过燃料电池转化为电能，而氢燃料电池成本过高；而且按照目前的技术条件来说，氢燃料的存储和运输非常困难，因为氢分子非常小，极易透过储藏装置的外壳逃逸。其次，目前氢气的提取主要是通过电解水或者利用天然气，如此则需要消耗大量能源，除非使用核电来提取，否则无法从根本上降低二氧化碳的排放。

3. 氢能的用途

首先，氢能是一种理想的清洁能源。不管是直接燃烧还是在燃料电池中的电化学转化，其产物只有水，且效率高。随着燃料电池技术的不断完善，以燃料电池为核心的新兴产业将使氢能的清洁利用得到最大发挥，这在氢燃料电池汽车、分布式发电、氢燃料电池叉车和应急电源产业化已初现端倪。

其次，氢能是一种良好的能源载体，具有清洁高效、便于存储和输运的特点。可再生能源，特别是风能和太阳能在近十年来发展迅猛，但能源本身的不稳定，导致其电力上网难，出现大量的弃风、弃光现象，这严重制约了它们的发展。将多余电量用于电解制氢，可大规模消纳风能、太阳能，制得的氢既可作为清洁能源直接利用，还能掺入天然气中经天然气管网输运并利用。

最后，氢气还是化石能源清洁利用的重要原料。成熟的化石能源清洁利用技术对氢气的需求量巨大，其中包括炼油化工过程中的催化重整、加氢精制以及煤清洁利用过程中的煤制气加氢气化、煤制油直接液化等工艺过程。推进氢能在这些方面的应用有望加速氢能的规模化利用。

氢能主要应用于以下领域。

(1) 航天领域

第二次世界大战期间，A-2 火箭的液体推进剂就是氢；1970 年，美国就用液氢作为

“阿波罗”登月飞船起飞火箭的燃料。目前，科学家们正在研究一种“固态氢”宇宙飞船，固态氢既是飞船的结构材料，又是飞船的动力燃料。

(2) 交通领域

氢作为超音速飞机和洲际客机的动力燃料的研究已进行多年，目前已进入样机和试飞阶段。德国戴姆勒-奔驰航空航天公司以及俄罗斯航天公司从 1996 年开始试验，其进展情况证实，在配备双发动机的喷气式飞机中使用液态氢，其安全性是有足够保证的。美、德、法等国采用氢化金属储氢，而日本则采用液氢作燃料组装燃料电池示范汽车，已进行了上百万千米的道路运行试验，其经济性、适应性和安全性均较好。美国和加拿大计划在加拿大西部到东部的大铁路上采用以液氢和液氧为燃料的机车。

(3) 民用领域

除了汽车行业外，燃料电池发电系统在民用方面的应用也很广泛。氢能发电、氢介质储能与输送，以及氢能空调、氢能冰箱等，其中有的已经实现，有的正在开发，有的尚在探索中。以质子交换膜燃料电池为能量转换装置的小型电站系统和以固体氧化物燃料电池为主的大型电站等均在开发中。

(4) 其他领域

以氢能为原料的燃料电池系统除了在汽车、民用发电等方面的应用外，在军事方面的应用也显得尤为重要。德国、美国均已开发出了以质子交换膜燃料电池为动力系统的潜艇，该类型潜艇具有续航能力强、隐蔽性好、无噪声等优点，受到各国的青睐。

知识链接

世界上第一个氢气球诞生在 1780 年，法国化学家布拉克把氢气灌入猪膀胱中，制得世界上第一个氢气球。而中国人自制的第一个氢气球成功起飞是在 1885 年，天津武备学堂是中国第一枚氢气球的诞生地。

中法战争刚刚结束后，华衡芳就来到天津武备学堂任教。当时，学堂里的一名德国教习买到了一枚中法战争期间法军用于军事瞭望的废氢气球，自视为珍奇。学堂的主管人希望这名德国教习能把氢气球的制造和使用方法介绍给武备学堂的学员，这位德国教习却推三阻四。1885 年，华衡芳了解到这一情况后，立刻带领工匠自制了一枚直径五尺的小气球，然后用镪水制成氢气灌到球中，当场演放升空。最后那位德国教习为了保住饭碗，不得不老老实实地向学员们讲授了这门技术。

华衡芳在天津武备学堂成功试制氢气球，不仅长了中国人的志气，而且这也是鸦片战争后，中国人自己制成的第一枚氢气球，在近代中国科技史上占有不容忽视的地位。

资料来源：百度文库(https://wenku.baidu.com/view/8408568eb3717fd5360cba1aa8114431b80d8e77.html?_wkts_=1675414288538&bdQuery=)

3.3.2 氢能应用现状和前景

1. 氢能的应用现状

(1) 以燃料电池为核心的氢能应用

① 氢燃料电池汽车。可实现真正的零排放、零污染，是传统燃油汽车理想的替代品，也是氢能清洁利用的主要方式。

② 燃料电池叉车。除具有与燃料电池汽车相同的零排放优点之外，燃料电池叉车的使用相对集中，因此方便实现燃料的集中供给，这将大大减少加氢站建设方面的投入，这也是燃料电池叉车发展领先汽车的主要原因。

③ 应急电源。氢燃料电池因其具有的能源效率高、环境友好、占地面积小、质量轻、运行稳定可靠、寿命长（是铅酸蓄电池寿命的 2～10 倍）等特点开始受到应急电源市场越来越多的青睐。

（2）以氢为载体的可再生能源应用

风能、太阳能的开发利用受间歇性和不可预测性的影响，存在大量的能源浪费现象，这严重制约了它们的发展。氢能是一种良好的能源载体，通过电解制氢的方式将风电、光伏电转化为氢气，可提高风能、太阳能的使用量和利用效率，制得的氢气可直接利用，还可掺入现有天然气管网实现大规模输运和利用，其流程如图 3-3 所示。

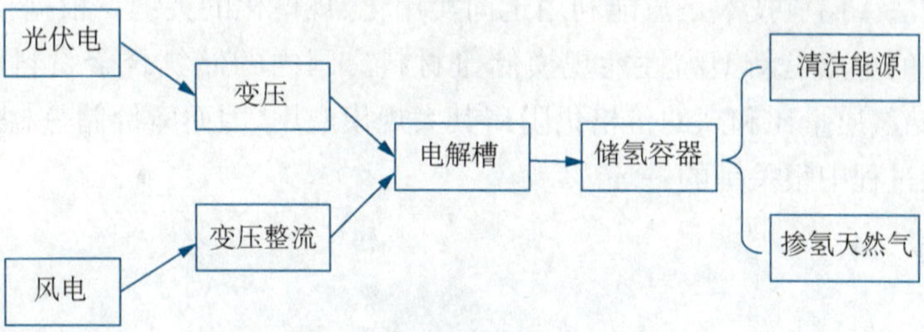

图 3-3　可再生能源制氢流程

① 可再生能源消纳。发展可再生能源，储能是关键。可再生能源的储能技术主要包括蓄电池蓄能、压缩空气蓄能、抽水蓄能及氢储能技术。通过比较发现，当氢储能技术的成本得到控制，则其相较于其他储能技术，将具有明显的优势。目前，许多国家已开始借用氢储能技术消纳可再生能源的方式来推动可再生能源发展。

氢储能技术巧妙地结合了可再生能源和氢能的共同发展，与当前人们追求可再生能源及清洁能源的利用趋势一致。目前，高昂的投资成本及关键装置燃料电池、氢气储运设备之间的配置与优化等问题是限制其发展的主要因素，当各环节进一步发展，制氢成本最终得到控制时，其发展潜力巨大，有望取代传统制氢，成为既经济又环保的制氢方式。此外，制得的氢气可直接掺入到现有的天然气管网进行输运，这很大程度上降低了氢能的输运成本，有助于推动氢能的大规模使用。

② 可再生能源制得的氢气掺入天然气。将可再生能源制得的氢气掺入天然气，组成掺氢天然气，再通过现有天然气管网输送，这一方式的提出受到了国际上广泛的关注，被认为是目前大规模输氢的最佳选择。研究发现，将氢气的掺入体积分数控制在 17%以下时，基本不会对天然气管网造成影响。

掺氢天然气用途广泛，可用作交通燃料、清洁燃气和工业炉燃料，其中，交通燃料的使用是当前的研究重点。研究发现，使用氢气体积分数为 20%的掺氢天然气的国产内燃机的排放可达到国家第四阶段机动车污染排放标准。倘若实现了大规模掺氢天然气的利用,其不仅能带来良好的环境效益,更有希望改善我国东部地区天然气储量不足的现状。

(3) 氢在化石能源清洁利用中的应用

① 油品质量升级。氢气是炼油企业提高轻油收率、改善产品质量必不可少的原料。

② 煤制清洁能源。煤制天然气、煤制油是煤炭清洁利用的重要途径。其中,煤制气的加氢气化过程以及煤制油直接液化过程中需要通入大量的氢气。

2. 氢能的发展前景

氢能凭借其所具有的清洁、无污染、效率高、质量轻和储存及输送性能好、应用形式多等诸多优点,赢得了人们的青睐。氢能开发利用首要解决的是廉价的氢源问题。从煤、石油和天然气等化石燃料中制取氢气的方式在国内虽已有规模化生产,但从长远观点看,这已不符合可持续发展的需要,从非化石燃料中制取氢气才是正确的途径。在这方面,电解水制氢已具备规模化生产能力,研究降低制氢电耗有关的科学问题,是推广电解水制氢的关键。光解水制氢的能量可取自太阳能,这种制氢方法适用于海水及淡水,是一种非常有前途的制氢方法。储氢技术是氢能利用走向实用化、规模化的关键。根据技术发展趋势,今后储氢研究的重点是新型高性能规模储氢材料。国内的储氢合金材料已有小批量生产,但较低的储氢质量比和高的价格仍阻碍其大规模应用,因而廉价储氢材料的开发仍是今后氢能利用过程中很关键的一环。

知识链接

氢能虽然是一种理想的能源,但要充分利用氢能,必须解决两个问题,即储运问题和安全性问题。目前所采用的储氢方法主要有物理方法和化学方法。物理法储氢是指储氢物质和氢分子之间发生纯粹的物理作用或物理吸附;化学法储氢是指储氢物质和氢分子之间发生化学反应,生成的新的化合物具有吸收或释放氢的特性。总体来看,氢能的储运主要有液化储运法、压缩储运法、固氢-液氢混合储运法、金属氢化物储运法、有机液态氢化物储氢法、无机化合物储氢法、活性炭吸附储氢法等。

近年来,随着碳纳米管研究的不断深入,碳纳米管在氢能储运方面的广阔应用前景正日益显现出来。当前氢能研究的直接目标是以氢燃料电池为动力的汽车,近年来几个发达国家纷纷展示了各自的原型车,但是无论从技术上还是经济上,规模化车载氢供应系统尚未切实解决。因此,各国科学家均致力于研究高储氢材料与系统,其中最有潜力的是碳纳米管的吸附储氢。

资料来源:MBA 智库百科(https://wiki mbalib. com/wiki/Hydrogenic_Energy)

3.3.3 我国氢能发展现状和展望

1. 我国氢能发展现状

我国作为世界第一大产氢国,氢能产业正在迅速发展。2019 年两会期间,氢能及燃料电池首次被写入政府工作报告中,2021 年,氢能被正式写入"十四五"规划中,中央政府及地方各级政府推广氢能的政策密集出台,补贴力度进一步加大。截至 2021 年年底,全国范围内省、自治区及直辖市级的氢能产业规划超过10个，地级市及区县级的氢能专项规划超过30个。预期在未来，氢能在我国将会有巨大的发展空间。

(1) 氢气制备方面

“十三五”期间，我国电解水制氢技术已经由试验示范进入商业化示范的初步阶段。在碱性电解水制氢方面，已经建成多个可再生能源与碱性电解水制氢系统结合的示范装置，单机最大容量达到1 000 Nm^3/h，氢生产能力为1 752×10^4 Nm^3/年；质子交换膜电解水制氢方面，单机制氢能力已经达到0.5～50 Nm^3/h；高温固体氧化物电解水制氢方面，已经实现了千瓦级高温电解水蒸气制氢系统集成；太阳能光催化制氢技术、热化学循环分解水制氢技术等先进可再生能源制氢技术已经开展实验室级别或中试级别的试验研究工作。

(2) 氢气储运方面

我国氢资源中心和氢负荷中心呈现逆向分布，规模化、大容量氢储运技术是提高氢能在终端能源消费占比的重要前提。同时，由于氢能是一种灵活多元且具有物质形态的二次能源，适合因地制宜作为长周期、跨季节储能形式进行布局，因此，大规模储氢对保障新型电力系统安全稳定运行具有重要意义。“十三五”期间，在气态储运技术方面，我国已经研制出87.5 MPa钢质碳纤维缠绕高压大容积加氢站用固定式储氢瓶，运输用高压储氢工作压力在20 MPa等级，已建成电解水制氢-掺氢量为10%的天然气掺氢管道示范工程；液态储运技术方面，我国航天及军事领域已经具备液氢贮罐的自行研制能力，具备1.5～5 t/天氢液化系统设计制造能力，已经完成针对引进国外5 t/天以上的氢液化工艺包进行国产适应性优化，正在开展有机液体规模化加氢与运氢示范；固态储运技术方面，开展了千瓦级风电制氢、15 kg固态车载储氢系统示范应用。

(3) 燃料电池方面

在国家和地方产业政策的支持和鼓励下，燃料电池技术尤其是质子交换膜燃料电池在交通领域的应用得到快速推广、蓬勃发展。随着我国能源结构调整步伐加快，燃料电池清洁低碳、无污染、综合能源利用效率高的特点使其适合成为多元化供能的主体，从而在提高能源效率，推动终端用能源清洁化、低碳化方面发挥不可替代的作用。“十三五”期间，在质子交换膜燃料电池技术方面，我国已经突破了10 kW级质子交换膜燃料电池分布式发电、热电联供的关键技术并实现示范应用，电堆实测寿命达到9 500 h，实现了5 kW燃料电池备用电源系统商业化生产，燃料效率≥50%；在固体氧化物燃料电池技术方面，实现了10 kW级的分布式发电系统及5 kW级热电联供系统示范，热电联产综合效率在80%以上，自主设计并建设了10 kW级(2个5 kW模块)整体煤气化燃料电池发电系统及二氧化碳近零排放示范工程，实现燃料利用率达84.5%，发电效率达53.3%；在熔融碳酸盐燃料电池技术方面，完成了以纯氢为燃料的10～20 kW级发电系统的试验运行，初步具备了由实验室走向中试规模的条件。

(4) 氢气加注方面

我国建成加氢站的数量已经跃居世界第二，但加氢站关键装备如加氢机、压缩机等的核心技术仍然面临受制于人的局面。提高加氢关键技术装备国产化水平的重要意义在于：一是提高能源产业链的安全稳定水平，二是夯实我国氢能规模化发展的关键基础，三是为氢能关键装备“走出去”提供重要技术保障。“十三五”期间，我国已经建成的加氢站以 35 MPa 气态加氢站为主流，我国已经具备 35 MPa 和 70 MPa 等级气态加氢站的集成设计能力。在 35 MPa 加氢站技术方面，开发了基于国产Ⅲ型储氢瓶的快速加氢控制技术，国产压缩机在加氢站实现应用；在 70 MPa 加氢站技术方面，我国正在开展 70 MPa 加氢站关键技术和压缩机、加氢机关键装备的技术攻关工作。

(5) 氢安全防控及品质保障方面

氢安全防控及品质保障是氢能健康、有序、快速发展的重要保证。氢具有分子量小、点火能量低、燃爆范围宽、火焰传播速度快、容易发生爆轰、高压高纯氢与材料的相容性高等特性，这使得氢能各环节应用的安全问题都不容忽视。氢能安全利用是氢能大规模推广应用的重要前提，氢气品质是保证氢能利用各环节关键技术装备的寿命、能效，避免设备故障的重要方面。随着我国氢能步入商业化应用阶段，氢气全周期品质保障技术方面的研究和技术储备的重要性逐渐突显。"十三五"期间，我国在氢气安全和品质保障方面进行了大量基础科学研究。在安全防控方面，已经进行了不同应用场景的氢气扩散、液氢的泄漏、燃烧及爆炸的理论研究，建立了高压临氢部件及储氢瓶测试试验平台，初步具备临氢部件及储氢瓶测试能力，进行了制氢设备安全监测体系研究和氢气泄漏爆炸及其防控技术的研究。在品质保障方面，我国尚处于技术跟踪阶段，正在建立快速检测、品质管控技术储备。

2. "十四五"重点突破的技术方向及发展目标

根据《"十四五"规划纲要和 2035 远景目标纲要》，"十四五"期间，我国将实施氢能产业孵化与加速计划，谋划布局一批氢能产业。目前，我国各省市大量氢能相关政策主要以新能源汽车政策与环保政策的形式发布，北京、天津、山东、四川等地正在或已经制定氢能产业专项政策和规划。

(1) 氢气制备方面

现阶段，我国碱性电解水制氢技术已经实现国产化，掌握了大型化单槽制造技术，处于国际领先水平。质子交换膜电解水制氢技术方面，隔膜、电极及催化剂等关键技术装备尚未实现国产化，与国际先进水平存在一定的差距。高温固体氧化物电解制氢、太阳能光解水制氢等其他可再生能源制氢技术大体与国际研究阶段同步。"十四五"期间，应对质子交换膜电解水制氢技术、高温固体氧化物电解制氢技术、太阳能光解水等新型制氢技术的关键材料、技术装备进行集中攻关，提供绿色低碳氢源的重要保障基础。可再生能源电解水制氢集成技术方面，我国尚未有兆瓦级可再生能源电解槽长时间运行经验，缺乏功率控制、动态响应、控制策略等方面的研究及实际运行。"十四五"期间，应结合不同制氢技术适用场景，鼓励开展可再生能源制氢综合能源系统关键技术应用、集成设计优化、协同耦合调控的示范试验，力争到 2025 年实现可再生能源一氢能综合系统工程应用。

(2) 氢气储运方面

我国在固定式高压储氢技术方面处于国际先进水平，需要进一步提高输运用高压气态储氢的储氢密度和单车运氢量；在天然气管道掺氢、纯氢管道输运技术和工程示范等方面与国外主要国家存在差距；低温液态储运技术在核心设备和部件大型化、集成应用规模化等方面与国际先进水平存在差距，有机液氢技术、固态储氢技术处于小规模示范试验阶段，总体与国际保持同步水平。针对我国在氢储运技术方面存在的差距与不足，"十四五"期间，应鼓励突破自主化氢气储运关键技术，在 50 MPa 气态运输用储氢技术、低温液氢储运技术、固态氢储运技术及有机液体氢储运技术等方面部署关键技术装备集中攻关重点任务；针对适用于规模化氢储运的纯氢/掺氢天然气管道输送及氢液化技术开展示范试验，力争到 2025 年建成掺氢比例为 3%～20%，最大掺氢量为 200 Nm^3/h 的掺氢天然气管道示范项目。

(3) 燃料电池方面

我国的燃料电池技术在能源领域的技术储备和工程应用相对薄弱。部分电堆材料、核心部件研发应用已经取得了显著进展，但尚未经过长时间工程验证。此外，在热交换器、预重整器等辅机装备，电堆集成设计优化，系统长期运行性能保证及可靠性三方面仍然有待进一步开展攻关和示范研究。“十四五”期间，应针对能源领域应用场景，以进一步提高燃料电池技术成熟度、优化设计结构、积累运行经验、推广先进工程应用为目的，开展不同燃料电池本体技术的集中攻关和集成设计优化，推动燃料电池向大规模、高效率方向发展并实现固定式发电、分布式功能等应用，力争到 2025 年实现固定式燃料电池发电系统示范。

(4) 氢气加注方面

我国在加氢站关键技术方面与国际存在一定差距。虽然在 35 MPa 等级加氢关键装备方面已经取得了一定的突破，但可靠性及耐久性需要进一步验证和提高，且在国际上主流建设的 70 MPa 等级加氢站关键技术装备方面，我国处于研发阶段，尚未实现工程应用。“十四五”期间，应针对我国 35 MPa/70 MPa 等级加氢站关键装备尚存在短板的问题，部署 70 MPa 加氢机，满足 35 MPa/70 MPa 等级加氢站的压缩机、涉及性能评价和控制的技术、加氢装备核心零部件的示范试验，旨在以示范工程推动国产化技术水平的提高，力争到 2025 年实现加氢站关键部件国产化。

(5) 氢安全防控及氢气品质保障方面

我国在氢气泄漏检测、安全测试评价、检测试验能力等方面均与国外存在较大差距。针对这一问题，“十四五”期间，应开展临氢环境下临氢材料和零部件氢泄漏检测及危险性试验研究，以及氢气燃烧事故防控与应急处置技术装备研究；在氢气品质保障方面，由于未来一段时期内，副产氢仍然是我国主要的氢源，“十四五”期间，应鼓励开展工业副产氢纯化关键技术研究。

3. 氢能的战略定位

(1) 氢能是未来国家能源体系的重要组成部分

应充分发挥氢能作为可再生能源规模化高效利用的重要载体作用及其大规模、长周期储能优势，促进异质能源跨地域和跨季节优化配置，推动氢能、电能和热能系统融合，促进形成多元互补融合的现代能源供应体系。

(2) 氢能是用能终端实现绿色低碳转型的重要载体

应以绿色低碳为方针，加强氢能的绿色供应，打造形式多样的氢能消费生态，提升我国能源安全水平。发挥氢能对碳达峰、碳中和目标的支撑作用，深挖跨界应用潜力，因地制宜引导多元应用，推动交通、工业等用能终端的能源消费转型和高耗能、高排放行业绿色发展，减少温室气体排放。

(3) 氢能产业是战略性新兴产业和未来产业的重点发展方向

应以科技自立自强为引领，紧扣全球新一轮科技革命和产业变革发展趋势，加强氢能产业创新体系建设，加快突破氢能核心技术和关键材料瓶颈，加速产业升级壮大，实现产业链良性循环和创新发展。践行创新驱动，促进氢能技术装备取得突破，加快培育新产品、新业态、新模式，构建绿色低碳产业体系，打造产业转型升级的新增长点，为经济高质量发展注入新动能。

4. 氢能科技发展展望

氢能技术是近年来被广泛关注的战略性新兴能源技术，氢能产业链涵盖制、储、运、用四个环节。积极推动氢能技术研发应用，一是符合我国能源转型的必然要求，二是对协同带动能源全产业链发展、强链、延链具有重要意义。未来应持续推动氢能制、储、运、用全产业链技术创新，协同推动上下游产业链共同发展：一是聚焦氢气制备关键技术，突破适用于可再生能源电解水制氢的各类电解水制氢关键技术，推动多能互补可再生能源制氢集成关键技术的研发应用，开展多应用场景可再生能源一氢能的综合能源系统示范；二是聚焦氢气储运技术，开展气态、液态、固态氢储运关键技术研究，开展掺氢/纯氢天然气管道及输送关键设备安全可靠性研究，研发规模化氢存储示范装置；三是聚焦燃料电池设备及系统集成关键技术，开展高性能、长寿命的不同燃料电池技术研究，开展多场景下燃料电池固定式及分布式功能示范应用。

知识链接

在北京冬奥会中，氢能发挥了"科技名片"的作用，向全世界展示了中国在氢能领域的发展成果。北京冬奥会的奥运火炬燃料全部采用氢能，在开幕式上将点燃冬奥赛场的氢能主火炬。此外，北京冬奥会将示范运营 1 000 多辆氢燃料电池车和 30 多个加氢站。冬奥会和冬残奥会期间，延庆赛区和张家口赛区将有 700 余辆氢燃料大巴车投入使用，场馆之间提供接驳服务的车辆将全部采用氢燃料电池客车，包含大巴车、中巴车等多个车型，为赛事提供交通保障服务。

资料来源：招商证券《氢能源行业发展现状及产业趋势研究》(https://baijiahao.baidu.com/s?id=1722981341763379953&wfr=spider&for=pc)

3.4 制氢技术

3.4.1 制氢技术介绍

目前，氢的制取主要有以下三种较为成熟的技术路线：

一是以煤炭、天然气为代表的化石能源重整制氢。

二是以焦炉煤气、氯碱尾气、丙烷脱氢为代表的工业副产气制氢。

三是电解水制氢，年制取氢气规模占比约为 3%。

另外，生物质直接制氢和太阳能光催化分解水制氢等技术路线仍处于实验和开发阶段，产收率有待进一步提升，尚未达到工业规模制氢要求。

1. 常见制氢方式简述

(1) 电解水制氢

在由电极、电解质与隔膜组成的电解槽中,在电解质水溶液中通入电流,水电解后,在阴极产生氢气,在阳极产生氧气。

(2) 化石原料制氢

化石原料主要指天然气、石油和煤,其他还有页岩气和可燃冰等。天然气、页岩气和可燃冰的主要成分是甲烷,甲烷水蒸气重整制氢是目前采用最多的制氢技术。

(3) 煤气化制氢

煤在蒸汽条件下气化产生含氢和一氧化碳的合成气,合成气经变换和分离制得氢。由于石油量少,现在很少用石油重整制氢。

(4) 工业副产气制氢

工业副产气制氢包括工业尾气制氢、合成氨生产尾气制氢、石油炼厂回收富氢气体制氢、氯碱厂回收副产氢制氢、焦炉煤气中氢的回收利用等。

(5) 常规原料转化制氢

含氢化合物高温热分解制氢、甲醇裂解制氢、氨分解制氢等都属于含氢化合物高温热分解制氢,含氢化合物由一次能源制得。

(6) 新型制氢方法

新型制氢方法包括生物质制氢、光化学制氢、热化学制氢等技术。

① 生物质制氢。指生物质通过气化和微生物催化脱氢方法制氢,也是在生理代谢过程中产生分子氢过程的统称。

② 光化学制氢。指将太阳辐射能转化为氢的化学自由能,通称太阳能制氢。

③ 热化学制氢。指在不同温度下,水系统中经历一系列化学反应,将水分解成氢气和氧气,不消耗制氢过程中添加的元素或化合物,可与高温核反应堆或太阳能提供的温度水平匹配。

我国现阶段主要的制氢方法是化石燃料制氢法,但这种制氢方法不可持续,依然不是最佳的方案。而电解水制氢法可持续、低污染,是目前相对来讲更优的一种制氢方式。

2. 国内氢能制取现状

从分布来看,国内氢气制造业在东部沿海地区发展较快,内陆地区发展缓慢。制氢企业的分布同样有明显的地域特征。目前,国内制氢企业东部沿海多内陆少,其中以北京市、山东省、江苏省、上海市、广东省最为集中,占全国制氢总量的 60%以上。

现阶段,国内氢能产业尚处于市场导入阶段,除部分气体公司外,市场化供氢渠道有限。结合不同技术路线制氢的产能、经济性以及碳排放情况,不同地区须依据其资源、禀赋进行选择。同时,国内多地各种示范项目的落地,也投射出政府对绿氢产业的重视和引导。利用可再生能源制氢将是氢能产业发展的终极目标。

3. 制氢技术选择及发展前景

氢能源产业链上游就是制氢,而制氢方法是制氢的关键。中国煤炭资源丰富且相对廉价,用煤制氢很有可能成为中国规模化制氢的主要途径。但这类型的制氢方法不可持续,不能解决能源和环境的根本矛盾,并且碳排放量高,并不是理想的制氢方法。

氢源选择的关键要素：

① 适用性：氢气供应与需求在数量、质量上的匹配。

② 经济性：成本有效性是最现实的考虑因素。

③ 环境效益：全生命周期污染物、二氧化碳排放量。

④ 能源效率：尽可能提高能源的投入产出效率。

结合国内外的制氢技术理念，以及以上几个考量因素，电解制氢无论在适用性、环境效益还是能源效率方面均具有技术优越性。随着低碳经济模式的不断推进，从长远来看，电解水制氢优势明显，现阶段最大的制约仅仅在于电价。电解水制氢法可持续、低污染，是欧洲、日本大多数加氢站采用的技术。

目前，电解水制氢法在我国制氢市场中的占比不及化石燃料制氢法等，主要原因是高电价抬高了电解水制氢的成本。未来，电价的下降将使电解水制氢法在制氢环节更通用，同时也将带动制氢成本下降。

知识链接

中科院李灿院士和李仁贵研究员等在太阳能可规模化分解水制氢方面取得新进展，率先提出并验证了一种全新的“氢农场”策略，该策略基于粉末纳米颗粒光催化剂，用太阳能分解水制氢，制氢效率创国际最高纪录。据悉，可见光下光催化水氧化量子效率达到60%以上，“氢农场”体系的太阳能到氢能转化效率超过1.8%，这也是目前国际上报道的基于粉末纳米颗粒光催化分解水体系的太阳能制氢效率的最高值。

资料来源：中国科学报《中科院大连化物所提出“氢农场”策略》(2020年3月23日)

3.4.2 常规原料转化制氢

1. 甲烷制氢

由于天然气储量巨大，人们对甲烷制氢进行了大量的研究工作。目前世界工业中普遍采用的蒸汽转化法有英国帝国化学工业集团(Imperial Chemical Industries，ICI)化学工业法，丹麦托扑索法，美国西拉斯法、凯洛格法、福斯特-惠勒法等。这些方法的工艺流程基本相同，其流程是天然气配入一定比例的氢气，混合气在对流段预热到一定温度，经钴、铝催化剂加氢后，用氧化锌进行脱硫，再进入蒸汽转化炉在一定条件下进行甲烷水蒸气重整制氢反应。20世纪70年代，国外催化行业又研发了弱碱催化剂用于天然气水蒸气转化制氢工艺，该工艺至今仍被广泛地应用。

甲烷水蒸气重整制氢反应是强吸热反应，需在较高的温度下靠外部供热方可进行。而目前的传热效率不高，散热现象较严重，导致能源效率低下，因此甲烷水蒸气重整制氢技术不适用于质子交换膜燃料电池电动汽车。

甲烷氧化重整制氢反应分为甲烷催化部分氧化反应和甲烷直接部分氧化反应。由于甲烷直接部分氧化反应需要在高温下进行，有一定的爆炸危险，因此在燃料电池中不适用。这里主要讨论甲烷催化部分氧化法制氢。甲烷与氧进行部分氧化反应时由于混合气中氧含量不同、反应条件不同，反应生成物的组成也不相同。当氧含量不大时(10%～

12%)，在50～300 MPa下主要生成甲醇、甲醛和甲酸；当氧含量为35%～37%时，在1 300 ℃下，反应区气体很快冷却，可以得到乙炔；再增加氧含量时，则反应产物主要是一氧化碳和氢气；如果用过量氧进行反应时，得到的产物仅为二氧化碳和水蒸气。

2. 甲醇制氢

甲醇是极为重要的有机化工原料，是在合成氨、乙烯之后的第三大化工产品。甲醇制氢核心技术为催化剂，目前对于甲醇制氢催化剂研究较多的有铜系、镍系和贵金属(钯、铂)系催化剂。氧化铜系催化剂包括负载铜或氧化铜的二元、多元体系，为了提高催化剂的性能，通常还加入一些助剂，该类催化剂对甲醇分解显示出较好的活性和选择性，且催化剂在受热时有较好的弹性形变，在高温下反应速率加快，易分解成一氧化碳和氢。镍系催化剂主要是负载镍的三元催化体系，具有较高的活性和稳定性。贵金属(钯、铂)系催化剂是一种能改变化学反应速度而本身又不参与反应最终产物的贵金属材料。几乎所有的贵金属都可用作催化剂，但常用的是铂、钯、铑、银、钌等，其中尤以铂、铑应用最广。

在燃料电池电动车上虽然可以利用燃料电池未反应完的废气燃烧提供热量进行甲醇的分解，但该法的不足之处是分解气中含有30%(mol)以上的一氧化碳，而一氧化碳会使燃料电池的铂电极严重中毒。因此需将一氧化碳转化，且其含量需控制在100 ppm以下，这样就需较大的转化器。所以，甲醇分解法制氢不宜直接用于燃料电池电动车上。

3. 氨制氢

氨为氮氢化合物(NH_3)，其分子组成中氢的质量分数为17.6%，能量密度为3 000 W・h/kg，高于汽油、甲醇等燃料，而且氨分解只生成氮气和氢气，没有副产物一氧化碳的生成。氨的密度为0.7 kg/m^3，在常温、常压下以气态形式存在，增加压力或降低温度，都可以使氨气液化。因此，氨以液态形式存在便于运输，且液氨的储存比较安全，能耗较小。氨虽然有毒，但毒性较小，且氨具有强烈的刺激性气味，一旦发生泄漏很容易被发现，可以及时采取措施。氨不易燃，燃烧范围不大，因而氨是一种清洁的高能量密度氢能载体。氨气制造技术成熟，是遍布全球的基础产业，产品价格低，制取相对比较容易。另外，氨重整产生的气体中不含可导致燃料电池中毒的CO_x物，是目前解决燃料电池氢能来源的有效途径之一。因此，氨分解制氢技术受到人们的极大关注，其中的关键技术是研制高活性氨分解催化剂和发展新型氨分解反应器。

知识链接

甲醇制氢具备规模灵活、投资成本低、碳排放低、原料易得等优势。国内甲醇制氢主要采用甲醇水蒸气重整制氢工艺，即甲醇与水蒸气重整制得以氢气、一氧化碳、二氧化碳为主要组分的合成气，再经过一氧化碳变换以及氢气提纯等生产过程获得一定纯度的氢气。甲醇制氢受制于几点：甲醇价格波动较大、运输储存不方便、经过变压吸附(Pressure Swing Adsorption，PSA)后残余甲醇不能彻底解决。目前国内正在研发催化燃烧办法来解决环保问题。

资料来源：搜狐网《中国氢能源现状与制取方式》

3.4.3 化石燃料制氢

化石燃料制氢是传统的制氢方法，也是制氢的老工艺，但仍然离不开对化石燃料的依赖，并且会排出二氧化碳等温室气体。化石燃料制氢主要包括煤制氢、天然气制氢、石油制氢等，其中煤和天然气制氢又是化石能源制氢的主要方式。

1. 煤制氢

这是当前成本最低的制氢方式，也是我国实现大规模制氢的首选技术。煤炭是传统能源，氢能是新兴能源。二者起点不同，但能源应用的目的相同。

我国当前的氢气源生产结构仍以煤为主。根据中国煤炭工业协会公开数据显示，2020 年中国氢气产量超过 2 500 万 t，其中煤制氢占 62%，天然气制氢占 19%，工业副产气制氢占 18%，电解水制氢仅占 1%左右。

在中国，煤气化制氢适用于大规模制氢，因为原材料煤炭资源丰富，价格较为低廉，且已经具备了一定的经济性优势和规模效益。由于兼具原料富集、原料成本较低、技术成熟、装置规模大等特性，煤制氢的优势被广泛认可。虽然煤制氢优势突出，但该方式伴生的二氧化碳排放问题却“不能容忍”。特别是在碳减排的迫切需求下，煤炭制备 1 kg 氢气约产生 11 kg 二氧化碳。只有将二氧化碳捕集、封存起来，“灰氢”变成“蓝氢”才可使用。

2. 天然气制氢

全球氢气主要来源为天然气，天然气制氢发展潜力大。天然气制氢是北美、中东等地区普遍采用的制氢路线。工业上天然气制氢的技术主要有蒸汽转化法、部分氧化法以及天然气催化裂解制氢。天然气制氢发展潜力大，但目前存在资源约束和成本较高的问题。

天然气制氢中的甲烷水蒸气重整制氢(Steam Methane Reforming, SMR)在天然气制氢技术中发展较为成熟、应用较为广泛。其生产过程需要将原料气的硫含量降至 1 mg/L 以下，以防止重整催化剂中毒，因此制得氢气的杂质浓度相对较低。中国天然气资源供给有限且含硫量较高，预处理工艺复杂，因此国内天然气制氢的经济性远低于国外。

与煤制氢装置相比，天然气制氢产量高，排放的温室气体少，是化石原料制氢路线中理想的制氢方式。然而，我国天然气资源匮乏，大多依赖于进口。国内主流的工业制氢方式仍然是煤制氢，天然气制氢之路发展仍然需要契机。此外，降低成本和技术突破也是天然气制氢的两大关卡。

3. 石油制氢

石油制氢多应用在石化行业。石油制氢原料通常不直接用石油，而是用石油初步裂解后的产品，如石脑油、重油、石油焦以及炼厂干气制氢。采用炼油副产品石脑油、重质油、石油焦和炼厂干气制氢，在制氢成本上并不具有优势。如果将这些原料用于炼油深加工可以发挥更大的经济效益，因此，不建议将炼油副产品制氢作为炼油厂制氢的发展方向，而应该考虑可再生能源制得的氢气。

知识链接

根据氢能生产来源和生产过程中的排放情况，人们将氢能分别命名为灰氢、蓝氢、绿氢。灰氢，是通过化石燃料（例如石油、天然气、煤炭等）燃烧产生的氢气，在生产过程中会有二氧化碳等排放。目前，市面上绝大多数氢气是灰氢，约占当今全球氢气产量的95%左右。灰氢的生产成本较低，制氢技术较为简单，而且所需设备较少，占用场地较小，生产规模偏小。蓝氢，是将天然气通过蒸汽甲烷重整或自热蒸汽重整制成。虽然天然气也属于化石燃料，在生产蓝氢时也会产生温室气体，但由于使用了碳捕捉、利用与储存（Carbon Capture, Utilization and Storage, CCUS）等先进技术，温室气体被捕获，减轻了对地球环境的影响，实现了低排放生产。绿氢，是使用再生能源（例如太阳能、风能、核能等）制造的氢气，例如通过可再生能源发电进行电解水制氢，在生产绿氢的过程中，完全没有碳排放。绿氢是氢能利用的理想形态，但目前受到技术及制造成本的限制，实现绿氢大规模应用还需要时间。

资料来源：中国氢能联盟《中国氢能源及燃料电池产业白皮书》

3.4.4 生物制氢技术

生物制氢是通过气化和微生物催化脱氢方法制氢，是在生理代谢过程中产生分子氢过程的统称。

总体上，生物制氢技术尚未完全成熟，在大规模应用之前尚需深入研究。目前研究大多集中在纯细菌和细胞固定化技术上，如产氢菌种的筛选及包埋剂的选择等。在生物制氢方法中，发酵细菌的产氢速率最高，而且对条件要求最低，具有直接应用前景；而光合细菌产氢的速率比藻类快，能量利用率比发酵细菌高，且能将产氢与光能利用、有机物的去除有机地耦合，因而相关研究也最多，也是具有潜在应用前景的一种方法。非光合生物可降解大分子物质产氢，光合细菌可利用多种低分子有机物光合产氢，而蓝细菌和绿藻可光裂解水产氢，依据生态学规律将之有机结合的共产氢技术已引起人们的研究兴趣。混合培养技术和新生物技术的应用将使生物制氢技术更具有开发潜力。生物制氢方法主要有四种，这四种方法的比较见表3-3。

表3-3 四种生物制氢方法比较

生物制氢方法	产氢效率	转化底物类型	转化底物效率	环境友好程度
光解水制氢	慢	水	低	需要光，对环境无污染
光发酵制氢	较快	小分子有机酸、醇类物质	较高	可利用各种有机废水制氢，制氢过程需要光照
暗发酵制氢	快	葡萄糖、淀粉、纤维素等碳水化合物	高	可利用各种工农业废弃物制氢，发酵废液在排放前需处理
光发酵和暗发酵耦合制氢	最快	葡萄糖、淀粉、纤维素等碳水化合物	最高	可利用各种工农业废弃物制氢，在光发酵过程中需要氧气

1. 光解水产氢

光解水制氢是指微藻及蓝细菌以太阳能为能源，以水为原料，通过光合作用及其特有的产氢酶系，将水分解为氢气和氧气，此制氢过程不产生二氧化碳。蓝细菌和绿藻均可光裂解水产生氢气，但它们的产氢机制却不相同。蓝细菌产氢分为两类：一类是固氮酶催化产氢和氢酶催化产氢；另一类是绿藻在光照和厌氧条件下由氢酶催化产氢。

2. 暗发酵产氢

暗发酵制氢是指异养型厌氧细菌利用碳水化合物等有机物，通过暗发酵作用产生氢气。采用工农业废弃物产氢若不经过处理直接排放，会对环境造成污染。以造纸工业废水、发酵工业废水、农业废料(秸秆、牲畜粪便等)、食品工业废液等为原料进行生物制氢，既可获得洁净的氢气，又不另外消耗大量能源。大多数的工业废水和农业废弃物中存在大量的葡萄糖、淀粉、纤维素等碳水化合物，淀粉等高分子化合物可降解为葡萄糖等单糖。葡萄糖是一种容易被利用的碳源。理论上，1 mol 葡萄糖能够产生 12 mol 氢气。暗反应发酵机制的反应公式如下：

$$C_6H_{12}O_6+2H_2O \rightarrow 2CH_3COOH(\text{乙酸})+4H_2+2CO_2$$

$$C_6H_{12}O_6+2H_2O \rightarrow CH_3CH_2COOH(\text{丁酸})+2H_2+2CO_2$$

1 mol 葡萄糖生成 1 mol 乙酸和 4 mol 氢气；而等量的葡萄糖生产 1 mol 丁酸和 2 mol 氢气。目前，运用厌氧活性污泥在处理有机废物(水)的同时进行制氢的研究已取得进展，但产氢速率还有待提高。以含淀粉、纤维素、有机物的工农业废料用厌氧暗发酵生产氢气的过程如图 3-4 所示。

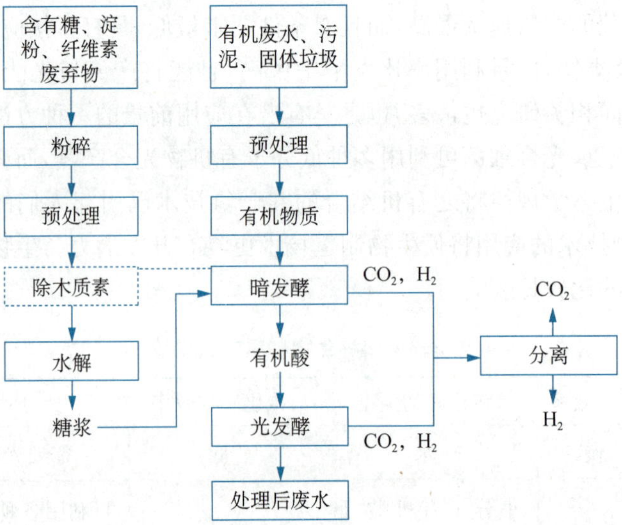

图 3-4 含淀粉、纤维素、有机物的工农业废料制氢过程

3. 光发酵产氢

光发酵制氢是指光合细菌利用有机物通过光发酵作用产生氢气。有机废水中含有大量可被光合细菌利用的有机物成分。目前对利用牛粪废水、精制糖废水、豆制品废水、乳

制品废水、淀粉废水、酿酒废水等作底物进行光合细菌产氢的研究较多。光合细菌利用光能,催化有机物厌氧酵解产生以小分子有机酸、醇类物质为底物的正向自由能反应而产氢。利用有机废水生产氢气要解决污水的颜色(颜色深的污水减少光的穿透性)、污水中的铵盐浓度(铵盐能够抑制固氮酶的活性从而减少氢气的产生)等问题。若污水中COD(化学需氧量)值较高或含有一些有毒物质(如重金属、多酚、PAH),在制氢中必须经过预处理。

4. 光发酵和暗发酵耦合制氢技术

光发酵和暗发酵耦合制氢技术也叫作两步发酵技术,即先经过暗发酵再进行光发酵的制氢技术,这是氢气生产的一种新方法,比单独使用一种方法制氢具有更多优势。将两种发酵方法结合在一起,相互交替,相互利用,相互补充,可提高氢气的产量。

3.4.5 水电解制氢

水电解制氢是一种较为方便的制取氢气的方法。在充满电解液的电解槽中通入直流电,水分子在电极上发生电化学反应,分解成氢气和氧气。

水电解制氢的优点是技术成熟,工艺简单,气体纯度高,是目前唯一一种能与可再生能源衔接的制氢方式。

而电解水制氢目前主要有三种技术路线,即碱性水电解、质子交换膜水电解以及固体氧化物水电解。这三种技术都被认为是可用于从水和可再生能源制取高纯度氢的关键工艺。据预测,水电解技术将在氢生产行业中占据越来越突出的位置,并且肯定会在未来获得快速增长。

为了讨论水电解过程,图3-5给出了酸性电解质溶液中水电解的示意图。将水供给氧(正或阳极)电极,水被分解成氧、质子和电子,通过外部电路输送到氢(负或阴极)电极。质子通过质子传导电解质传导,并与传输的电子在阴极电极处与氢结合。

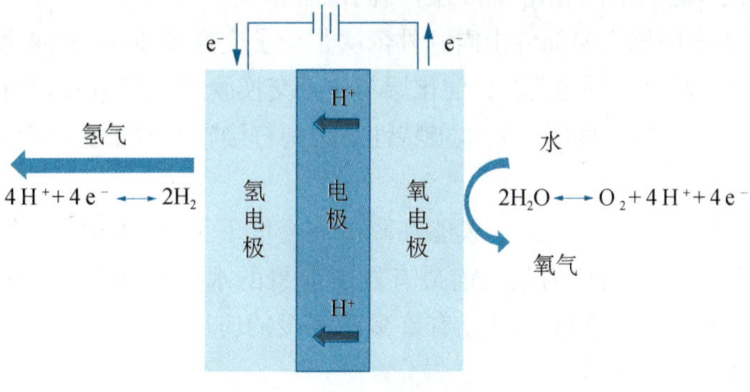

图3-5 水电解过程模拟图

1. 碱性水电解制氢

碱性水电解技术是以氢氧化钾、氢氧化钠溶液为电解质,采用石棉布等作为隔膜,在直流电的作用下,将水电解成氢气和氧气。与其他水电解工艺相比,碱性水电解的优点可概括如下:成本低;具有良好运营成本;大容量单元;原水可直接用于电解,无需特殊的纯化程序。

碱性水电解技术原理如下：

在阴极，水分子被分解为氢离子和氢氧根离子，氢离子得到电子生成氢原子，并进一步生成氢分子。氢氧根离子则在阴、阳极之间的电场力作用下穿过多孔的横隔膜，到达阳极，在阳极失去电子生成水分子和氧分子，如图 3-6 所示。

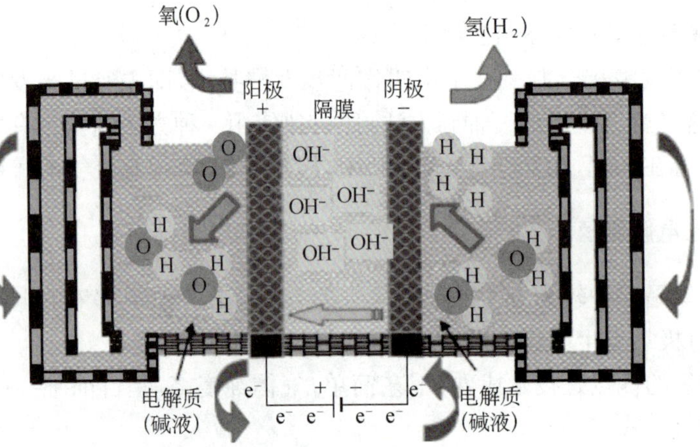

图 3-6 碱性电解水制氢原理示意图

2. 质子交换膜水电解制氢

质子交换膜电解水制氢主要靠两个电极和电解质完成，是纯水发生电化学反应分解产生氧气和氢气的过程。电解水的能源则利用太阳能、风能和水力发电等零碳能源，制氢过程无污染排放，是最清洁环保的“绿氢”。区别于碱性水电解制氢，质子交换膜水电解制氢选用具有良好化学稳定性、质子传导性、气体分离性的全氟化磺酸质子交换膜作为固体电解质替代石棉膜，能有效阻止电子传递，提高电解槽安全性。

质子交换膜水电解槽主要部件由内到外依次是质子交换膜、阴阳极催化层、阴阳极气体扩散层、阴阳极端板等。其中，扩散层、催化层与质子交换膜组成膜电极，是整个水电解槽物料传输以及电化学反应的主场所。膜电极特性与结构直接影响质子交换膜水电解槽的性能和寿命。

相比其他水电解技术，质子交换膜能在高电流密度下工作，体积小、效率高，生成的氢气纯度可高达 99.999%，被认为是目前最有发展前景的水电解技术。目前这一技术在国内尚没有大规模商业化，但在欧洲已经有许多兆瓦级的应用。

3. 固体氧化物水电解制氢

不同于碱性水电解和质子交换膜水电解，高温固体氧化物水电解制氢采用固体氧化物为电解质材料，工作温度为 800～1 000 ℃，制氢过程电化学性能显著提升，效率更高。固体氧化物水电解槽电极采用非贵金属催化剂，阴极材料选用多孔金属陶瓷 Ni/YSZ，阳极材料选用钙钛矿氧化物，电解质采用 YSZ 氧离子导体，全陶瓷材料结构避免了材料腐蚀问题。高温高湿的工作环境使电解槽选择稳定性高、持久性好、耐衰减的材料受到限制，也制约了固体氧化物制氢技术应用场景的选择与大规模推广。

知识链接

位于武汉东湖高新区的武汉华科福赛新能源有限公司研发的15×15 cm^2 单电池固体氧化物电解池电堆，于2022年5月23日已稳定运行了1 040 h以上。该电堆在800 ℃工作温度下，最大电解功率达到831 W，最大电解效率高于97%，每立方米产氢电耗在2.86～3.35 kW·h，稳定运行电解功率高于600 W。这些固体氧化物技术指标在国内公开报道中处于领先水平。作为绿色能源技术，固体氧化物可以利用氢气发电，也可以电解水制氢，它们的结合对风光利用和储能调峰均具有重要的意义，并展示了广泛的应用前景。

资料来源：光明网《我国固体氧化物电解池制氢研究取得新突破》(https://m.gmw.cn/2022-05/24/content_1302961530.htm)

3.4.6 工业副产品制氢

工业副产品制氢主要指焦炉煤气、氯碱尾气、烷烃脱氢、甲醇、合成氨等工业副产氢气。

1. 焦炉煤气制氢

煤在隔绝空气的条件下高温焦化制取焦炭后的副产物叫焦炉煤气，其中含有55%～60%的氢气，可通过高温高压提纯制氢。焦炉煤气制氢装置具有自动化程度高、操作简单、节能降耗的优点，但是也存在易产生废气、清洁度较低的缺点。

2. 氯碱尾气制氢

氯碱行业在烧碱生产的过程中会析出混有氢气的阴极气体。氯碱工业副产物为氢气，依次除去氯、硫、氧，然后经变压吸附提纯可制得高纯度氢气。氯碱副产制氢具有氢气提纯难度小、耗能低、自动化程度高以及无污染的特点。

3. 烷烃脱氢制氢

丙烯是重要的化工原料，而丙烷脱氢制丙烯的生产过程中将释放副产物氢气，同理还有乙烷高温裂解脱氢制乙烯会得到副产物氢气。烷烃脱氢副产物中氢气含量高，杂质少。

4. 甲醇制氢

国外的甲醇中95%由天然气生产，在中国由于“多煤、缺油、少气”的资源禀赋特点，甲醇的生产主要来自煤基甲醇和由天然气制取。甲醇是传统的化工行业制品，目前甲醇主要通过一氧化碳、二氧化碳的加压催化氢化法来合成制取。本质上，甲醇生产的直接原料是氢气、一氧化碳和二氧化碳。在甲醇合成生产过程中，未参与反应的氢气会被排出。

5. 合成氨制氢

合成氨的生产原料多为煤、天然气、重油等化石原料。合成氨同甲醇生产过程相似，都是以氢气为直接原料，且在驰放气中有大量未完全反应的原料气。

中国是全球最大的工业副产氢国家，因此副产氢在氢气供应方面有着得天独厚的优势。目前我国氢能发展路线分为初期、中期和远期。氢能产业发展初期，由于短期内电解水制氢成本高，很难成为氢气的主要来源，而工业副产氢由于成本低、运输方便等优势将成为短中期发展重点。进入中期阶段，将以可再生能源发电制氢、煤制氢加CCUS技术等方式大规模集中稳定供氢为主，工业副产氢为辅助手段。远期来看，将以可再生能源发电制绿氢为主，煤制氢配合CCUS、生物制氢等技术成为有效补充。

从氢能总体发展路线来看，工业副产氢将是氢能产业发展初期和中期的主要氢气来源之一。工业副产氢气纯化制氢不仅能提高资源有效利用率和经济效益，而且在碳排放量方面相对于现阶段的电解水和化石能源制氢具有相对优势。

此外，工业副产氢的市场容量巨大、分布广泛，能提供百万吨级的氢气供应，可为氢能产业发展初期提供低成本、高效益的分布式氢源。与其他方法相比，工业副产氢纯化制取高纯氢气，几乎无需额外资本及化石原料的投入，既节约成本，又能实现对工业废气的处理和回收利用，适于规模化推广发展。

知识链接

燃料氢主要存在三个问题。

一是氢气品质不够“高”：氢燃料电池对氢气的要求非常高，“娇贵”的氢燃料电池很容易因为氢气中杂质的存在导致性能下降甚至报废。而目前我国绝大部分氢气来自化石能源，因此氢的纯度和品质不够高。

二是氢气价格不够“低”：目前我国加氢站经营的氢气，价格在60～120元/kg之间，而且还需要政府补贴。事实上，我国有大量低成本的工业副产氢可以利用，这部分氢气若通过纯化，可以大幅降低燃料电池汽车用氢的成本。以焦炉炼焦行业为例，2017年全国焦炭产量为4.32亿t，副产氢气可达到735万t，而百万辆燃料电池汽车每年的耗氢量不过60万t。

三是氢源距离不够“近”：目前能够满足燃料氢要求的氢源与加氢站和燃料电池汽车集中区域往往存在一定距离，需要长距离运输，导致氢气的储运成本居高不下，若能够充分利用离加氢站和燃料电池汽车集中区域较近的氢源，就可以大幅降低燃料氢气的储运成本。

资料来源：佳安氢源营销总监李想《如何实现工业氢到燃料氢的转变？》(https://www.gg-lb.com/art-38394.html)

3.5 氢燃料电池

3.5.1 氢燃料电池的概念及特点

1. 氢燃料电池的概念

燃料电池是一种能量转化装置，它能将燃料的电化学能转化成电能。它类似于电池，也是电化学发电装置，因此被称为燃料电池。采用氢气作为燃料的燃料电池就是氢燃料电池。

氢燃料电池就是使氢气与氧气通过电化学反应产生电能的能量转化装置。其放电的原理是氢气从阳极进入，在催化剂的作用下释放电子形成带正电荷的氢离子，接着氢离子从阳极穿过电解质膜跑到负极与氧气结合产生水，而电子则源源不断地流入电路形成电流。它可以理解为水电解成氢气和氧气的逆反应，整个过程只会生产水和热(该电化学反应属于放热反应)，是真正意义上的零排放、零污染。因此反应过程既清洁，又高效。因为它不受传统发动机采用卡诺循环42%左右的热效率限制，氢燃料电池的效率可轻松达到60%以上。

2. 氢燃料电池的优点

相对于传统燃料电池，氢燃料电池在技术上有着诸多的优势和优点，具体的优势如下。

(1) 可再生且随时可用

氢的制备原料多，能源补充迅速。氢元素在自然界广泛地存在，且其存在形式众多，例如水、可再生能源等。这些物质经过制备与反应等，可以产生大量的氢元素用于氢燃料电池中。氢是宇宙中含量最丰富的元素，它是一种独特、丰富且可再生的能源，能充分满足我们未来对热电联供的零碳需求。

(2) 氢是支持零碳能源战略的清洁灵活的能源

氢燃料电池提供了一种固有的清洁能源，在运行过程中不会对环境产生不利影响，因为其副产品只是热量和水。燃料电池通过电化学反应产生和释放电能，避免了传统的燃烧或者储能的方式会对环境造成极大的污染问题。作为能源，氢气与生物燃料或水力发电不同，它不需要大面积的土地来生产。氢的制备与开发同样可以通过风能发电、光伏电池板等方式进行，整体的用电循环不会产生污染和有害物质。氢燃料电池不会像化石燃料一样产生温室气体，因而可以减少污染并改善空气质量。美国宇航局甚至一直致力于将氢用作资源，将产生的副产品水用作宇航员的饮用水。这表明氢燃料电池是一种无毒的燃料来源，而煤炭、天然气和核能都具有潜在危险或有难以获得这一缺点，因此氢燃料在这方面更有优势。

(3) 比化石燃料更强大、更节能

氢燃料电池技术提供了具有良好能源效率的高密度能源。按质量计算，氢的能量含量是任何常见燃料中最高的。高压气态和液态氢的质量能量密度约为柴油和液化天然气的3倍(约120 MJ/kg)，体积能量密度与天然气相似。

(4) 能量转换率高

氢燃料电池比许多其他能源更高效，包括许多绿色能源解决方案。这种燃料效率允许每磅燃料产生更多的能量。例如，传统的基于燃烧的发电厂以33%～35%的效率发电，而氢燃料电池的发电效率高达65%。汽车也是如此，氢燃料电池使用40%～60%的燃料能量，同时还能减少50%的燃料消耗。

(5) 加注氢气时间短

一般情况下，氢燃料电池仅需要几分钟就能够迅速补充能源。氢燃料电池动力单元的加氢时间非常快，与传统内燃机车辆相似，与纯电动汽车相比明显更快。在电动汽车需要30 min到几个小时的充电时间的情况下，氢燃料电池可以在5 min内完成氢气加注。

(6) 噪声与振动小

因为氢燃料电池发电无需机械部件的工作，因此产生的噪声与振动也相对更小。氢燃料电池不会像风能等其他可再生能源那样产生噪声污染。这也意味着，就像电动汽车一样，氢动力汽车比使用传统内燃机的汽车安静得多。

(7) 使用寿命长

燃料电池是通过化学反应进行电能的产生与释放的，只要能够保证燃料与催化剂的供给，即可保障电能产生。因此，氢燃料电池的使用寿命远大于传统的原电池与蓄电池。

氢燃料电池在使用时间方面也提供了更高的效率。氢燃料汽车的续航里程与使用化石燃料的汽车相同，但其使用时间优于目前由电动汽车提供的产品，因此电动汽车越来越多地将燃料电池动力装置用作“增程器”。与电动汽车不同，氢燃料电池不受外界温度的显著影响，并且不会在寒冷天气中减少里程。

(8) 用途广泛

随着技术的进步，氢燃料电池将能够为一系列固定和移动应用提供能量。氢动力汽车只是一个例子，但它也可被用于较小的应用场景，如家用产品以及更大规模的加热系统。和内燃机(Internal Combustion Engine, ICE)动力装置类似，与基于电池的动力(即动力与质量成正比)相比，氢燃料电池的能量存储容量(即燃料箱)和发动机尺寸的功能是分离的，因此在设计上提供了极大的灵活性。

(9) 供电多元化

氢燃料电池有可能降低一个国家对化石燃料的依赖，这将有助于全球能源和电力供应的多元化，也将避免因库存减少而导致化石燃料价格上涨的问题。

3. 氢燃料电池的缺点

尽管氢燃料电池具有众多优点，但仍有一些缺点和挑战需要解决，主要如下。

(1) 氢气提取

尽管氢是宇宙中含量最丰富的元素，但它本身并不独立存在，因此需要通过电解从水中提取或从碳化石燃料中把它分离出来。这两个过程都需要大量的能量才能实现。这种能量可能比从氢本身获得的能量更多，而且价格昂贵。

(2) 需要投资

氢燃料电池需要投资才能发展成为真正可行的能源，需要政策、时间和金钱投入到开发中，以改进和发展技术。简而言之，发展广泛且可持续的氢能源的全球挑战是如何以最具成本效益的方式最好地逐步建立供需链。

(3) 成本高

通常需要铂和铱等贵金属作为燃料电池和某些类型的水电解槽的催化剂，这意味着燃料电池(和电解槽)的初始成本可能很高。高昂的成本阻止了一些人对氢燃料电池技术的投资。为了使氢燃料电池成为所有人的可行燃料来源，需要降低此类成本。

目前，氢燃料电池单位电力的成本高于其他能源，包括太阳能电池板。这可能会随着技术的进步而改变，但即使氢的生产效率更高，目前这种成本仍是氢广泛使用的障碍。这笔费用还会进一步影响成本，例如氢动力汽车的价格，目前不太可能被广泛采用。

(4) 储氢困难

氢元素容易泄漏，且其较为活泼，容易与多种物质发生反应，造成不可估量的后果，因此必须严格密封。氢的储存和运输比化石燃料更复杂。这意味着要考虑将氢燃料电池作为能源的额外成本。

(5) 基础设施

化石燃料已经使用了几十年，这种电源的基础设施已经存在。氢燃料电池技术在汽车领域中的大规模采用将需要新的加油基础设施来支持燃料电池汽车的应用。

(6) 高度易燃

氢气是一种高度易燃的燃料，随之而来的安全问题应该考虑充分。

目前，氢燃料电池还面临着成本高、氢能供应设施不完善等问题，因此，氢燃料电池的大规模使用受到阻碍。但随着国家不断地支持，燃料电池与氢能技术在快速地发展。长远来看，碳能源向氢能源的转变将是未来能源转型的大趋势，氢燃料电池也将在新能源汽车、分布式发电等各个领域实现它的价值。

知识链接

2022 年 7 月，现代汽车集团和劳斯莱斯控股公司(航空公司)签署了一份谅解备忘录，共同致力于为先进的空中交通市场开发可持续动力，利用他们在航空领域的经验和专业知识来加速氢燃料电池推进系统的开发。

两家公司表示，使用氢气作为燃料来源，能够带来低噪声、低排放以及长距离续航等诸多采用纯电驱动的好处。两家公司还将努力将氢燃料电池、存储系统和基础设施引入航空航天市场。

资料来源：国际能源网《现代牵手劳斯莱斯布局燃料电池飞机》(https://newenergy.in-en.com/html/newenergy-2413590.shtml)

3.5.2 氢燃料电池的结构与工作原理

1. 氢燃料电池的结构

氢燃料电池(图 3-7)的主要结构包括电极、隔膜与集电器等。电极和一般电池一样，也分为阳极和阴极。隔膜的主要作用是把氧化剂和还原剂隔开。集电器主要起到收集电流和疏导反应气体等作用。

图 3-7 氢燃料电池实物

2. 氢燃料电池的工作原理

氢燃料电池发电时，电池阳极上的氢会分解出电子和质子，质子会穿过隔膜达到阴极，而电子则在外部电路运行，从而产生电能。在阴极氢和氧会反应生成水，而只要有持续的氢气和氧气供应，并将反应生成的水排出去，燃料电池就能够持续提供电能。

图 3-8 是氢燃料电池的具体工作原理图。以质子交换膜氢燃料电池为例，其工作过程如下：

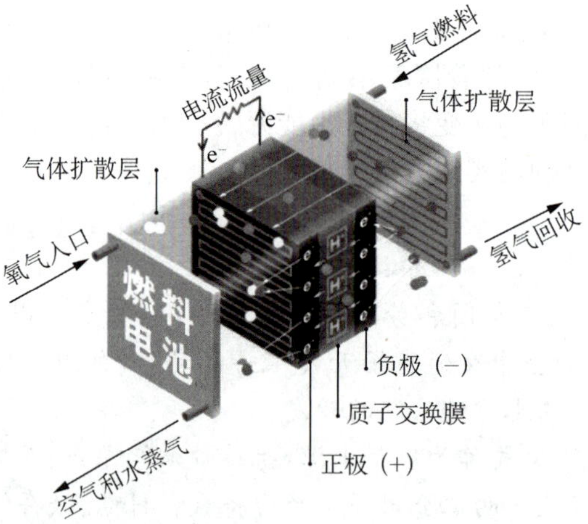

图 3-8　氢燃料电池的工作原理图

电池工作时，氢气和氧气分别由进口引入，在阳极催化剂的作用下，氢气分解成氢质子，并释放电子。在阴极催化剂的作用下，氧分子和氢离子以及通过外电路到达阴极的电子发生反应生成水。化学反应式如下：

阳极（负极）：$2H_2 \rightarrow 4H^+ + 4e^-$

阴极（正极）：$4H^+ + 4e^- + O_2 \rightarrow 2H_2O$

总化学反应式：$2H_2 + O_2 \rightarrow 2H_2O$

3. 氢燃料电池技术体系

氢燃料电池主要由电堆和系统部件（空压机、增湿器、氢循环泵、氢瓶）组成。电堆是整个电池系统的核心，包括由膜电极、双极板构成的各电池单元以及集流板、端板、密封圈等。膜电极的关键材料是质子交换膜、催化剂、气体扩散层，这些部件及材料的耐久性（与其他性能）决定了电堆的使用寿命和工况适应性。

为了维持电堆的正常工作，氢燃料电池系统还需要氢气供应系统、水管理系统、空气系统等外部辅助子系统的协同配合，对应的系统部件有氢循环泵、氢瓶、增湿器、空气压缩机。

燃料电池在工作状态下会产生大量的水，过低的水含量会产生“干膜”现象，阻碍质子传输；过高的水含量会产生“水淹”现象，阻碍多孔介质中气体的扩散，导致电堆输出电压偏低。从阴极侧穿透到阳极的杂质气体（氮气）不断积累，会阻碍氢气与催化剂层的接触，造成局部“氢气饥饿”而引起化学腐蚀。因此，水的平衡对质子交换膜氢燃料电池的电堆寿命具有重要意义，解决途径是在电堆中引入氢气循环设备（循环泵、喷射器）来实现气体吹扫、氢气重复利用、加湿氢气等功能。

氢气循环泵可根据工况条件实时控制氢气流量，提高氢气利用效率，但在涉氢、涉水的环境下易发生“氢脆”现象，在低温下的结冰现象可能导致系统无法正常工作。因此，氢循环泵需要具有耐水性强、输出压强稳定、无油的性能，制备难度较大，制造成本昂贵。

氢燃料电池系统中的空气压缩机可提供与电堆功率密度相匹配的氧化剂（空气），压比高、体积小、噪声低、功率大、无油、结构紧凑。常见的车载燃料电池空压机有离心式、螺杆式、涡旋式等类型。目前使用较多的是螺杆式空气压缩机，但离心式空气压缩机因密闭性好、结构紧凑、振动小、能量转换效率高等特点，应用前景较广。

氢燃料电池系统的寿命或耐久性与系统控制策略密切相关。氢燃料电池汽车在启动时需要实时开启动力电源以获得足够的压力和反应气体；而在怠速或停止运转时，为了吹扫电堆内未反应完全的气体和产生的水，也需要开启动力电源，规避“水淹”“氢脆”及化学腐蚀等情况的出现。因此，在氢燃料电池汽车的启动/停止、怠速、高/低负载等随机性变化的工况条件下，应基于现有系统构造、燃料电池衰减机理，优化控制策略来确保负载正常工作，进而维持氢燃料电池系统燃料（氢气、空气）供应流的均匀性、稳定性、热能与水平衡。近年来，在氢燃料电池系统（如质子交换膜燃料电池）控制方面发展或应用了诸如模糊逻辑控制、神经网络控制、模糊逻辑—比例积分微分控制（FLC-PID）等方法，操作简单、成本低、不增加计算负担，是优化控制策略的前瞻方向。

3.5.3　氢燃料电池的类型和应用

1. 氢燃料电池的类型

目前，以氢气作为反应原料的燃料电池主要有 5 种类型：

① 碱性燃料电池——工作温度为 50～100 ℃。

② 磷酸燃料电池——工作温度为 100～300 ℃。

③ 质子交换膜燃料电池——工作温度为 80 ℃。

④ 熔融碳酸盐燃料电池——工作温度为 600～700 ℃。

⑤ 固体氧化物燃料电池——工作温度为 800～1 000 ℃。

其中，质子交换膜燃料电池的应用最为广泛，其特点是以质子交换膜作为电解质，并且只有质子能通过，其他物质不能通过，因此电子通过外部的导线传送至阴极来提供电能。质子交换膜燃料电池投入低、产值高、发展较为成熟的特点使其拥有了非常大的商业潜质和价值，随着新能源汽车市场的火热，质子交换膜燃料电池也备受关注。

2. 氢燃料电池的应用

氢能源的应用有两种方式：一是直接燃烧（氢内燃机），二是采用燃料电池技术。而氢燃料电池主要应用于固定式领域、便携式领域、交通运输领域三大领域。

（1）固定式领域

固定式领域的应用主要是固定电源、大型热电联产、居民住宅热电联产及备用能源。氢燃料电池应用于固定领域方面的特点：出货量大、增速明显。

（2）便携式领域

便携式领域的应用主要是为各类电子产品提供便携式燃料电池。氢燃料电池应用于便携式领域的特点：应用前景广阔，面向未来市场。

（3）交通运输领域

交通运输领域的应用主要是为乘用车、客车/客车、叉车以及其他以燃料电池作为动力的车辆提供燃料电池。同时，也渐渐于航空、高速列车领域打开全新的市场。

知识链接

在2021年的进博会上氢元素“C位出道”，冬奥会上氢燃料汽车大放异彩，让不少人憧憬着氢能源汽车即将强势崛起。今天我们就梳理下国内各大主机厂在氢燃料电池乘用车新车发布方面的进展。

① 2020年7月，广汽集团发布了首款氢燃料电池汽车 AION LX Fuel Cell。

② 2020年9月，上汽大通 MAXUS EUNIQ 7，加氢3 min，续航605 km。

③ 2020年10月，东风汽车推出全功率氢燃料电池车型东风氢舟(AX7-FCV)。

④ 2021年3月29日，长城汽车正式发布氢能战略，构建国际级“制—储—运—加—应用”一体化供应链生态，并带来一套国际领先的车规级“氢动力系统”全场景解决方案——氢柠技术。其中，氢柠技术不仅是长城汽车氢燃料电池汽车发展的基石，更将成为氢能产业商业化的助燃剂。

⑤ 2021年6月，长安CS75首发，最大续航约600 km。

⑥ 2021年6月，红旗氢燃料电池车H5-FCEV首发。

⑦ 2021年11月，上汽通用五菱氢能源汽车亮相，最大功率140 kW。

⑧ 2022年4月，长安汽车推出氢能源车C385。

资料来源：氢能源技术网《国产氢燃料电池乘用车回顾：氢车时代正在逐步到来》(https://www.htech360.com/a/2281)

3.5.4 氢燃料电池应用中的问题及应对思路

1. 我国在氢能和燃料电池电动汽车领域面临的问题

① 氢能供应和加氢站建设面临障碍。我国缺乏氢能产业发展的顶层设计，尚未形成规模化的车用氢能供给体系；氢气输运及加氢站建设运营成本仍较高，还未形成可持续发展的商业模式；加氢站建设仍面临标准不完善、用地及建设审批主管部门不明确等难题；将氢能作为能源的管理体系尚未建立；氢气制备被严格限制在化工园区。

② 研发创新能力弱、产业链不成熟，部分关键材料和部件仍然依赖进口。目前，我国电堆、系统、整车等与国际先进水平差距较大，产品性能、技术成熟度明显落后。国内电堆功率密度约为2.0 kW/L，系统低温冷启动温度约−20 ℃，电堆耐久性约为5 000 h，而国外同期水平分别可达3.1 kW/L、−40 ℃和10 000 h。此外，我国燃料电池用催化剂、质子交换膜、碳纸等关键材料的开发多处于实验室和样品阶段，大容量氢气压缩机、空气压缩机、氢气循环泵、70 MPa碳纤维缠绕塑料内胆气瓶、Ⅳ型氢瓶等核心部件还没有成熟技术及产品供应。

③ 标准法规仍不完善，试验能力基础欠缺。氢气储/运系统安全要求和试验方法、加氢站建设及运营规范、70 MPa Ⅳ型氢瓶标准等还有待完善。同时，从零部件、系统、整车到氢能四个层级的全方位测试评价能力仍未建立。

④ 产业呈现“一哄而上”倾向，需防范结构性产能过剩风险。目前全国已经有30多

个地方发布氢能或氢燃料电池电动汽车产业发展支持政策或规划，规划投资总规模达万亿元以上，涌现出多个“氢谷”“氢都”“氢能小镇”项目。据不完全统计，各地方规划2020年和2025年氢燃料电池电动汽车推广总量为2万辆和15万辆，加氢站建设目标为200座和650座，远超行业规划目标。在燃料电池电动汽车关键技术尚未突破的情况下，需要防范结构性产能过剩和低水平企业“浑水摸鱼”。

2. 我国发展氢能和燃料电池电动汽车的建议

① 系统研究各种氢能供应路径的可行性和科学性，建立符合我国国情、科学合理、安全高效的制氢、储/运氢、加氢产业链，促进形成完善的氢能供应体系。鼓励具备氢气资源的地方因地制宜，建立特色化的氢能供给体系。积极发展工业副产氢提纯制氢、可再生能源电解水制氢等绿色制氢方式，保障车用氢能供给；在长管拖车储运基础上，探索发展液氢、管道等储运氢方式。

② 在家用燃料电池热电联供、燃料电池发电、备用电源、燃料电池船舶、燃料电池无人机、燃料电池叉车、燃料电池电动汽车等领域开展示范推广，通过一定规模的应用加快降低成本和推动能源结构优化，形成氢能可持续发展的商业模式。

③ 通过国家科技计划、专项研究等渠道加大对燃料电池电动汽车技术研发和产业化支持力度，突破燃料电池电动汽车动力系统核心关键技术，实现技术水平与国际基本同步、部分技术指标领先。加强研发及生产制造能力建设，加快补齐燃料电池电动汽车产业链短板，推动建立自主可控的产业链体系。

④ 重点在积极性高、经济基础好、具备氢能和燃料电池电动汽车产业基础、有市场需求的地区开展试点示范，实现万辆级氢燃料电池电动汽车规模化示范运行。着重解决氢能基础设施规模化建设及运营中的问题，促进整车及关键零部件技术产业化，营造氢燃料电池电动汽车推广应用的良好环境，降低燃料电池电动汽车生命周期总成本，为氢燃料电池电动汽车大规模商业化应用奠定基础。

⑤ 引导地方和企业根据氢能供给、消费需求合理布局加氢基础设施，支持利用现有场地和设施，开展油、气、氢、电综合供给服务。按照适当超前的原则，加快明确国家加氢站建设规划，系统开展加氢站建设，尽快形成加氢站网络布局。

⑥ 完善车用氢气制备、储/运、加注等关键环节的技术条件及产品认证标准体系。制定适用于车用燃料电池的制造、测试、加氢等氢安全技术标准体系。完善加氢基础设施立项、审批、建设、验收、投运等环节的管理规范。建立促进氢燃料制储运协调发展的政策机制。

本章小节

氢的特性有四个。

① 最轻的气体，无色无味，几乎不溶于水。

② 易燃易爆。

③ 氢原子十分活泼。

氢分子虽然很稳定，但在高温下，在电弧中进行低压放电，或在紫外线的照射下，氢分子能发生离解作用，得到原子氢。原子氢有以下特点：

第一，把原子氢气流通向金属表面，原子氢结合成分子氢的反应热可以产生高达4 273 K(3 999.85 ℃)的高温，这就是常说的原子氢焰。可以利用此反应来焊接高熔点金属；

第二，原子氢是一种比分子氢更强的还原剂。它可以同锗、锡、砷、硫、锑等直接作用生成相应的氢化物。

④ 高温下，氢气是一种非常好的还原剂。

氢能储运包括氢气的储存以及氢能源的运输。当下几种主要的储氢技术为高压气态储氢、低温液态储氢、有机液态储氢、固态材料储氢等。

通常根据储氢状态和运输量的不同，氢的运输方式也是不同的，主要有气氢输送、液氢输送和固氢输送三种方式。

氢气具有来源广泛、单位质量能量密度高、无污染等特点。氢气不是直接从自然界获取的，需要人工制取，常用的制氢方法有电解水制氢、化石燃料催化重整制氢、生物制氢以及太阳能制氢。氢气单位质量所含的能量比其他燃料都高，利用形式也不单一，氢气可以通过燃烧、制成电池等方式加以利用。

氢燃料电池可依据其工作温度、所用燃料的种类和电解质类型进行分类。按照工作温度，燃料电池可分为高、中、低温型三类。按燃料来源，燃料电池可分为直接式燃料电池(如直接甲醇燃料电池)、间接式燃料电池(如甲醇通过重整器产生氢气，然后以氢气为燃料电池的燃料)和再生类型进行分类。依据电解质的不同，可将燃料电池分为碱性燃料电池、磷酸燃料电池、熔融碳酸盐燃料电池、固体氧化物燃料电池及质子交换膜燃料电池等。

氢燃料电池因其体积小、容量大的特点而成功应用于航天领域。随着技术的不断进步和革新，氢燃料电池也被逐步运用于发电和汽车。燃料电池的稳定性和无污染的特质，使其既适宜用于集中发电，建造大、中型电站和区域性分散电站，也适宜用作各种规格的分散电源、电动车、不依赖空气推进的潜艇动力源和各种可移动电源，还适宜作为用于手机、笔记本电脑等的优选小型便携式电源。

思考与练习

一、单项选择题

1. 关于氢燃料电池说法错误的是(　　)。

　A. 能源效率高　　B. 环境友好

　C. 占地面积小　　D. 寿命短

2. 氢气由(　　)个氢原子组成。

　A. 1　　B. 2　　C. 3　　D. 4

3. 下列不属于氢燃料电池的是(　　)。

　A. 磷酸燃料电池　　B. 熔融碳酸盐燃料电池

　C. 固体氧化物燃料电池　　D. 干电池

4. 在制氢站、氢冷设备、储氢罐等处进行检修工作时，应使用(　　)，以防止产生火花。

　A. 铁制工具　　B. 铜制工具

C. 木制工具　　D. 钢制工具

5. 制氢设备着火时，应立即停止运行，并切断电源、排除系统压力，用(　　)灭火。

A. 清水泡沫灭火器　　B. 二氧化碳灭火器

C. 酸碱泡沫灭火器　　D. 四氯化碳灭火器

6. (　　)被看作是实现氢经济进程中，在燃料电池技术完全成熟前的一种很好的过渡技术

A. 发动机　　B. 氢内燃机

C. 化石燃料内燃机　　D. 电动机

7. 在太阳能发电结合电解水制氢—储氢—燃料电池发电的不间断供电系统中，可采用(　　)储氢。

A. 离子氢化物　　B. 络合物

C. 金属氢化物　　D. 配位氢化物

8. 氢燃料电池电源系统不具有的特点是(　　)。

A. 可靠性高　　B. 不易维护

C. 环境友好　　D. 比传统电池寿命长

9. 下面哪一些选项不属于实现氢经济的技术挑战？(　　)(多选)

A. 制氢成本高　　B. 相关设备的安装对能源和资金的消耗

C. 工艺过程繁多　　D. 实时产氢、安全储运

10. 生物燃料不包括(　　)。

A. 沼气　　B. 生物乙醇　　C. 天然气　　D. 生物柴油

二、填空题

1. 氢气与空气混合(按体积比)爆炸上限是(　　)，下限是(　　)。
2. 常用的氢气瓶规定外表涂漆颜色应是(　　)。
3. 氢气，化学式为 H_2，分子量为 2.01588，常温常压下，是一种极易燃烧的(　　)。
4. 高温下，氢气是一个非常好的(　　)。
5. 氢燃料电池依据电解质的不同，可将燃料电池分为碱性燃料电池(　　)、磷酸燃料电池(　　)、熔融碳酸盐燃料电池(　　)、固体氧化物燃料电池(　　)及质子交换膜燃料电池(　　)等。
6. 按氢燃料电池的运行机理分为(　　)和(　　)。
7. 低温液态储氢是先将氢气(　　)，然后储存在低温绝热真空容器中。
8. 电解水制氢：在由电极、电解质与隔膜组成的电解槽中，在电解质水溶液中通入电流，水电解后，在阴极产生(　　)，在阳极产生氧气。
9. 通常根据储氢状态的不同和运输量的不同而不同，主要有(　　)、(　　)和(　　)三种方式。
10. 氢能源的应用有两种方式：一是(　　)，二是(　　)。

三、问答题

1. 氢燃料电池的优点有哪些？
2. 氢燃料电池的类型有哪些？

3. 简述氢燃料电池的基本组成及工作原理。
4. 氢的特性有哪些?
5. 当下主要的储氢技术有哪些?
6. 氢能应用的现状如何?
7. 氢燃料电池的应用领域有哪些?
8. 若将氢燃料电池按照工作温度来划分,则碱性燃料电池属于哪一类?
9. 我国在氢能和燃料电池电动汽车领域面临的问题有哪些?
10. 氢的运输方式有哪些?

第4章

燃料电池电动汽车技术

学习目标

素质目标

1. 通过学习燃料电池电动汽车的技术发展，了解科技创新的重要意义；
2. 通过了解中国在储氢科技上的重大突破，增强“四个自信”，增强民族自信，坚定科技报国的理想信念。

知识目标

1. 了解燃料电池电动汽车的类型；
2. 掌握燃料电池电动汽车的结构及原理；
3. 了解燃料电池电动汽车的特点；
4. 掌握燃料电池电动汽车关键技术。

能力目标

1. 能够描述氢燃料电池电动汽车的组成部分及作用；
2. 能够根据所学理论，对电动汽车进行基础维护保养；
3. 能指出燃料电池应用中的问题并说出应对思路；
4. 能分析各种燃料电池电动汽车的特点。

4.1 燃料电池电动汽车概述

随着环境问题和能源问题的日益突出，新能源汽车成为了世界各大汽车厂商及研发机构的研究热点，而其中，燃料电池电动汽车(Fuel Cell Electric Vehicle, FCEV) 以其高效率和近零排放的优势被普遍认为具有广阔的发展前景。美国、欧盟、日本和韩国都投入了大量资金和人力进行燃料电池车辆的研究，通用、福特、克莱斯勒、丰田、本田、奔驰等大公司都已经开发出燃料电池车型并已经在公路上运行，普遍状况良好。

近年来，我国在燃料电池方面的投入也不断加大，北京冬奥会、北京夏奥会、上海世博会期间都有燃料电池轿车和大客车进行了示范运行。北京是历史上首个举办了夏奥会与冬奥会的"双奥之城"，两届奥运会都与氢能和氢燃料电池汽车结下了深厚"氢"缘。2008 年北京夏奥会期间，3 辆氢燃料电池汽车运行，我国首座车用加氢站建成，开启了氢燃料电池汽车"从 0 到 1"的示范；2022 年北京冬奥会，氢是火炬唯一燃料，氢燃料电池汽车成为运输主力，实现了氢能和氢燃料电池汽车"从 1 到 100"的规模化应用和产业化突破。

北京冬奥会大规模使用氢能等清洁能源，交通运输领域是"重头戏"。北京冬奥会共计投入使用 816 辆氢燃料电池汽车作为主运力开展示范运营服务，是迄今在重大国际赛事中投入规模最大的，其中，大巴车数量创下有史以来氢燃料电池大型客车服务国际级运动赛事数量最多的纪录。氢燃料电池汽车由于在行驶过程中只排放水，因此被称为"终极环保车"。燃料电池汽车将在新能源汽车中占据重要地位已经是不争的事实。

本章着重介绍燃料电池电动汽车的特点、类型、结构组成、动力系统及燃料电池电动汽车应用实例。

4.1.1 燃料电池电动汽车基本术语

《燃料电池电动汽车　术语》(GB/T 24548—2009)中规定了与燃料电池电动汽车相关的术语及其定义。

1. 燃料电池(Fuel Cell, FC)

燃料电池是将外部供应的燃料和氧化剂中的化学能通过电化学反应直接转化为电能、热能和其他反应产物的发电装置。

2. 燃料电池电动汽车

燃料电池电动汽车是以燃料电池系统作为动力源或主动力源的车辆。

3. 氢脆(Hydrogen Embrittlement)

氢原子进入金属后使晶格应变增大，因而降低韧性及延性，引起脆化的现象。

4. 燃料电池堆额定压力(Stack Rated Pressure)

在额定功率下，燃料电池堆进气口处的空气压力。

注：推荐使用绝对压力。如果用测量压力，应注明。

5. 输出特性(Output Characteristics)

燃料电池电压和电流关系的特性。

注:许多情况下,电流表示为燃料电池的电流密度。燃料电池输出电压和输出电流关系曲线也称作极化曲线。

6. 燃料电池堆(Fuel Cell Stack)

由多个单体电池、隔板、冷却板、歧管等构成,而且把富氢气体和空气进行电化学反应生成直流电,并同时产生热、水等其他副产物的总成。

7. 燃料处理系统(Fuel Processing System)

把输入的燃料进行增湿等相关处理,从而转变成适于在燃料电池堆内运行的富氢气体。

4.1.2 燃料电池电动汽车基本概念

燃料电池电动汽车是一种用车载燃料电池装置产生的电力作为动力的汽车。车载燃料电池装置所使用的燃料为高纯度氢气或含氢燃料经重整所得到的高含氢重整气。与通常的电动汽车比较,其动力方面的不同在于燃料电池电动汽车用的电力来自车载燃料电池装置,电动汽车所用的电力来自由电网充电的蓄电池。因此,燃料电池电动汽车的关键是燃料电池。

燃料电池是一种不燃烧燃料而直接以电化学反应方式将燃料的化学能转变为电能的高效发电装置。发电的基本原理:电池的阳极(燃料极)输入氢气(燃料),氢分子(H_2)在阳极催化剂作用下被离解成为氢离子(H^+)和电子(e^-),H^+穿过燃料电池的电解质层向阴极(氧化极)方向运动,e^-因通不过电解质层而由一个外部电路流向阴极;在电池阴极输入氧气(O_2),氧气在阴极催化剂作用下离解成为氧原子(O),与通过外部电路流向阴极的e^-和穿过电解质的H^+结合生成稳定结构的水(H_2O),完成电化学反应放出热量。这种电化学反应与氢气在氧气中发生的剧烈燃烧反应是完全不同的,只要阳极不断输入氢气,阴极不断输入氧气,电化学反应就会连续不断地进行下去,e^-就会不断通过外部电路流动形成电流,从而连续不断地向汽车提供电力。与传统的导电体切割磁力线的回转机械发电原理完全不同,这种电化学反应属于一种没有物体运动就获得电力的静态发电方式。因而,燃料电池具有效率高、噪声低、无污染物排出等优点,这确保了燃料电池电动汽车成为真正意义上的高效、清洁汽车。

为满足汽车的使用要求,车用燃料电池还必须具有高比能量、低工作温度、起动快、无泄漏等特性,在众多类型的燃料电池中,质子交换膜燃料电池完全具备这些特性,燃料电池电动汽车所使用的燃料电池以质子交换膜燃料电池居多。

燃料电池电动汽车实质上是电动汽车的一种,在车身、动力传动系统、控制系统等方面,燃料电池电动汽车与普通电动汽车基本相同,其动力系统主要由燃料电池发电系统、燃料箱、驱动电机、动力蓄电池等组成,采用燃料电池发电作为主要能量源,通过电机驱动汽车前进。图 4-1 为氢燃料电池电动汽车结构。

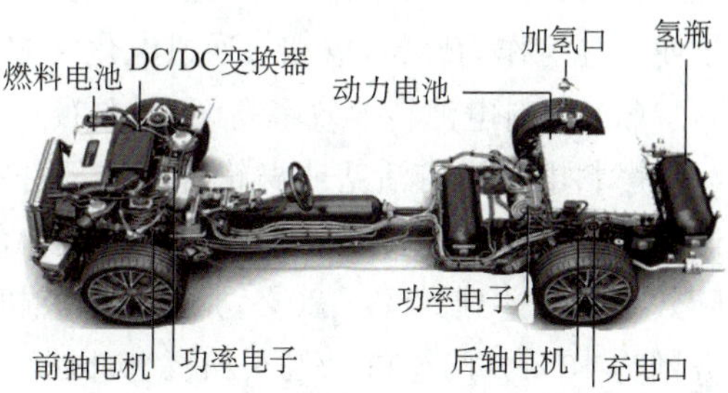

图 4-1 氢燃料电池电动汽车结构

一般来说，燃料电池通过电化学反应将化学能转化为电能，电化学反应所需的还原剂一般采用氢气，氧化剂则采用氧气。因此，最早开发的燃料电池电动汽车多是直接采用氢燃料，氢气的储存可采用液化储氢、压缩氢气或金属氢化物储氢等形式。其中还包含双燃料电池汽车，如奥迪 Q5 Fuel-Cell hybrid、奔驰 B 级 Fuel-Cell 具有两套燃料供给系统，一套供给天然气或液化石油气，另一套供给其他燃料，两套燃料供给系统按预定的配比向燃烧室供给燃料，在缸内混合燃烧，为汽车提供动力。

燃料电池是利用氢气与氧气(或空气)在催化剂的作用下直接经电化学反应(而不是经过燃烧)产生电能的装置。燃料电池的化学反应过程不会产生有害产物，因此燃料电池车辆是无污染汽车。燃料电池的能量转换效率比内燃机要高 2～3 倍，从能源的利用和环境保护方面来看，燃料电池汽车是一种理想的车辆。

知识链接

固体氧化物燃料电池属于第三代燃料电池，是一种在中高温下直接将储存在燃料和氧化剂中的化学能高效、环境友好地转化成电能的全固态化学发电装置，是几种燃料电池中理论能量密度最高的一种。它被普遍认为是在未来会与质子交换膜燃料电池一样得到广泛应用的一种燃料电池。

固体氧化物燃料电池的工作原理与其他燃料电池相同，具有燃料适应性广、能量转换效率高、全固态、模块化组装、零污染等优点，可以直接使用氢气、一氧化碳、天然气、液化气、煤气及生物质气等多种碳氢燃料。它可在大型集中供电、中型分电和小型家用热电联供等民用领域作为固定电站，以及作为船舶动力电源、交通车辆动力电源等移动电源，并且都有广阔的应用前景。

资料来源：《2022—2028 年中国固体氧化物燃料电池行业发展前景研究报告》(https://www.sohu.com/a/562342346_120815556)

4.1.3 燃料电池电动汽车的特点

1. 优点

与传统汽车相比，燃料电池电动汽车具有以下优点。

(1) 零排放或接近零排放

除了水，产品可能含有少量的二氧化碳，但其排放量远低于内燃机。燃料电池没有燃烧过程，没有其他污染排放(如氮氧化物、硫氧化物、碳氢化合物或颗粒)，接近零排放。如果使用纯氢作为燃料，氢和氧通过电化学方法结合，得到的产物只有清水。

(2) 燃料电池转换效率高(60%左右)，整车燃油经济性好

燃料电池没有活塞或涡轮等机械部件和中间环节，不经过热机过程，不受热循环(卡诺循环)限制，能量转换效率高。燃料电池的化学能转换效率理论上可以达到 100%，实际效率已经达到 60%～80%，是普通内燃机的 2～3 倍(汽油发动机和柴油发动机的效率分别为 16%～18%和 22%～24%)。因此，从节能的角度来看，燃料电池汽车明显优于使用内燃机的普通汽车。

(3) 运行平稳,无噪声

(4) 燃料多样化,优化了能源消耗结构

燃料电池不依赖石油燃料,各种可再生能源都可以转化为氢能并加以有效利用,因此可减少对石油资源的依赖,优化交通能源的构成。

(5) 续驶里程长,性能优于其他电池的电动汽车

采用燃料电池发电系统作为能量源,克服了纯电动汽车续驶里程短的缺点,其长途行驶能力及动力性已经接近于传统汽车。燃料电池汽车可以车载发电,只要带上足够的燃料,它可以把我们送到任何想去的地方。燃料电池电动汽车在成本和整体性能上(特别是行程和补充燃料的时间上)明显优于其他电池的电动汽车。

(6) 过载能力强

燃料电池除了在较宽的工作范围内具有较高的工作效率外,其短时过载能力可达额定功率的200%或更大,更适合于汽车的加速、爬坡等工况。

2. 缺点

汽车业界普遍认同的一个观点是,燃料电池技术是内燃机技术最好的替代物,代表了汽车未来的发展方向。但如果将发展燃料电池汽车的几个制约因素考虑进来,则会发现燃料电池汽车在目前和今后一段时间内尚不具备商业化的条件。

(1) 制造成本和使用成本过高

制约燃料电池汽车推广应用的因素之一是燃料电池的生产成本一直居高不下。降低燃料电池的生产成本已成为燃料电池汽车实用化的关键。据美国能源部测算,目前燃料电池的生产成本已降至500美元/kW。专家估计,只有当燃料电池的生产成本降至50美元/kW的水平才能为消费者所接受,也就是说,当一台80 kW的汽车用燃料电池的成本降到目前汽油发动机3 500美元的价格时,才能创造巨大的市场效益。从市场经济学角度讲,高成本很难完成市场化推广,而无法实现市场化就不可能大规模批量生产,进而成本就无法降下来,最终导致成本过高与销售困难的恶性循环。

另一方面,燃料电池汽车的使用成本也过高。氢气的售价并不低,因此燃料电池车的运行成本并不乐观。目前由燃料电池发电系统提供1 kW·h电能的成本远高于其他各种动力电池,这从一个侧面反映了作为汽车动力源,燃料电池技术还需要不断改进。

(2) 启动时间长,系统抗震能力还需提高

采用氢气为燃料的燃料电池电动汽车启动时间一般需要超过3 min,而采用甲醇或者汽油重整技术的燃料电池电动汽车启动所需时间则长达10 min,比起内燃机汽车启动的时间长得多,影响其机动性能。此外,当燃料电池电动汽车震动或者受到冲击时,各种管道的连接和密封的可靠性需要进一步提高,以防止泄漏,降低效率,否则将引发安全事故。

(3) 经济且无污染地获取纯氢燃料还存在技术难点

通过重整或改质技术转化传统的化石燃料获取纯氢天然气,不仅要消耗大量的能量,而且并没有从根本上摆脱对化石能的依赖,也没有从根本上消除对环境的污染。自然界中,氢能大量存储在水中,虽然取之不尽,但直接使用热分解或是电解的办法从水中制氢显然不划算。因此多数科学家都将目光转向了利用太阳能,但是还存在许多技术障碍。目前,专家们正在进行太阳能分解水制氢、太阳能发电电解水制氢、阳光催化光解水制氢、

太阳能生物制氢等方面的研究。只有到了能以可再生能源廉价地生产出氢燃料，民用汽车的燃料问题才算获得了根本性解决。

(4) 燃料的供应还有大量的技术问题有待解决

通常氢能以三种状态存储和运输：高压气态、液态和氢化物形态。用常用的压缩气体罐储存的氢只能供燃料电池汽车行驶 150 km，续驶里程太短，还不如蓄电池驱动的汽车。由于氢分子是最小的分子，很容易造成泄漏，哪怕是微量的泄漏，都有可能造成极度可怕的后果。而在−253 ℃的条件下储存液氢的深度制冷技术目前还很不成熟，就全球来说，目前能够加液氢的加氢站也没有几座。值得欣慰的是，储氢材料的研发已取得了一定的进展。

(5) 燃料供给设备复杂

供应燃料辅助设备复杂，且质量和体积较大。在以甲醇或者汽油为燃料的燃料电池电动汽车中，经重整器出来的"粗氢气"含有使催化剂中毒失效的少量有害气体，必须采用相应的净化装置进行处理，这增加了结构和工艺的复杂性，并使系统变得笨重。目前普遍采用氢气燃料的燃料电池电动汽车，因需要高压、低温和防护的特种储存罐，导致体积庞大，这也给燃料电池电动汽车的使用带来了许多不便。

(6) 稀有金属铂的应用也制约着燃料电池电动汽车的推广应用

稀有金属铂是燃料电池必不可少的反应催化剂，但按照现有燃料电池对铂的消耗量，就算地球上所有的铂储量都用来制作车用燃料电池，也只能满足几百万辆车的需求。

(7) 加氢站基础设施存在较大缺口

加氢站等基础网络设施建设几乎为零，目前全球范围内投入使用的加氢站仅有 100 多座，且大部分是用于实验的。如果说技术和成本是科研机构和企业通过努力可以自行解决的问题，那么相应的配套设施建设则不是举一人之力可以完成的，需要国家政策、产业链条、基础设施建设等多方面的准备，并及时制定完善的行业标准来规范加氢站等基础设施建设。这既涉及城市规划、交通、电力等问题，又要解决投资和经营者的获利问题，同时还要有效解决加氢的核心技术和统一标准等问题。对于有一定行驶区间的公交车而言，这个问题可能容易解决，但是对于私家车而言，要解决这些问题就任重而道远了。

4.1.4 燃料电池电动汽车的种类

燃料电池电动汽车按照不同的分类方式可以分为不同的类型。

按照燃料特点，燃料电池电动汽车可分为直接燃料电池电动汽车和重整燃料电池电动汽车。直接燃料电池电动汽车的燃料主要是氢气；重整燃料电池电动汽车的燃料主要有汽油、天然气、甲醇、甲烷、液化石油气等。

按照燃料存储方式，燃料电池电动汽车可分为压缩氢燃料电池电动汽车、液氢燃料电池电动汽车和合金(碳纳米管)吸附氢燃料电池电动汽车。压缩氢燃料电池电动汽车是指氢气的储存采用压缩氢气；液氢燃料电池电动汽车是指采用液化氢；合金(碳纳米管)吸附氢燃料电池电动汽车是指采用合金(碳纳米管)储氢。

按照电源的配置方式，可分为纯燃料电池驱动(Pure Fuel Cell，PFC)的电动汽车、燃料电池与辅助动力电池联合驱动(Fuel Cell+Battery，FC+B)的电动汽车、燃料电池与超级电容联合驱动(Fuel Cell+Capacitor，FC+C)的电动汽车以及燃料电池与辅助动力电池和超级电容联合驱动(Fuel Cell＋Battery＋Capacitor，FC＋B＋C)的电动汽车。其中，采用燃料电池与辅助动力电池联合驱动的电动汽车应用较为广泛。如图 4-2 所示为燃料电池电动汽车的分类。

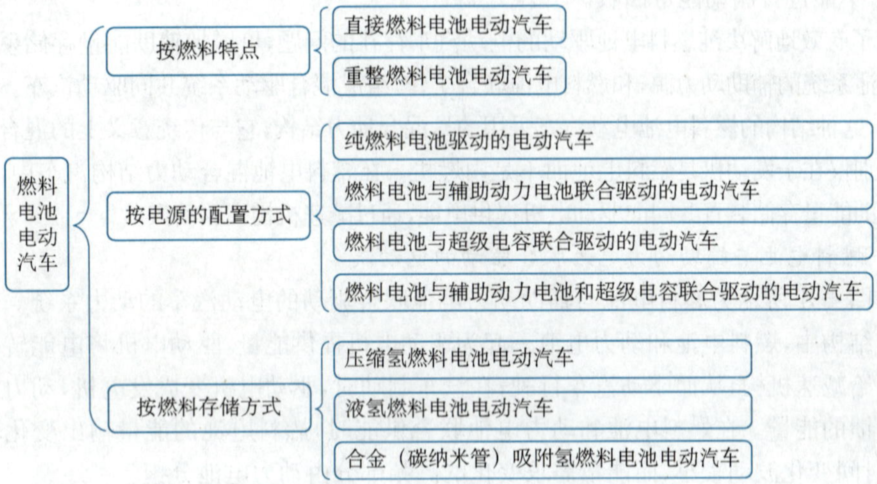

图 4-2　燃料电池电动汽车的分类

1. 纯燃料电池驱动的电动汽车

如图 4-3 所示为纯燃料电池驱动的电动汽车的动力系统。纯燃料电池驱动的电动汽车只有燃料电池一个动力源，汽车的所有功率负荷都由燃料电池承担。燃料电池系统将氢气与氧气反应产生的电能通过 DC/DC 变换器和电机控制器传给驱动电机，驱动电机将电能转化为机械能再传给减速机构，从而驱动汽车行驶。

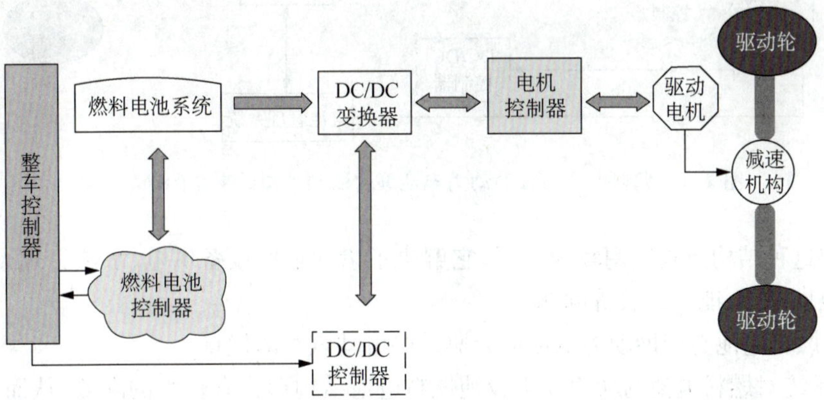

图 4-3　纯燃料电池驱动的电动汽车的动力系统

(1) 纯燃料电池驱动的电动汽车的优点

① 结构简单，便于实现系统控制和整体布置。

② 系统部件少，有利于整车的轻量化。

③ 较少的部件使得整体的能量传递效率高，整车的燃料经济性好。

（2）纯燃料电池驱动的电动汽车的缺点

① 燃料电池功率大、成本高。

② 对燃料电池系统的动态性能和可靠性提出了很高的要求。

③ 不能进行制动能量回收。

为了有效地解决纯燃料电池驱动的电动汽车存在的问题，可增加辅助能量存储系统作为燃料电池系统的辅助动力源，和燃料电池联合工作，组成混合驱动系统共同驱动汽车。从本质上来讲，这种结构的燃料电池电动汽车采用的是混合动力结构，它与传统意义上的混合动力结构的差别仅在于发动机是燃料电池而不是内燃机。在燃料电池混合动力结构汽车中，燃料电池和辅助能量存储装置共同向驱动电机提供电能，通过减速机构来驱动汽车。

2. *燃料电池与辅助动力电池联合驱动的电动汽车*

如图 4-4 所示为燃料电池与辅助动力电池联合驱动的电动汽车的动力系统。在该动力系统结构中，燃料电池和动力电池一起为驱动电机提供能量，驱动电机将电能转化成机械能传给减速机构，从而驱动汽车行驶；在汽车制动时，驱动电机变成发电机，动力电池将储存回馈的能量。在燃料电池和动力电池联合供能时，燃料电池的能量输出变化较为平缓，随时间变化波动较小，而能量需求变化的高频部分由动力电池分担。

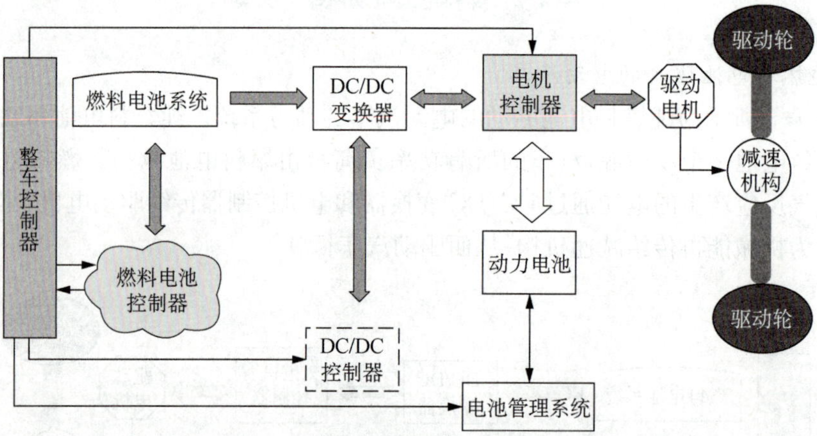

图 4-4　燃料电池与辅助动力电池联合驱动的电动汽车的动力系统

目前这种结构形式应用较为广泛，它解决了诸如辅助设备供电、水热管理系统供电、燃料电池堆加热、能量回收等问题。

（1）燃料电池与辅助动力电池联合驱动的电动汽车的优点

① 系统对燃料电池的功率要求较纯燃料电池结构形式有很大的降低，从而大大地降低了整车成本。

② 燃料电池可以在设定得较好的工作条件下工作，工作时燃料电池的效率较高。

③ 系统对燃料电池的动态响应性能要求较低；汽车的冷启动性能较好，可以回收汽车制动时的部分动能。

（2）燃料电池与辅助动力电池联合驱动的电动汽车的缺点

① 这种结构形式由于动力电池的使用使得整车的质量增加，动力性和经济性受到影

响，这点在能量复合型混合动力电动汽车上表现更为明显。

② 动力电池充放电过程会有能量损耗，系统变得复杂，系统控制和整体布置难度增加。

3. 燃料电池与超级电容器联合驱动的电动汽车

如图 4-5 所示为燃料电池与超级电容器联合驱动的电动汽车的动力系统，这种结构形式与燃料电池＋辅助动力电池结构相似，只是把动力电池换成超级电容器。

（1）燃料电池与超级电容器联合驱动的电动汽车的优点

① 相对于动力电池，超级电容器充放电效率高，能量损失小，循环寿命长。

② 常规制动时再生能量回收率高，正常工作温度范围宽。

③ 超级电容器瞬时功率比动力电池大，汽车启动更容易。

④ 燃料电池和超级电容器动力系统可以减小燃料电池的放电电流，发挥超级电容器均衡负载的作用，提高整车的续驶里程及动力性。

（2）燃料电池与超级电容器联合驱动的电动汽车的缺点

① 超级电容器的比能量低，能量存储有限，峰值功率持续时间短。

② 这种混合动力系统结构复杂，对系统各部件之间的匹配及控制要求高。

这些缺点成为制约燃料电池和超级电容器混合动力系统发展的关键因素。随着超级电容器技术的不断进步，这种结构将成为一种新的重要发展方向。

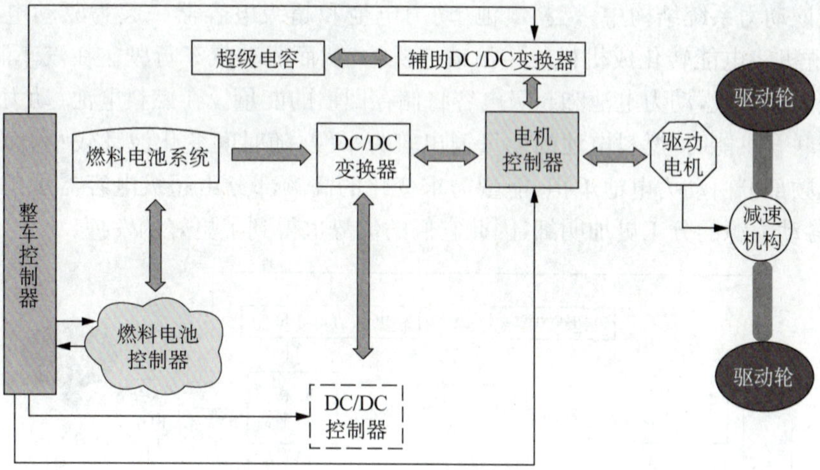

图 4-5　燃料电池与超级电容器联合驱动的电动汽车的动力系统

知识链接

2019 年，我国又一新式科技投入应用。据国内媒体报道，我国首条超级电容有轨电车在广州开通运营，这是目前国内技术最先进，同时也最成熟的超级电容有轨列车。那么这台广州有轨电车到底有多厉害呢？据了解，由于使用了超级电容，这台有轨电车的充电仅需 30 s，在乘客上下车期间就可以完成充电，就连老外都在直呼：中国到底是怎么做到的？对此，专家表示超级电容的出现，将有助于我国电车技术的发展，在未来还可能会应用到其他领域。

我国在超级电容技术上起步较晚，无论是工艺还是材料技术都落后于欧美国家。2014年，美国电动车巨头特斯拉公司在石墨烯锂电池还没投入量产之前，就抢先研发出了采用石墨烯材料制作的超级电容，而我国此时在这一领域的技术完全是一片空白。为了不在未来的新能源革命中落后于人，我国从2015年开始研发自己的国产车用超级电容。由于我国在电化学电容器领域有着技术优势，国产车用超级电容迅速诞生。

百万法拉超级储能电容

资料来源：优质军事领域创作者《辰龙观察》(https://baijiahao.baidu.com/s?id=17170458060324683798wfr=spider&for=pc)

4. 燃料电池与辅助动力电池和超级电容器联合驱动的电动汽车

如图4-6所示为燃料电池与辅助动力电池和超级电容器联合驱动的电动汽车的动力系统。在该动力系统结构中，燃料电池、动力电池和超级电容器一起为驱动电机提供能量，驱动电机将电能转化成机械能传给减速机构，从而驱动汽车行驶。在汽车制动时，驱动电机变成发电机，动力电池和超级电容将储存回馈的能量。在燃料电池、动力电池和超级电容器联合供能时，燃料电池的能量输出较为平缓，随时间变化波动较小，而能量需求变化的低频部分由动力电池承担，能量需求变化的高频部分由超级电容器承担。在这种结构中，各动力源的分工更加明细，因此它们的优势也得到了更好的发挥。

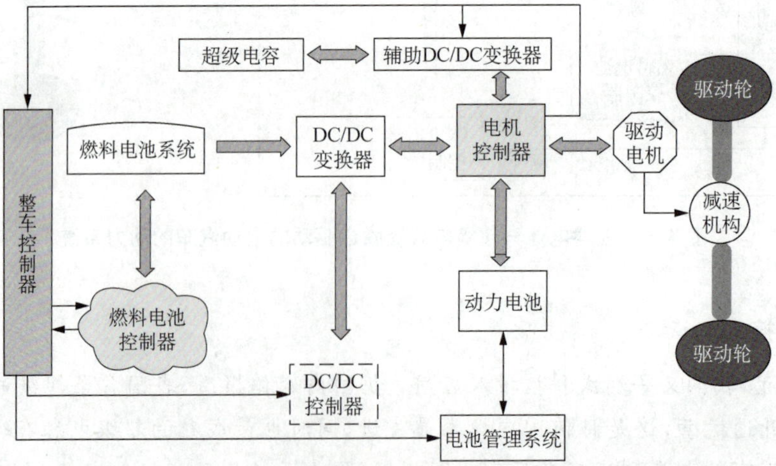

图4-6 燃料电池与辅助动力电池和超级电容器联合驱动的电动汽车的动力系统

这种结构与燃料电池+辅助动力电池的结构相比优点更加明显，尤其是在部件效率、动态特性、制动能量回馈等方面。缺点也一样更加明显，增加了超级电容器，整个系统的质量增加，系统更加复杂，系统控制和整体布置的难度也随之增大。

如果能够对系统进行很好地匹配和优化，这种结构带来的汽车的良好性能具有很大的吸引力。

(1) 燃料电池与辅助动力电池和超级电容器联合驱动的电动汽车的优点

① 由于增加了比功率价格低廉得多的蓄电池组，系统对燃料电池的功率要求较纯燃料电池结构形式有很大的降低，从而大大地降低了整车成本。

② 燃料电池可以在比较好的设定工作条件下工作，工作时燃料电池的效率较高。

③ 系统对燃料电池的动态响应性能要求较低。

④ 汽车的冷启动性能较好。

⑤ 制动能量回馈的采用可以回收汽车制动时的部分动能，该措施可能会增加整车的能量效率。

(2) 燃料电池与辅助动力电池和超级电容器联合驱动电动汽车的缺点

① 蓄电池的使用使得整车的质量增加，动力性和经济性受到影响，这一点在能量复合型混合动力汽车上表现更为明显。

② 蓄电池充放电过程会有能量损耗。

③ 系统变得复杂，系统控制和整体布置难度增加。

5. 燃料电池与辅助动力电池联合驱动的电动汽车的具体应用

在三种混合驱动中，FC+B+C 组合被认为能够最大限度满足整车的启动、加速、制动的动力和效率需求，但成本最高，结构和控制也最为复杂。目前燃料电池电动汽车动力系统的一般结构是 FC+B 组合，这是因为它具有以下特点：

① 燃料电池单独或与动力电池共同提供持续功率，而且在车辆启动、爬坡和加速等有峰值功率需求时，动力电池提供峰值功率。

② 在车辆起步和功率需求量不大时，动力电池可以单独输出能量。

③ 动力电池技术比较成熟，可以在一定程度上弥补燃料电池技术上的不足。

目前，燃料电池与辅助动力电池联合驱动的电动汽车动力系统分为直接型和间接型两种结构形式。

(1) 直接型燃料电池混合动力系统

直接型燃料电池混合动力系统是指燃料电池与系统总线直接相连，如图 4-7 所示。在该系统中，燃料电池系统和动力电池均直接并入动力系统总线中，直接与电机控制器相

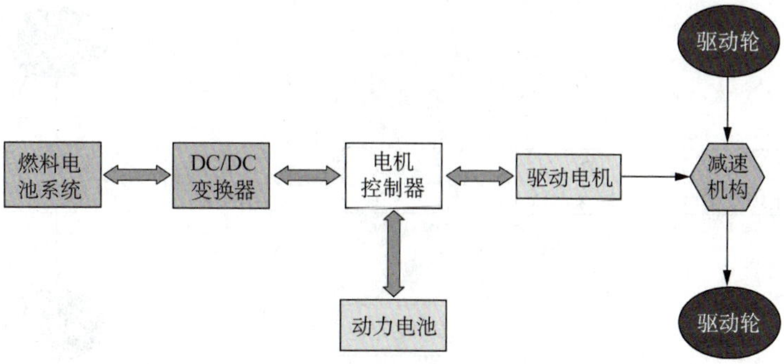

图 4-7 直接型燃料电池混合动力系统

连，结构简单易行。此外，动力电池既可输出功率，改善燃料电池系统本身在汽车行驶过程中可能出现的动力性较差的情况，又可在燃料电池功率输出过剩时将多余的功率储存在其内部，从而提高了整车的能量利用率。

直接型燃料电池混合动力系统还有一种燃料电池系统直接连入主线，动力电池与双向 DC/DC 变换器相连，然后并入主线的结构形式，如图 4-8 所示。

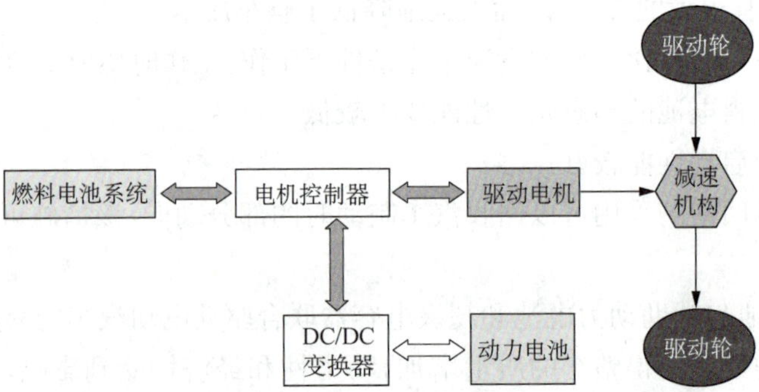

图 4-8　直接型燃料电池混合动力系统(有 DC/DC 变换器)

这种结构形式的动力系统，由于在动力电池和总线之间增加了一个双向 DC/DC 变换器，使得动力电池的电压可以无须与总线上的电压保持一致，降低了动力电池的设计要求，从而可以在一定程度上提高动力电池的性能。另外，引入 DC/DC 变换器对于系统控制而言，可以更加方便灵活地控制动力电池的充放电，改善系统的可操作性。

总体来说，直接型燃料电池混合动力系统具有结构简单、易于实现等优点，然而它也存在一个不可避免的问题，那就是由于燃料电池与总线直接相连，总线电压即为燃料电池的输出电压。在汽车行驶时，驱动电机的工作电压会与燃料电池的输出电压产生一定的电压差，当燃料电池正常工作时，其输出电压为总线电压，此时若输出电压小于驱动电机的工作电压，会导致驱动电机的输出功率降低，进而影响整车行驶的动力性能。与之相反，当驱动电机在其最大输出功率的电压下工作时，若驱动电机工作电压小于燃料电池输出电压，则会影响燃料电池系统的工作效率，降低整车的经济性能。

(2) 间接型燃料电池混合动力系统

此种动力系统的结构形式是燃料电池系统与 DC/DC 变换器连接后，动力电池一起并入动力系统总线中，如图 4-9 所示。

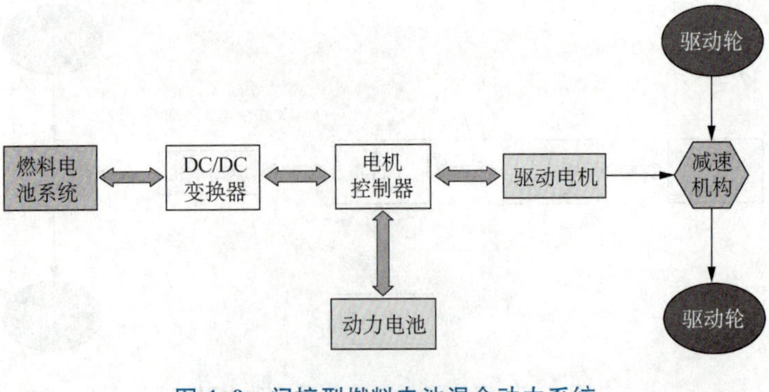

图 4-9　间接型燃料电池混合动力系统

间接型燃料电池混合动力系统在一定程度上解决了直接型燃料电池混合动力系统中存在的燃料电池输出电压与驱动电机工作电压之间的矛盾，既可保证驱动电机始终在其最佳工作电压范围内工作，又保证了燃料电池的输出电压不受干扰和限制，改善了系统的工作性能。

4.2　燃料电池电动汽车的组成

4.2.1　燃料电池电动汽车的基本组成

燃料电池电动汽车实质上是电动汽车的一种，在车身、动力传动系统、控制系统等方面，燃料电池电动汽车与普通电动汽车基本相同，主要区别在于它与动力电池的工作原理不同。燃料电池的反应机理是将燃料中的化学能不经过燃烧直接转化为电能，即通过电化学反应将化学能转化为电能，实际上就是电解水的逆过程，通过氢氧的化学反应生成水并释放电能，因此它被认为是 21 世纪洁净、高效的发电技术之一。典型燃料电池电动汽车主要由燃料电池、高压储氢罐、辅助动力源、DC/DC 变换器、驱动电机和电控系统等组成。图 4-10 为燃料电池电动汽车布局图，图 4-11 为燃料电池电动汽车结构剖面图。

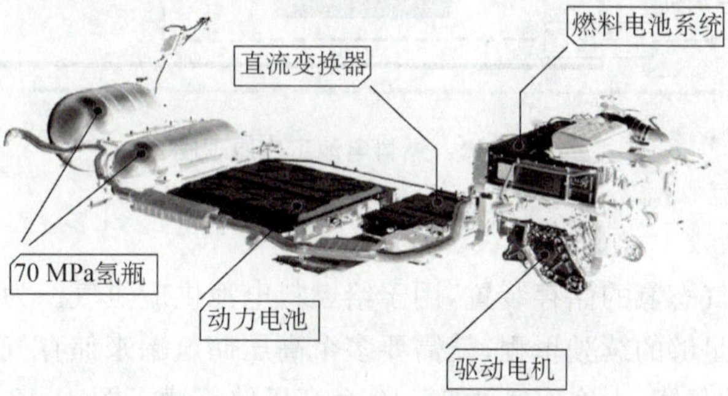

图 4-10　燃料电池电动汽车布局

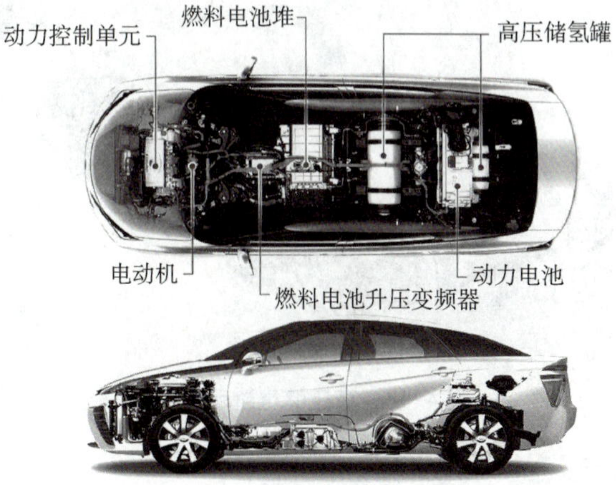

图 4-11　燃料电池电动汽车结构剖面

4.2.2 燃料电池电动汽车主要部件

1. 燃料电池

燃料电池是一种直接将燃料的化学能转化为电能的装置，是燃料电池电动汽车的主要动力源。从理论上来讲，只要连续供给燃料，燃料电池便能连续发电，被誉为是继水力、火力、核电之后的第四代发电技术，其工作原理如图 4-12 所示。

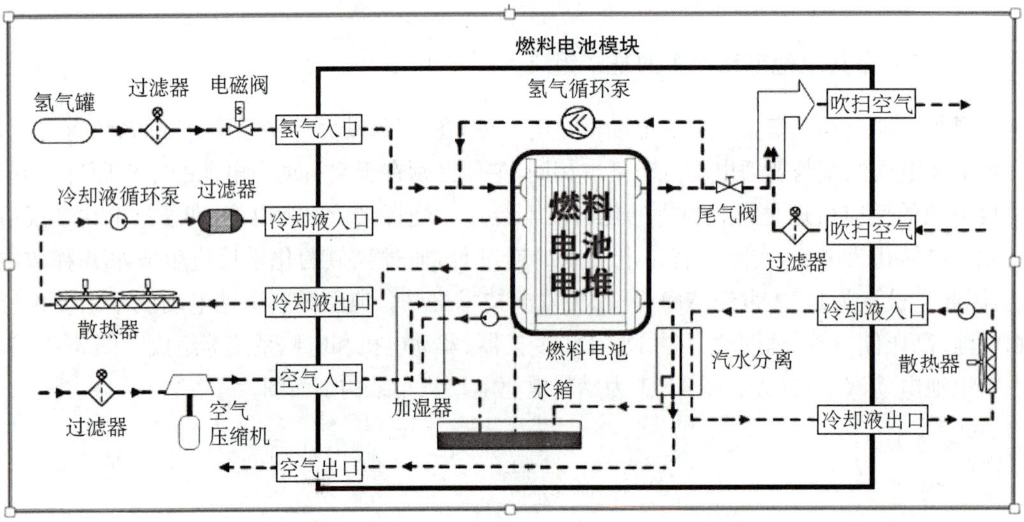

图 4-12　燃料电池工作原理图

2. 高压储氢罐

高压储氢罐是气态氢的储存装置，用于给燃料电池供应氢气。为保证燃料电池电动汽车一次充气后有足够的续驶里程，就需要多个高压储氢罐来储存气态氢气。一般轿车需要 2～4 个高压储氢罐，大客车需要 5～10 个高压储氢罐。图 4-13 为高压储氢罐示意图，图 4-14 为国产高压储氢罐。

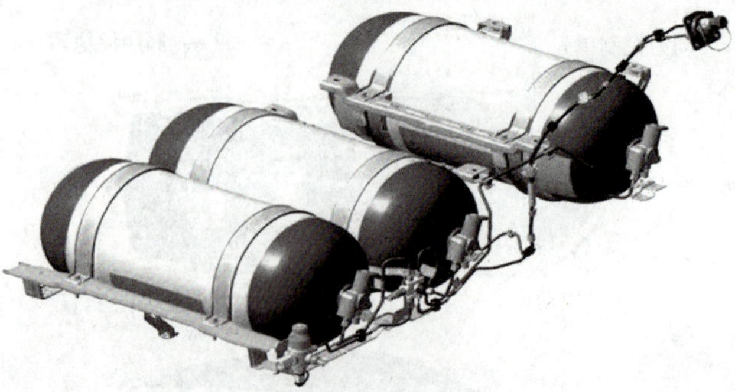

图 4-13　高压储氢罐示意图

图 4-14　国产高压储氢罐

高压气态储氢具有充放氢速度快、容器结构简单等优点，是现阶段主要的储氢方式。储氢压力容器又叫高压储氢瓶(罐)，一般情况下不做特别区分，产业界也是把储氢瓶与储氢罐混合使用。

储氢瓶是用于储存氢气的容器，应用于各种使用氢气的场景。本章主要讲述氢燃料电池产业链上下游市场的储氢瓶需求。

(1) 按生产材料分类

根据安全制造材质和工艺，气瓶一般分为四型。一型瓶(Ⅰ型)是金属气瓶；二型瓶(Ⅱ型)是金属内胆纤维环向缠绕气瓶；三型瓶(Ⅲ型)是金属内胆纤维全缠绕气瓶；四型瓶(Ⅳ型)是非金属类的纤维全缠绕气瓶。

金属储瓶采用性能较好的金属材料(如钢)制成，受其耐压性限制，早期钢瓶的储存压力为 12～15 MPa，氢气质量密度小于 1.6%。通过增加储罐厚度，能一定程度地提高储氢压力，但会导致储罐容积降低，70 MPa 时的最大容积仅 300 L，氢气质量密度较小。由于储罐多采用高强度无缝钢管旋压收口而成，随着材料强度提高，对氢脆的敏感性增强(氢脆是溶于钢中的氢，聚合为氢分子，造成应力集中，超过钢的强度极限，在钢内部形成细小的裂纹，又称白点)，失效的风险有所增加。同时，由于金属储氢钢瓶为单层结构，无法对容器安全状态进行实时在线监测，这类储罐仅适用于固定式、小储量的氢气储存，远不能满足车载系统要求。

随着氢能的发展、高压储氢技术对容器的承载能力要求增加，金属内衬纤维缠绕储罐逐步投入应用。其利用不锈钢或铝合金制成金属内衬，用于密封氢气，利用纤维增强层作为承压层，储氢压力可达 40 MPa。由于不用承压，金属内衬的厚度较薄，大大降低了储罐质量。多层结构的采用不仅可防止内部金属层受侵蚀，还可在各层间形成密闭空间，以实现对储罐安全状态的在线监控。由于金属内衬纤维缠绕储罐成本相对较低，储氢密度相对较大，它也常被用作大容积的氢气储罐。

为了进一步降低储罐质量，人们利用具有一定刚度的塑料代替金属，制成了全复合轻质纤维缠绕储罐。这类储罐的筒体一般包括三层：塑料内胆、纤维增强层、保护层。塑料内胆不仅能保持储罐的形态，还能兼作纤维缠绕的模具。同时，塑料内胆的冲击韧性优于金属内胆，且具有优良的气密性、耐腐蚀性、耐高温和高强度、高韧性等特点。由于全复合轻质纤维缠绕储罐的质量更小，约为相同储量钢瓶的50%，因此，其在车载氢气储存系统中的竞争力较大。为了将储罐进一步轻质化，专家提出了三种优化的缠绕方法：①强化筒部的环向缠绕；②强化边缘的高角度螺旋缠绕；③强化底部的低角度螺旋缠绕，能减少缠绕圈数，减少纤维用量40%。

知识链接

2021年国务院政府工作报告中指出，扎实做好碳达峰、碳中和各项工作，制定2030年前碳排放达峰行动方案，优化产业结构和能源结构。氢能能很好地实现由高碳向低碳的转型，随着氢能源的不断加速发展，氢能将肩负实现碳中和的重要使命。

"怎样更好地储存、利用氢能"是科学家们一直致力研究的问题。传统的氢气储运主要通过高压气态法或低温液态法实现，高压气态法对容器质量要求高、容易造成氢气的泄漏，安全性低。低温液态法需要将氢气冷却至-200 ℃以下，成本昂贵，经济性差，因而适用范围小。同时这两种方法都必须使用笨重的罐体来承压或保温，造成了巨大的有效质量损失，导致总储氢密度大幅减小。

针对上述问题，西安交通大学电气学院张锦英教授研发团队研发了石墨烯界面纳米阀固态储氢材料，以高活性轻金属氢化物为原材料，在不同组分界面建立石墨烯界面纳米阀结构，通过界面纳米阀非催化动力学调控机制实现储氢材料安全、可控、稳定释氢。同时，该界面纳米阀结构能有效隔绝水氧，杜绝氢气自发泄漏，提高材料的储运安全性，避免了使用笨重的高压金属罐或者添加额外的保护装置来进行运输，极大地提高了材料便携性和系统储氢密度。另外，张锦英教授团队还克服了氢气低温释放的行业性难题，实现了石墨烯界面纳米阀固态储氢材料在-40～85 ℃宽温度范围稳定工作，并成功在50 W、200 W和1 000 W燃料电池系统上进行了不同载荷验证。目前团队正在进行基于此新型储氢技术的便携式氢能电源、无人机、氢能源电动车等产品的设计和研发。

资料来源：西安交通大学新闻网《西安交大科研团队开发出高密度固态储氢材料——石墨烯界面纳米阀固态储氢材料》(http://news.xjtu.edu.cn/info/1004/133568.htm)

① Ⅰ型、Ⅱ型储氢瓶

Ⅰ型、Ⅱ型高压气态储氢容器技术最成熟，应用最早。但由于Ⅰ型、Ⅱ型储氢容器密度低、安全性能差、质量重、氢脆问题严重，车载储氢瓶很少使用该类型号，少量应用于CNG(压缩天然气)的客车和卡车。

Ⅰ型长管大量应用于高压气体储运市场，国内相关的车用制作标准是《汽车用压缩天然气钢瓶》(GB/T 17258—2011)。

Ⅱ型气瓶一边内胆材质是钢类的，采用的是玻璃纤维或碳纤维环向缠绕工艺，在交通领域主要应用于CNG车用气瓶，Ⅱ型长管少量用于储运市场。车用的制造标准目前是《车用压缩天然气钢质内胆环向缠绕气瓶》(GB/T 24160—2022)和一些企业标准。

② Ⅲ型、Ⅳ型储氢瓶

Ⅲ型、Ⅳ型瓶由于制作内胆和保护层的材料密度低、气瓶质量轻，单位质量储氢密度增大。凭借提高安全性、减轻质量、提高质量储氢密度等优势，车载应用已经较为广泛，其中，国外多为Ⅳ型瓶，国内则多为Ⅲ型瓶。因此，燃料电池汽车储氢瓶大多使用Ⅲ型、Ⅳ型这两种型号。

Ⅲ型气瓶主要的材质有钢类的和铝类的，采用的是碳纤维或者是玻璃纤维全缠绕工艺，主要应用于轻量化的 CNG 车型和氢燃料电池车、氢燃料无人机等市场。国内车用氢气瓶的标准是《车用压缩氢气铝内胆碳纤维全缠绕气瓶》(GB/T 35544—2017)。

Ⅳ型气瓶就是通常说的塑料内胆的气瓶，内胆是复合材料，采用碳纤维、玻璃纤维全缠绕工艺，目前国际市场上应用比较多，在国内市场暂时没有应用，也没有相关的一些标准。

(2) 按储氢压力分类

按照储氢压力，储氢瓶又可分为高压瓶和低压瓶。Ⅲ型瓶与Ⅳ型瓶都分不同的压力等级，Ⅲ型瓶分 35 MPa 和 70 MPa 两种，而Ⅳ型瓶也可以区分高压力和低压力，但Ⅳ型瓶只有在高压下优势才能更好地体现，如果只是低压力，Ⅲ型瓶在成本及后期使用上更有优势。企业在研发方面主要是集中于 70 MPa Ⅳ型瓶。

氢气质量密度随压力增加而增大，在 30～40 MPa 时，增大较快，当压力大于 70 MPa 时，变化很小。因此，储氢瓶工作压力须在 30～70 MPa。氢燃料电池汽车中的高压储氢瓶一般有 35 MPa 和 70 MPa 两种。

3. 辅助动力源

燃料电池电动汽车的主要电源是燃料电池，另外还配备了辅助动力源，如蓄电池、超级电容或飞轮电池等共同组成的双电源系统。根据燃料电池电动汽车的设计方案不同，应采用不同的辅助动力源。如图 4-15 所示为动力系统组成种类。

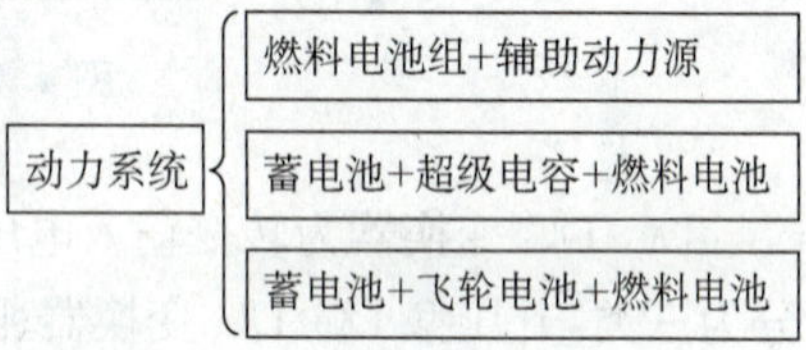

图 4-15　动力系统组成种类

燃料电池电动汽车辅助动力源的主要作用有：

① 辅助动力源可协助供电，弥补燃料电池输出功率的不足，使电动机获得足够的电能。

② 在电动汽车启动时，由辅助动力源提供电能，带动燃料电池启动或带动车辆起步。

③ 向电动汽车的各种电子设备、电器提供工作所需的电能。

④ 在电动汽车运行过程中，当燃料电池输出的电能大于车辆驱动所需的能量时，辅助动力源可用于储存燃料电池剩余的电量。

⑤ 在电动汽车制动时，将驱动电动机转换为发电机工作状态，将电动汽车的动能转换为电能，并向辅助动力源充电。

4. DC/DC 变换器

DC/DC 变换器是开关电源芯片，指利用电容、电感的储能特性，通过可控开关(MOSFET 等)进行高频开关的动作，将输入的电能储存在电容(感)里。当开关断开时，电能再释放给负载，提供能量。其输出的功率或电压的能力与占空比(由开关导通时间与整个开关的周期的比值)有关。

DC/DC 变换器可将一个固定的直流电压变换为可变的直流电压，这种技术被广泛应

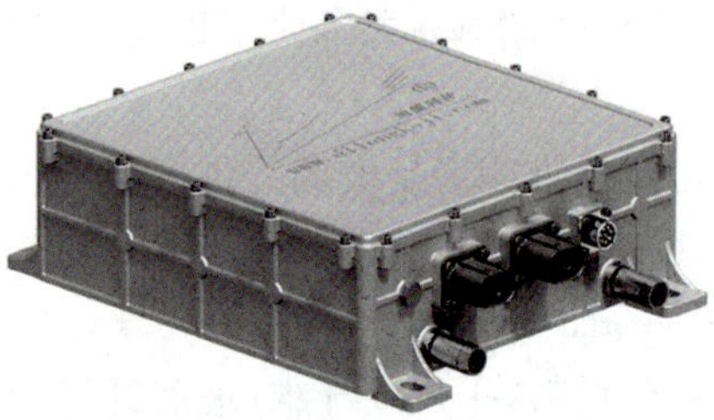

图 4-16 DC/DC 变换器外观

用于无轨电车、地铁、列车、电动车的无级变速和控制，同时使上述控制具有加速平稳、快速响应的性能，并收到节约电能的效果。用直流斩波器代替变阻器可节约 20%～30%的电能。直流斩波器不仅能起到调压的作用(开关电源)，还能起到有效抑制电网侧谐波电流噪声的作用。开关电源可以用于升压和降压。图 4-16 为 DC/DC 变换器外观图，图 4-17 为 DC/DC 变换器工作原理图。

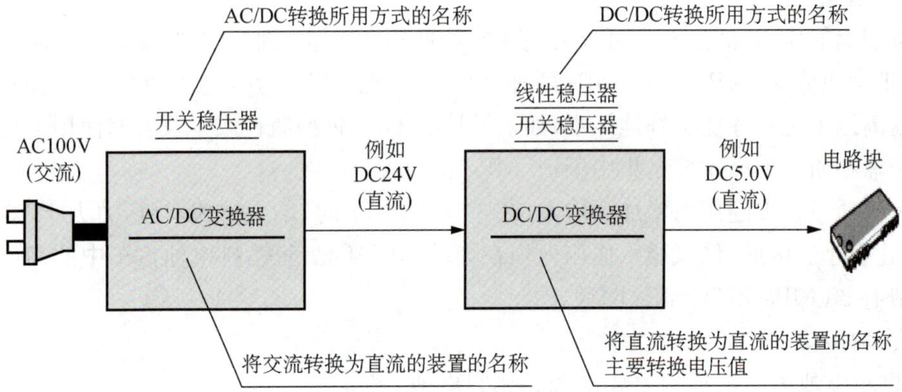

图 4-17 DC/DC 变换器工作原理

DC/DC 变换器为转变输入电压后有效输出固定电压的电压转换器。DC/DC 变换器分为三类：升压型 DC/DC 变换器、降压型 DC/DC 变换器以及升降压型 DC/DC 变换器。接下来让我们共同学习燃料电池电动汽车安装 DC/DC 变换器的必要性及其功能。

(1) 装置 DC/DC 变换器的必要性

① 燃料电池电动汽车采用的电源有各自的特性，燃料电池只提供直流电，电压和电流随输出电流的变化而变化。燃料电池不可能接受外电源的充电，电流的方向只是单向流动。

② 燃料电池电动汽车上的各种电源的电压和电流受工况变化的影响呈不稳定状态。

③ 燃料电池电动汽车采用的辅助电源(蓄电池和超级电容器)在充电和放电时，也是以直流电的形式流动，但电流的方向是可逆性流动。

(2) 燃料电池电动汽车车载 DC/DC 变换器的功能

① 调节燃料电池的输出电压。

② 调节整车能量分配。

③ 稳定整车直流母线电压。

(3) 燃料电池电动汽车车载 DC/DC 变换器的要求

① 变换器是能量传递部件，因此需要转换效率高，以便提高能源的利用率。

② 为了降低对燃料电池的输出电压要求，变换器应具有升压功能。

③ 燃料电池输出不稳定，需要变换器闭环运行进行稳压，为了给驱动器稳定的输入，

需要变换器有较好的动态调节能力。

④ 体积小,质量轻。

(4) DC/DC 变换器的基本功能

① 当输入直流电压在一定范围内变化时,能输出负载要求的变化范围的直流电压。例如,输入电压最低时也能达到最高输出电压,输入电压最高时也能达到最低输出电压等。

② 输出负载要求的直流电流(范围):能够输出足够的直流负载电流,并且在足够宽的负载变化范围的情况下(例如从空载到满载,即电流从零到最大)设备能正常运行(电压稳定、不损坏器件)。

5. 驱动电机

(1) 驱动电机的组成

新能源汽车驱动电机的工作原理是基于电磁感应现象,将电池中的电能转化为机械能,驱动新能源汽车行驶,是决定新能源汽车动力性能的核心零部件之一。主流的交流驱动电机利用定子(通常是硅钢片搭配铜线圈,固定不动)产生旋转磁场并作用于转子(通常由电磁铁、永磁体或硅钢片制成,旋转驱动),形成磁电动力旋转扭矩。驱动电机的主要零件通常包括转子、定子、线束、壳体、端盖等。

(2) 驱动电机的类型

按照电机的工作电源划分,可将电机划分为直流电机(图 4-18)和交流电机(图 4-19)。早期新能源汽车的驱动电机多采用直流电机,一方面是因为直流电机具有控制策略简单、调速性能好、成本低等优点,另一方面是由于交流电机的控制技术复杂、成本较高。

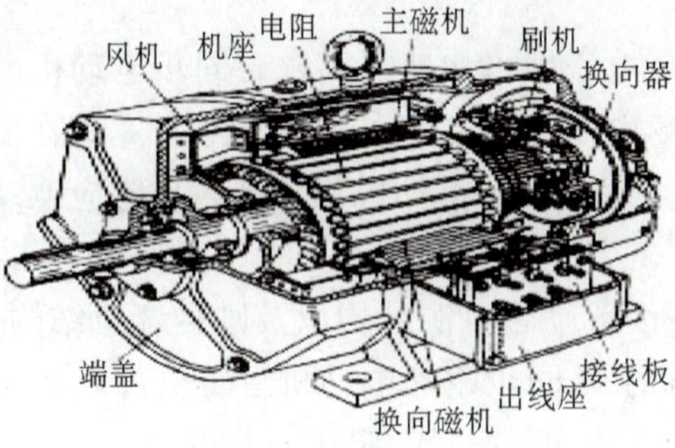

常见中小型直流电动机内部结构

图 4-18　直流电动机

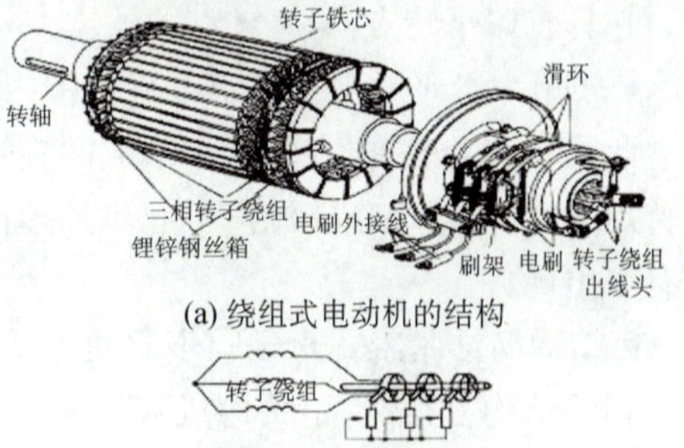

(a) 绕组式电动机的结构

(b) 绕组式电动机转子电路

线绕式电动机转子的外形与结构

图 4-19　交流电动机

① 直流电动机。直流电动机的速度与电压成正比,易于控制。直流电动机又可分为无刷直流电动机和有刷直流电动机。无刷直流电动机的电压波形和电流波形是矩形波或梯形波,伴随着较大的转矩脉动,在汽车行驶中有明显顿挫感,对用户体验构成负面影响。有刷直流电动机中,电刷起电流换向的作用。在实际使用中,电刷磨损很快,需要经常维护,同时换向火花限制了电动机的高速运行,对电动机的稳定性和安全性也构成了威胁,这些问题都难以克服。

开关磁阻电动机是一种新型调速电动机,如图 4-20 所示,是继变频调速系统、无刷直流电动机调速系统后的最新一代调速系统。它的结构简单坚固,调速范围宽,系统可靠性高。完整系统主要由电动机实体、功率变换器、控制器与位置检测器等部分组成。控制器内包含功率变换器和控制电路，而转子位置检测器则安装在电动机的一端。

图 4-20　开关磁阻电动机

图 4-21　永磁同步电动机

现如今，开关磁阻电动机的应用和发展取得了明显的进步，已成功地应用于电动车驱动、通用工业、家用电器和纺织机械等各个领域，功率范围从 10 W 到 5 MW，最大速度高达 100 000 r/min。

② 交流电动机。交流电动机的速度频率及磁极数成正比，控制技术要求较高。在交流电动机中，按照定子和转子的转速一致性划分，又可区分为永磁同步电动机和异步电动机。永磁同步电动机的主要优势在于功率密度高、运行效率高、结构简洁紧凑、转矩大且平顺、调速性能好。当前新能源汽车驱动电动机中较为常见的是交流电动机中的永磁同步电动机与鼠笼式异步感应电动机，其中，永磁同步电动机在国内最为流行，如图 4-21 所示。它具有以下特点。

- 转矩大且平顺。在额定电流范围内，提高电流即可快速提高永磁同步电动机的扭矩。此外，三相交流电在定子中形成的旋转磁场也较为稳定，转矩脉动较小。尤其在低速大转矩工况下(对应新能源汽车起步加速阶段)，永磁同步电动机相较于异步感应电动机拥有突出优势。
- 结构简洁紧凑。永磁同步驱动电动机不设置励磁电源结构以及励磁绕组结构，降低了相关结构复杂性，相关构成较为紧密，保证永磁同步驱动电动机运转更加具有可靠性。丰田普锐斯搭载的第四代永磁同步电动机相较于第三代，定子直径减小了 20%，整体结构更紧凑，体积更小。
- 调速性能好。永磁同步电动机的电磁和力的关系相较于感应异步电动机更加简单，更易于调速和控制。异步电动机的状态方程是四阶的，转子与定子的方程耦合(转子内的电流由定子磁场旋转产生)；永磁同步电动机的状态方程是二阶的，永磁体的磁场是独立存在的，在低速和高速(高于额定转速)的工况下，控制难度都显著低于感应异步电动机。

(3) 驱动电机性能要求

新能源汽车的驱动电机是工业电机的一种，其原理(电磁感应)、分析方法(普通电磁分析方法)、计算工具(有限元软件)、电磁方程(麦克斯韦方程组)等都与普通工业电机一致，分类方法与控制方法也没有根本性的区别。但是，由于车载的特殊环境，新能源汽车驱动电机在性能方面的特殊需求主要体现在功率密度高、调速范围宽、起动转矩大、高效区间广、散热需求强。

① 功率密度高。车载驱动电机有严格的体积要求、质量要求和功率要求。大部分工业场景空间巨大，以满足工业需求为第一目的，电机的体积限制并不突出。但是在新能源汽车上，电机的尺寸和质量直接影响汽车的动力性能和驾驶体验，电机设计的方向与难点在于体积小、质量轻、功率大，尽可能提高功率质量密度和功率体积密度。

② 调速范围宽。广阔的调速范围可以帮助新能源汽车省掉多挡变速箱，只使用固定挡的齿轮组，有效降低成本。因此，新能源汽车驱动电机的调速范围越宽越好，最高转速可达到基础转速的 4 倍以上。特斯拉 Model S 基本款的电机最高转速可达 18 000 r/min，比亚迪 E 平台 3.0 的电机最高转速超过 17 000 r/min。

③ 起动转矩大。汽车强调百公里加速等性能指标，新能源汽车的驱动电机在起动或低速时要求超高转矩，将汽车速度以最快的方式泵升至期望速度。一般工业电机对起动速度并没有这么高的要求。

④ 高效区间广。新能源汽车，尤其是纯电动汽车，不像电力机车由受电弓供电，而由车载电池包供电，电机效率直接影响续航里程，所以对于电机的效率要求很高。新能源汽车的驱动电机需要拥有尽可能广的高效率运行区间。这样，正常路况下汽车不会频繁启动，也不会持续超高速运行，更多的是在匀速行驶中进行加速或减速动作，因此中间部分的运行效率就尤其重要。

⑤ 散热需求强。由于新能源汽车驱动电机对功率密度的高要求，散热问题也随之而来。1 台 150 kW 的传统动力系统总成，体积大概在 409 L(图 4-22 为传统动力系统总成体积示意图)。而峰值功率为 150 kW 的电动汽车动力系统总成，体积只有 82 L(图 4-23 为电动汽车动力系统总成体积示意图)，大约只有传统动力总成的 20%。小体积高功率易导致散热、机械振动、电磁兼容、NVH 啸叫等问题。电机的能量转换效率大约在 90%以上，峰值效率在 95%左右，平均能量损耗大约 10%，这 10%的能量损耗多以发热的形式体现，因此驱动电机的散热需求较强。

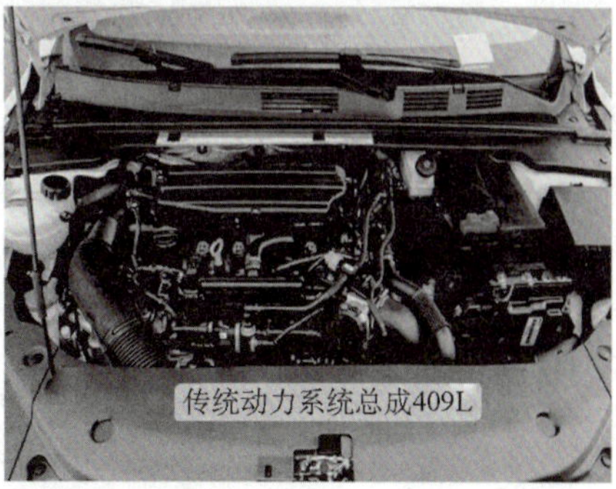

图 4-22　传统动力系统总成体积示意图

图 4-23　电动汽车动力系统总成体积示意图

早期新能源汽车的驱动电机多采用直流电机，一方面是因为直流电机具有控制策略简单、调速性能好、成本低等优点；另一方面是由于交流电机的控制技术复杂、成本较高。直流电机的速度与电压成正比，易于控制；而交流电机的速度与频率及磁极数成正比，控制技术要求较高。

知识链接

功率密度高：永磁同步电机的钕铁硼磁性材料具备优秀的磁力性能，在充磁后不用增加外部能量，可构建较强磁场；同时磁场具有永久的特点，无需额外电路进行励磁(即给导体通电产生磁场)，就能维持较小的体积和较轻的质量。在额定功率下，同样的散热条件，同样绝缘材料的永磁同步电机的功率密度通常比感应异步电机的功率密度大 2 倍以上。

运行效率高：受益于转子中的永磁体，永磁同步电机的转子通常无需通电(部分自启动工况或涡流损耗除外)，可减少相关的能量损耗，效率较高。

资料来源：未来智库《新能源汽车驱动电机行业研究：市场空间、发展趋势和产业链拆解》(https://baijiahao.baidu.com/s?id?=1728076574875014068&wfr=spider&for=pc)

6. 整车电控系统

整车电控系统是燃料电池电动汽车的“大脑”，由燃料电池发动机管理系统、蓄电池管理系统、动力控制系统、整车控制系统等组成。

(1) 燃料电池发动机管理系统

燃料电池发动机管理系统按整车控制器的功率设定值控制燃料电池发动机的功率输出，监测发动机的工作状态，保证发动机稳定可靠地运行时进行故障诊断及管理。其具体组成包括空气供给系统、氢气供给系统、冷却水循环管理系统。

① 空气供给系统

要确保燃料电池堆之中的电化学反应可以持续进行，除氢气供给系统外，还需要通过空气供给系统向电堆提供与氢气系统相同压力、一定流量、连续不断的氧气。

② 氢气供给系统

氢气供给系统的主要功能是连续地向电堆提供具有一定压力、一定流量的高纯度氢气，确保燃料电池堆中的电化学反应可以连续进行。

③ 冷却水循环管理系统

要确保燃料电池堆之中的电化学反应可以正常、高效进行，必须对电堆的温度(如进口 70 ℃，出口 80 ℃左右)进行严格控制。

④ 分布式控制系统

分布式设计方案由一块主电子控制单元(ECU)进行能量分配及信息调试，再由各个子 ECU 对各个子系统进行控制，各个子 ECU 分别以总线的形式进行通信。这样不仅提高了系统运行的可靠性，还便于扩展和维护。

(2) 蓄电池管理系统

蓄电池管理系统分上下两级，下级管理系统负责蓄电池组电压、温度等物理参数的测量，进行过充过放保护及组内组间均衡；上级管理系统负责动力蓄电池组的电流检测及荷电状态(State of Charge，SOC)估算，以及相关的故障诊断，同时运行高压漏电保护策略。

① 容量预测 SOC：在充放电过程中在线实时监测电池容量，随时给出电池系统的剩

余容量。

② 自动充电控制：当电池的荷电量不足 45%时，根据当前电压对充电电流提出要求，当达到或是超过 70%的荷电量时停止充电。

③ 过流、过压、温度保护：当电池系统出现过流、过压、匀压或温度超标时，能自动切断电池充放电回路，并通知管理系统发出示警信号。

④ 充电均衡：在充电过程中，通过调整单节电池充电电流方式，保证系统内所有电池的电池端电压在每一时刻有良好的一致性。

⑤ 自检报警：自动检测电池功能是否正常，及时对电池有效性进行判断，若发现系统中有电池失效、将要失效或是与其他电池增大不一致时，则通知管理系统发出示警信号。

⑥ 通信功能：采用控制器局域网总线(Controller Area Network, CAN)的方式与整车管理系统进行通信。

⑦ 上位机管理系统：电池管理系统设计了相应的上位机管理系统，可以通过串口读取实时数据，可实现 BMS 数据的监控、数据转储和电池性能分析等功能。数据可灵活接口监视器、充电机、警报器、变频器、功率开关、继电器开关等，并可与这些设备联动运行。

⑧ 参数设置：可以设置系统运行的各种参数。

(3) 动力控制系统

动力控制系统包含 DC/DC 变换器、DC/AC 变换器、DCL 和空调控制器、空调压缩机变频器以及电动机冷却系统控制器。DC/DC 变换器和 DC/AC 变换器的作用如前所述，DCL 负责将高压电源转换为系统零部件所需的 12 V、24 V 低压电源，电动机冷却系统控制器负责电动机及动力控制单元(Power Control Unit, PCU)的水冷却系统控制。

(4) 整车控制系统

整车控制系统的核心是多能源控制策略(包括制动能量回馈功能)，它一方面接收来自驾驶员的需求信息(如点火开关、加速踏板、制动踏板、挡位信息等)实现整车工况控制；另一方面基于反馈的实际工况(如车速、制动、电动机转速等)以及动力系统的状况(燃料电池及动力蓄电池的电压、电流等)，根据预先匹配好的多能源控制策略进行能量分配调节控制。

4.3　燃料电池电动汽车的生产

4.3.1　我国自主品牌的燃料电池电动汽车典型代表

1. 上汽大通 MAXUS EUNIQ 7

燃料电池汽车的氢燃料能通过几种途径得到。有些车辆直接携带纯氢燃料，另外一些车辆有可能装有燃料重整器，能将烃类燃料转化为富氢气体。单个的燃料电池必须结合成燃料电池组，才能获得必需的动力，满足车辆使用的要求。

近年来，氢燃料电池汽车凭借续航长、零污染的显著优势，发展得如火如荼，各国车企都争相在氢燃料电池汽车领域进行布局，其也被认为是汽车行业未来发展的重要战略方向之一。上汽大通 MAXUS 作为国内较早投入氢燃料电池汽车研发的车企之一，早在

2001 年就已率先推出了以氢燃料作为动力源的原型车“凤凰一号”，此后便一直持续投入燃料电池汽车研发，累计投入研发费用超过 30 亿元。2020 年，上汽大通 MAXUS 正式推出了旗下首款氢燃料电池 MPV（多用途汽车）——EUNIQ 7，开始布局氢燃料电池乘用车市场（图 4-24 所示为上汽大通 MAXUS）。

图 4-24　上汽大通 MAXUS

作为全球首款氢燃料电池多用途汽车（Multi-Purpose Vehicles，MPV），EUNIQ 7 真正实现了零污染。在日常行驶路程中，EUNIQ 7 搭载的氢燃料电池只以电化学反应为车辆提供动能，仅生成唯一的排放物——清洁的水，甚至还能净化空气，其搭载的新一代空气滤清系统可有效净化空气中 99.9%的 PM2.5 颗粒物，用出色实力助力环境保护。

EUNIQ 7 的氢瓶由航天级碳纤维全缠绕，可耐受 842 ℃高温，并且氢瓶的耐压强度达到 70 MPa，应对日常行车场景绰绰有余。此外，EUNIQ 7 还率先实现了全球领先的氢系统中置，结合先进的双回路冗余断电断氢设计，安全品质可满足中国及欧盟的全方位碰撞安全防护标准。在此前的全球首撞试验中，EUNIQ 7 的氢瓶也完好无损。为了验证实车品质，EUNIQ 7 还经历了超 100 万 km 的严苛耐久路试与耐候试验，安全品质经得起检验，十分可靠，能全方位保证驾乘者的出行安全（图 4-25 所示为 EUNIQ 7 氢能源电动车底盘结构）。

图 4-25　EUNIQ 7 氢能源电动车底盘结构

动力性能方面，EUNIQ 7 采用 130 kW 燃料电池与 70 MPa 储氢系统，匹配高性能三合一电驱桥和国内领先的高倍率动力电池，出色性能表现达到国际一流水平。在续航里程和加氢时间方面，EUNIQ 7 的 NEDC 续航里程可达 605 km，百公里氢耗 1.18 kg，仅需 3 min 即可加满 6.4 kg 的高压氢瓶，续航里程长，加氢时间短，日常使用十分方便。并且 EUNIQ 7 的整车 NVH 表现也十分出色，其应用了水汽分离、多级减震设计、高压脉冲静音、无油空气轴承等创新技术，使得车辆匀速噪声仅为 53.9 dB，为用户营造出堪比私人影院般的静谧车厢环境，带来更舒适的乘坐体验。

上汽大通 MAXUS EUNIQ 7 的推出，不仅进一步丰富了上汽大通 MAXUS 的产品矩阵，为用户提供了更丰富的购车选择，而且在一定程度上助力中国氢燃料电池乘用车发展，用氢能打造更清洁的未来汽车工业发展环境。

2. 红旗 H5 氢燃料电池版

红旗 H5-FCEV 也是“油改氢”车型，与 H5 燃油版在外观设计方面并没有多少区别。红旗 H5-FCEV 搭载了我国一汽自主研发的燃料发动机，电机最大功率可达 54 kW，并搭载了最大功率为 140 kW 的驱动电机，最高车速可达 160 km/h，零百加速度小于 10 s。

新车还将配备 2 个储氢罐，每一个储氢罐可存储 2 kg 氢气，总共可存储 4 kg 氢气，并且车身携带的储氢罐最大可承受 70 MPa 的压力。在工信部发布的新欧洲驾驶循环工况（New European Driving Cycle，NEDC）工况下，新车续驶里程大概为 520 km。如图 4-26 所示为红旗 H5-FCEV。

图 4-26　红旗 H5-FCEV

氢燃料电池发展势头非常迅速，丰田的 MIRAI、现代的 Nexo 都已量产，奔驰和宝马也计划推出氢燃料电池车，而国内也在积极推进这一技术领域的建设，特别是碳中和目标确定后，氢燃料电池更引来了业内许多关注。但受制于加氢站、氢气的储存、运输、制造等方面因素，目前还是不如电动车。但作为未来发展的方向之一，氢燃料电池的前景还是非常不错的。

4.3.2　燃料电池电动汽车的安全性要求

燃料电池汽车作为我国能源结构调整的重要一环，是我国未来能源技术的重要发展方向。随着燃料电池汽车的发展，人们对于其安全性的要求也越来越高。2020 年发布的新版《燃料电池电动汽车　安全要求》(GB/T 24549—2020)代替了 2009 年版,增加了整车氢气泄漏、氢气低剩余量提醒、燃料管路氢气泄漏及检测和氢气泄漏报警装置功能要求等项目,同时删除了旧版中的一般要求、氢气存储与供给和紧急情况下的反应等项目。此外,还对整车氢气排放、整车氢气泄漏、电安全要求、泄压系统要求和燃料排出要求的测试方法作了调整。

1. 整车安全性要求

整车安全性要求包括整车氢气排放要求、整车氢气泄漏要求、氢气低剩余量提醒和电安全要求。

(1) 整车氢气排放要求

氢气在空气中的低可燃极限是 4%,超过这一浓度时,遇到火源就会发生爆炸。尾气排放是氢气由车辆向外界流动的最主要方式。因此,燃料电池汽车中防止氢气体积浓度超过低可燃极限是重中之重。对比新旧标准中的要求,由 2009 年版的“应在距离排气口 100 mm 处气体中心线上进行测量氢气浓度”改为了“按照 GB/T 37154—2018 中 6.1 怠速热机状态氢气排放章节规定的试验方法进行测试”。在进行正常操作(包括启动和停机)时,任意连续 3 s 内的平均氢气体积浓度应不超过 4%,且瞬时氢气体积浓度不超过 8%。尾排中“平均氢气体积浓度不超过 4%”是氢气低可燃极限的要求,“瞬时氢气体积浓度不超过 8%”则体现了实际产品中氢气脉冲排放瞬时浓度较大的情况。在保证安全的前提下,新标准更符合当前的技术水平。

(2) 整车氢气泄漏要求

整车车内氢气泄漏具有以下要求。

① 在安装氢系统的封闭或半封闭的空间上方的适当位置,应至少安装一个氢气泄漏探测传感器,能实时检测氢气的浓度,并将信号传递给氢气泄漏报警装置。

② 氢系统泄漏或渗透的氢燃料,不应直接排到乘客舱、后备箱、货舱,或者车辆中任何有潜在火源风险的封闭空间或半封闭空间。

③ 在驾驶员容易识别的区域应安装氢气泄漏报警提醒装置,泄漏浓度与警告信号有关。

④ 在封闭或半封闭的空间中,氢气体积分数达到或超过(2.0±1.0)%时,应发出警告。

⑤ 在封闭或半封闭的空间中,氢气体积分数达到或超过(3.0±1.0)%时,应立即自动关断氢气供应,如果车辆装有多个储氢气瓶,仅关断有泄漏部分的氢气供应。

⑥ 当氢气泄漏探测传感器发生故障时,如信号中断、断路、短路等,应能向驾驶员发出故障警告信号。

对于 MI 类车辆车外要求,应按照密闭空间内氢气泄漏试验规程规定的方法在密闭空间内进行氢泄漏试验,应满足任意时刻测得的氢气体积分数不超过 1%。

关于整车氢气泄漏,在旧版标准中规定了“汽车应有和氢气浓度探测器联动的安全措施。氢气积聚浓度达到 50%LFL 之前,就能够利用声响报警装置或者紧急显示提示等方法;提示驾驶员或者汽车使用者注意氢气积聚浓度达到 75%LFL 时,应能自动切断氢气源、电源等”。这一部分对于氢气报警浓度的限值规定较为死板,限制了产品的技术发展。

而新版标准将限值改为了范围，规定“氢气体积浓度达到或超过(2.0±1.0%)时，应发出警告；氢气体积浓度达到或超过(3.0±1.0%)时，应立即自动关断氢气供应”。此外，商用车通常安装有不止一个储氢气瓶，在新版标准中允许仅关断有氢泄漏的部分的氢气供应。

(3) 氢气的剩余量提醒

指示储氢气瓶压力或氢气剩余量的仪表应安装在驾驶员易于观察的区域，如果氢气的压力或剩余量影响到车辆的行驶，应通过一个明显的信号(如声或光信号)装置向驾驶员发出提示。

(4) 电安全要求

燃料电池电动汽车用电安全应符合《电动汽车安全要求》(GB 18384—2020)中规定的绝缘电阻要求、绝缘电阻监测要求、电位均衡要求和电容耦合要求。

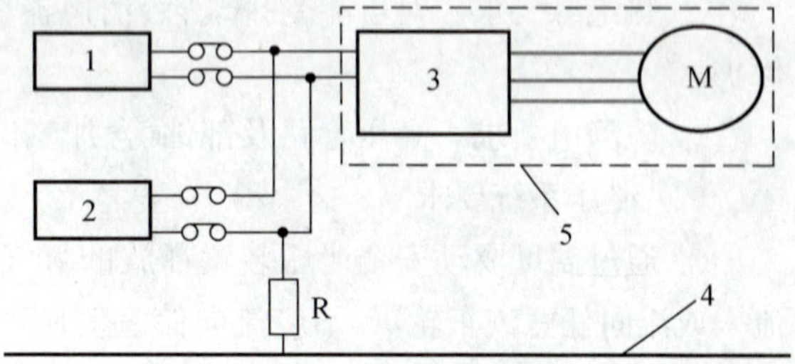

图 4-27　电阻要求示意图

绝缘电阻要求在最大工作电压下，直流电路绝缘电阻应不小于 100 Ω/V，交流电路应不小于 500 Ω/V。如果直流和交流的 B 级电压电路中可导电部分连接在一起，则应满足绝缘电阻不小于 500 Ω/V 的要求。燃料电池电动汽车绝缘电阻要求如图 4-27 所示，图中 1 为燃料电池系统，2 为动力蓄电池，3 为逆变器，4 为电平台，5 为交流电路，M 为电机，R 为绝缘电阻。若交流电路增加附加防护，则组合电路应至少满足 100 Ω/V 的要求。附加防护方法应至少满足以下一种要求：至少有两层绝缘层、遮栏或外壳；或布置在外壳里或遮栏后，且这些外壳或遮栏应能承受不低于 10 kPa 的压强，不发生明显的塑性变形。

绝缘电阻监测要求燃料电池电动汽车应有绝缘电阻监测功能，并能通过规定的绝缘监测功能验证试验。在车辆 B 级电压电路接通且未与外部电源传导连接时，该装置能够持续或者间歇地检测车辆的绝缘电阻值，当该绝缘电阻值小于制造商规定的阈值时，应通过一个明显的信号(如声或光信号)装置提醒驾驶员，并且制造商规定的阈值不应低于绝缘电阻要求的值。

电位均衡要求用于防护与 B 级电压电路直接接触的外露可导电部分。例如，可导电外壳和遮栏应传导连接到电平台，且满足以下要求。

① 外露可导电部分与电平台间的连接阻抗应不大于 0.192 Ω。

② 电位均衡通路中，任意两个可以被同时触碰到的外露可导电部分，即距离不大于 2.5 m 的两个可导电部分间电阻应不大于 0.292 Ω。

若采用焊接的连接方式，则视作满足上述要求。

电容耦合应至少满足以下要求之一。

① B 级电压电路至少有两层绝缘层、遮栏或外壳，或布置在外壳里或遮栏后，且这些外壳或遮栏应能承受不低于 10 kPa 的压强，不发生明显的塑性变形。

② B 级电压电路中，任何 B 级电压带电部件和电平台之间的总电容在其最大工作电

压时存储的能量应不大于 0.2 J，0.2 J 为对 B 级电压电路正极侧 Y 电容或负极侧 Y 电容最大存储电能的要求。此外，若有 B 级电压电路相互隔离，则 0.2 J 为单独对各相互隔离的电路的要求。

2. 系统安全性要求

系统安全性要求包括储氢气瓶和管路要求、泄压系统要求、加氢及加氢口安全要求。

(1) 储氢气瓶和管路要求

① 安装位置要求。管路接头不应位于完全密封的空间内。储氢气瓶和管路一般不应装在乘客舱、后备箱或其他通风不良的地方，但如果不可避免要安装在后备箱或其他通风不良的地方时，应采取相应措施，将可能泄漏的氢气及时排出。储氢气瓶应避免直接暴露在阳光下。

② 热绝缘要求。对可能受排气管、消声器等热源影响的储氢瓶、管路等应有热绝缘保护。

③ 防静电要求。高压管路及部件(含加氢口)应有可靠接地。

(2) 泄压系统要求

① 通过温度驱动安全泄压装置释放的氢气，不应流入封闭空间或半封闭空间，不应流入或流向任意汽车轮罩，不应流向储氢气瓶，不应朝车辆前进方向释放，不应流向应急出口(如果有应急出口)。

② 在温度驱动安全泄压装置和安全泄压装置释放管路的出口处，应采取必要的保护措施，如防尘盖，防止在使用过程中被异物堵塞，影响气体释放。温度驱动安全泄压装置是指当温度达到设定值时开始动作，且不能自动复位的一种安全泄压装置。安全泄压装置是指在特定条件下动作，并能泄放压缩氢气储存系统中的氢气以防止系统发生失效的一种装置。

③ 通过安全泄压装置(如安全阀)释放的氢气，不应流向裸露的电气端子、电气开关或其他引火源，不应流入封闭空间或半封闭空间，不应流入或流向任意汽车轮罩，不应流向储氢气瓶，不应流向应急出口(如果有应急出口)。

3. 加氢及加氢口安全要求

① 燃料加注时，车辆应不能通过其自身的驱动系统移动。

② 加氢口应具有能够防止尘土、液体和污染物等进入的防尘盖。防尘盖旁边应注明加氢口的燃料类型、公称工作压力和储氢气瓶终止使用期限。公称工作压力是指在基准温度(15 ℃)以下，压缩氢气储存系统内气体压力达到稳定时的限充压力。

4. 燃料管路氢气泄漏及检测安全要求

① 应采用规定的方法对燃料管路的可接近部分进行氢气泄漏检测，并对接头部位进行重点泄漏检测。对于储氢气瓶与燃料电池堆之间的管路，泄漏检测压力为实际工作压力。对于加氢口至储氢气瓶之间的管路进行检测，泄漏检测压力为 1.25 倍的公称工作压力。

② 使用泄漏检测液进行目测检查，3 min 内不应出现气泡。

③ 使用气体检测仪进行检测时，应尽可能接近测量部位，其氢气泄漏速率应满足不高于 0.005 mg/s。

5. 燃料排出安全要求

为了达到对氢系统的维修保养或其他目的，车辆应具有安全排出剩余燃料的功能。

6. 氢气泄漏报警装置功能要求

氢气泄漏报警装置应通过声响报警、警告灯或文字显示对驾驶员发出警告。

4.3.3　氢燃料电池电动汽车的关键技术

1. 燃料电池系统

燃料电池技术是燃料电池电动汽车最关键的技术之一。燃料电池电堆的净输出功率、耐久性、低温启动性及成本等，直接影响燃料电池电动汽车的性能和发展。目前，降低燃料电池成本是燃料电池电动汽车研究的最重要目标，而控制燃料电池成本最有效的手段则是减少燃料电池材料的成本，降低加工费用。在降低燃料电池成本的同时，进一步提高燃料电池的性能，是目前燃料电池电动汽车技术研究的重点。此外，燃料电池系统还有许多需要攻克的工程技术难题，例如：系统的启动与关闭时间、系统的能量管理与变换操作、电堆水热管理模式以及低成本高性能的辅助装置。

2. 车载储氢系统

如何有效减小储氢系统的质量与体积，是车载储氢技术开发的重点。一个比较理想的方案是采用储氢材料与高压储氢复合的车载储氢新模式。

储氢技术是氢能利用走向规模化应用的关键。目前常见的车载储氢系统有高压储氢、低温储存液氢和金属氢化物储氢三种基本方案。

3. 车载蓄电系统

车载蓄电系统包括铅酸电池、镍氢蓄电池、锂离子电池等蓄电池及电化学超级电容器。

① 镍氢蓄电池具有高比能、大功率、快速充放电、耐用性等优异特性，是目前混合动力汽车和电动汽车中应用最广的绿色动力用电系统。

② 铅酸蓄电池由于其功率密度低，充电时间长，作为未来电动汽车动力系统的可能性很小。

③ 超级电容器能在短时间内提供或吸收较大的功率，为蓄电池的数十倍，效率高，具有上万次的循环寿命和极长的储存能力，工作温度区域宽，能使用的基础材料价格便宜，可以作为混合型动力汽车的有效蓄电系统。

④ 锂离子电池具有比能量大、比功率高、自放电小、无记忆效应、循环特性好、可快速放电等优点。

4. 电机及其控制技术

电动机用于产生驱动车轮的电磁转矩，其性能对燃料电池电动汽车的动力性和经济性影响极大。目前，燃料电池电动汽车上使用较多的主要是永磁无刷直流电动机、交流异步电动机、交流同步电动机及开关磁阻电动机等。研发出功率更大、更加高效且体积小、质量轻的电动机，并配以更加先进可靠的电动机控制技术，也是燃料电池电动汽车发展所需解决的关键技术之一。与工业用电动机相比，燃料电池电动汽车用驱动电动机在最大功率、最高转矩、工作效率、调整性能等方面均有较高的要求。

5. 整车布置

燃料电池电动汽车在整车布置上存在燃料电池发动机及电机的相关布置、动力电池组的车身布置、氢气瓶的安全布置、高压电安全系统的车身布置等关键问题。这些核心部件的布置，不仅要考虑布置方案的优化及零部件性能实现的便利，还要求相关方案必须考虑传统汽车不具备的安全性问题。

6. 整车热管理

① 燃料电池发动机自身的运行温度为 60～70 ℃，实际的散热系统工作温度大致可以控制在 60 ℃，必须依赖整车动力系统提供额外的冷却动力为系统散热，因此二者之间的平衡是在热管理研发方面必须关注的。

② 目前整车各零部件的体积留给整车布置回旋的余地很小，导致散热系统设计的改良空间不大，无法采用通用的解决方案应对，必须开发专用的零部件。

7. 多能源动力系统的能量管理策略

能量管理策略对燃料经济性影响很大，且受到动力系统参数和行驶工况的双重影响。完成能量管理策略的工况适应性开发后，其核心问题转变为功率分配优化，当然还必须考虑一些限制条件。按照是否考虑这些变量的历史状态，可以把功率分配策略分为瞬时策略与非瞬时策略两大类。

8. 整车与动力系统的参数选择与优化设计

燃料电池汽车整车性能参数是整个燃料电池动力系统开发的信息输入，而虚拟配置的动力系统的特性参数也影响项目整车性能。两者之间的参数选择是一个多变量多目标的优化设计过程，而且参数选择与行驶工况和控制策略紧密相关。

4.4 燃料电池与辅助动力电池联合驱动的电动汽车的使用与维护保养

4.4.1 电动汽车的使用

1. 电动汽车的合理使用方法

电动汽车在使用和保养上与传统汽车有所差异，总结归纳如下。

(1) 保护好充电器

详细看说明书非常必要。为了降低成本，现在的充电器基本上都没有做高耐震动的设计，所以不使用时要用泡沫塑料包装好，防止发生震动颠簸。很多充电器经过振动后，其内部的电位器会漂移，使得整个参数漂移，导致充电状态不正常。另外需要注意的就是充电时要保持充电器的通风，否则会影响充电器的寿命。

(2) 正确掌握充电时间

在使用过程中，应根据实际情况准确把控充电时间，参考平时使用频率及行驶里程的情况，把控充电频次。正常行驶时，如果电量表指示红灯和黄灯亮，就应进行充电，如只剩下红灯亮，应停止行驶，尽快充电，否则电瓶过度放电会严重缩短其寿命。

注意充电时间不宜过长，一般情况下电池充电时间在 10 h 左右。充电过程中如电瓶温度超过 65 ℃，应停止充电。

(3) 定期深放电

电池定期进行一次深放电有利于“活化”电池，可以略微提升电池的容量。完全放电的方法是在平坦路面正常负荷的条件下，把车开到第一次欠压保护。电池在第一次欠压保护以后，完成完全放电再对电池进行完全充电，会使电池容量有所提升。

(4) 严禁存放时亏电

电池在存放时严禁处于亏电状态。亏电状态是指电池使用后没有及时充电，在亏电状态下存放电池，电池很容易出现硫酸盐化，硫酸铅结晶物附着在极板上，会堵塞电离子通道，导致充电不足，储存量下降。放电状态闲置时间越长，电池损坏越重，因此，电池闲置不用时，应每月补充充电一次。

(5) 避免充电时插头发热

220 V 电源插头或充电器输出时，插头松动、接触面氧化等现象都会导致插头发热，发热时间过长会导致插头短路或接触不良，损害充电器和电瓶。

(6) 避免大电流放电

新能源汽车在起步、载人、上坡时，应尽量避免猛踩加速，导致瞬间大电流放电。大电流放电容易导致产生硫酸铅结晶，从而损害电池极板的物理性能。

(7) 电动汽车的清洗

电动汽车的清洗应按照正常洗车方法，清洗过程中应避免水流入车体充电插座，避免车身线路短路。

若有以下情况，如在沿海一带行驶时，在有防冻剂的路面上行驶时，沾有油脂等杂物时，在空气中含有大量灰尘、铁屑或化学物质的地区内行驶时，可能引起油漆层的剥落或导致车身和零部件的腐蚀，须立即清洗车辆。

2. 电动汽车使用注意事项

① 行车前应确认变速杆的位置。

② 如果行车中发现指示灯不正常，应停车检查，并找出引起故障的原因。

③ 电动汽车在启动时，不允许先踩加速踏板，后闭合高压开关。

④ 电动汽车行驶过程中，一般情况下不要猛加速和猛减速，尽可能保持匀速行驶或间断滑行。当高速行驶需要减速时，应轻踩制动踏板进行减速。如需车辆停止，则继续踩下制动踏板进行电动汽车制动或用驻车制动器使车辆停止。

⑤ 电动汽车在雨天行驶时，涉水深度不能超过 150 mm，涉水行驶速度不应超过 5 km/h。在车辆涉水之后，要检查后桥和变速器的齿轮油里是否进水，如果进水，应全部更换规定牌号的齿轮油。

⑥ 不允许在车辆行驶状况下，扳动车辆前进与后退开关。

⑦ 下坡行驶时，要注意防止驱动电机超速运转。

⑧ 若需拖车，应挂入空挡，否则反拖电机可能会造成电机及电机控制器烧损。

⑨ 电动汽车转向时，转向盘转到极限位置后不能再继续用力转动转向盘，也不允许长时间使转向盘处于转动的极限位置。

⑩ 行驶中发现有异响或异味，应尽快在安全区域停车检查，如自身无法解决需报修。

⑪ 行驶过程中要注意观察动力电池系统的状态，如电压（总电压，单体电压）、电流、温度等重要参数。

4.4.2 电动汽车的维护保养

1. 电动汽车的维护保养措施

（1）整车维护与保养

电动汽车使用过程中，为确保汽车正常行驶，必须对汽车进行日常维护。日常维护是发挥汽车效率、减少行车事故、节约维修费用、降低能耗和延长汽车使用寿命的重要环节，是每个驾驶人在开车前及行车中必须做到的。其主要内容包括：

① 检查驱动桥主减速器、转向机构、真空泵等有无渗漏油现象。

② 检查真空管道有无漏气现象。

③ 检查转向、制动、悬架、传动等主要部件的紧固情况。

④ 检查轮胎气压是否合乎标准，剔除嵌入轮胎花纹的渣石、铁钉等杂物。

⑤ 按润滑表规定，按时按量对各润滑点进行润滑。

除日常维护外，车辆行驶一段距离后还要进行周期性的维护与保养，以保持车辆良好的运行状态。

① 每行驶 10 000 km 后，在完成日常保养内容外还应检查蓄电池是否合格，电气系统各部分绝缘阻值是否符合规定。

② 每行驶 6 000 km 后，须清洗、润滑各车轮轮毂轴承、调整松紧度、检查调整前束值、检查调整各制动跨片的间隙。

③ 每行驶 3 000 km 后，须紧固全车的各紧固件，尤其注意检查并紧固好转向拉杆，前、后桥悬挂，驱动电机、传动轴、制动等系统的紧固件、轮胎换位；检查真空泵和助力转向系统。

④ 每行驶 10 000 km 后，须检查真空泵工作情况，检查转向系统工作情况，检查驱动电机等电器部分，并检查电线的紧固情况和各部位的绝缘情况。

若电动汽车长期停用，需要经常清洗尘土，检查电动汽车外部并进行防锈和除锈。停驶一个月以上时，应将电动汽车架起，解除前、后悬架及轮胎的负荷；每月对电池进行一次补充充电；每月检查一次电气仪表、制动、转向等机构的动作情况，检查各轮胎气压，发现不足时应充气。

（2）关键零部件的维护和保养

动力电池系统、驱动电机系统、动力转向系统以及制动系统的性能直接影响电动汽车的应用性能及安全性能，这些关键部件的维护与保养可有效延长电动汽车使用寿命，提高使用性能。

① 动力电池系统的检查。

动力电池系统由动力电池、电池箱以及电池管理系统构成。作为整车的动力源，动力电池对整车性能具有重要的影响。动力电池组具有高电压、强电流的特点，对其进行保护和检查非常必要。动力电池需要每三个月或每行驶 5 000 km 后进行一次电池单体电压检测,每次更换电池时,均需要检查连接插头是否有磨损、松动、烧蚀等故障。每行驶 10 000 km 后需要对电池箱进行一次清理,并检查内外箱体及各个组成部件是否完好。

② 动力电池箱体的检查。

● 外箱的检查、维护:在安装外箱以前,要检查极柱座橡胶护罩是否齐全,极柱是否氧化,氧化面要使用 1 500 目砂纸轻轻打磨,或使用棉布用力擦,将氧化层去掉。要定期清理外箱灰尘。极柱出现拉弧或打火烧蚀时,要及时更换。如果通信不可靠或 24 V 供电电源不可靠,要检查 CAN 总线连接插头、24 V 连接插头是否正常。

● 内箱检查:要检查极柱座是否连接可靠,高压有无打火烧蚀,要定期吸尘清洁。

③ 动力电池外箱体高压正负极端子检查。

用兆欧表测量各端子之间的绝缘阻值。要求当空气相对湿度≤90%时,绝缘电阻应≥20 MΩ;当空气相对湿度>90%时,绝缘电阻应≥22 MΩ。

用兆欧表测量各端子与电池外壳之间的绝缘阻值。当空气相对湿度≤90%时,绝缘电阻应≥20 MΩ;当空气相对湿度>90%时,绝缘电阻应≥22 MΩ。目测高压极柱插头、极柱插孔是否有磨损、烧蚀等现象,并注意保护套等部件是否齐全。

注意:

所有箱体内必须保持清洁,严禁任何杂物和污染,以防意外漏电。

检查滤网、冷却风扇等是否齐全、牢固。

④ 电池快换导轨的检查。

● 检查快换箱体导轨轴承是否缺失。

● 检查各轴承滚动是否顺畅,否则应及时更换轴承。

● 检查导轨有无变形。

⑤ 机械锁检查。

● 在推入动力电池箱之前,具有资质的电工将连接至中控箱的高压线束、动力电池输入电缆从中控箱接插件口拔下,将其他高压电缆从部件接插口拔下,测量拔下线束的每个高压端子与底盘之间的绝缘电阻,其阻值应大约 20 MΩ。

● 保持上述步骤状态,并保持连接至中控盒的低压线束接通,将动力电池推入电池箱内,将车辆钥匙扭至"ON"状态,这时测量所有高压线束端子处的电压,高电势端子与低电势端子之间的电压应为 400 V 左右或无电压。

● 将车辆的暖风加热系统打开,连接至 PTC 加热器的高压线束端子 F 处的高电势端子与低电势端子之间应为 400 V 直流电压。

● 以上步骤确认无误后,方可将车辆钢匙转至"OFF"状态,然后将拔下的插头一概插上。如发现有异常现象,则应在排除异常后方可继续进行。

⑥ 高压中控电气安全检查。

● 机械锁采用动解锁装置,由解锁把手、解锁杆、锁口组成。

● 检查解锁把手是否转动平顺。

● 将解锁的把手按下去,检查锁是否可以卡到正确的位置。

- 检查开锁、上锁是否平顺。

⑦ 冷却液液位检查。

冷却液液位必须定期检查。注意：

- 补注时，应注意避免冷却液从备用水箱向外溢出。
- 若无必要，不要取下副水箱注水口盖。
- 冷却液液位应在电机降温后检查。
- 用户应添加与车辆使用地区外界气温相对应的防冻液，防止冷却液冻结。
- 未经鉴定合格的用于增强冷却效果的防腐剂或添加剂，不得在冷却系统内使用。
- 补注和更换冷却液时，不得使用自来水或河水。若无法买到规定牌号的冷却液，可使用软水和纯净水。补注和更换冷却液时，应使用正品发动机冷却液。假冒伪劣的冷却液往往不含防腐剂，因此，有可能导致冷却系统零部件被腐蚀。

如果冷却液的质量分数超过60%，其比热特性就会降低，有可能造成电机的过热；如果质量分数降低到20%以下，其防腐特性就会降低。因此，应根据具体工况将冷却液质量分数调节到20%～60%的范围内。

⑧ 驱动电机的检查。

注意：严禁用高压气枪直接对准控制器外壳上的“呼吸器”吹气，应用软毛刷进行清理。

- 每天开车前，检查水箱是否有防冻液，如防冻液太少或没有，则必须补充。
- 检查驱动电机及其控制器各固定点，检查螺栓是否松动。
- 检查驱动电机及其控制器可见线束及插件是否存在松动、老化、破损、腐蚀等现象。
- 每两个月检查电机本体及控制器水冷管道是否通畅，如果冷却水道有堵塞现象，则应及时清理堵塞物。
- 每半年检查清理一次电机本体及控制器的表面灰尘。

特别注意：

开始时慢慢加热是很重要的，这样可使得水蒸气能自然地通过绝缘层而逸出。快速加热很可能使局部的蒸汽压力迅速增大，并足以使水蒸气强行通过绝缘层而逸出，这样会使绝缘层遭到永久性破坏。一般需要花15～20 h使温度上升到所需温度。经过2～3 h后，重新测量绝缘电阻。考虑温度对绝缘电阻的影响，如绝缘电阻已达到5 MΩ，电机的干燥过程即可结束并投入使用中。

⑨ 其他高压系统的检查。

高压系统须每三个月或每行驶5 000 km后进行一次保养，即在对电池进行保养的同时进行高压系统的保养。其他高压部件主要包括车载充电机、DC/DC变换器、高压电气盒、空调用电动压缩机总成。

- 检查高压警告标记是否清晰牢固。
- 检查表面是否出现腐蚀、损伤等。
- 检查安装点支架有无变形、损伤，安装螺栓有无缺少，并检查螺栓有无松动。
- 检查插接件是否连接可靠，有无松脱或者变形情况。
- 电气线束的检查。
- 低压线束的检查。检查低压线束是否布置整齐、捆扎成束，固定卡钉是否卡紧；检查接头连接是否牢固；检查低压线束插接器的外观有无破损、腐蚀等现象；穿越孔洞的线束若装有绝缘防磨套管，应检查其是否固定可靠。

● 低压电气熔丝盒的检查。检查熔丝盒外观盒体是否有开裂、磨损、腐蚀、老化等现象；检查熔丝盒外部插接件与车身线束插接件插接是否牢固可靠；检查熔丝盒盖锁扣是否有效锁紧；检查熔丝盒与车身固定点是否固定可靠。

● 高压线束的检查。检查底盘线束离地面高度是否在安全范围内，或设有相应的走线槽以避免线束的剐蹭；检查线束及保护波纹管外观是否存在破损、老化等现象，插接器是否有腐蚀现象；检查各插接件连接是否牢固，其护套是否完好无损；检查高压插接器的锁止及互锁机构是否完好；检查线束固定卡钉是否完好；检查高压线束与运动件之间是否存在剐蹭现象。

2. 电动汽车的维护保养注意事项

(1) 维护保养安全

坚持"以人为本，安全第一"的原则，确保人身安全与系统安全。电动汽车的安全包括人身安全与系统安全。在制定安全防范措施时，人身安全是优先的。即使发生不可预见的事故、系统崩溃，也要保证人身安全。从系统设计到部件选型、加工工艺、质量检验及维护等都应严格遵守有关电动汽车的国家标准和国际标准。另外，还需对关键零部件维护和保养。车辆长时间停放时，应每周检查一次动力电池状态，防止电池漏电、损坏，拆卸检修高压电器部件时应切断高压回路。

(2) 人员要求

操作人员上岗不得穿戴金属饰物，如手表、戒指等，工作服内不得有金属物件。操作人员不得把与工作无关的工具带入工作场地，对于必须使用的金属工具，手持部分要做绝缘处理。操作人员应检查各高压电器周边有无杂物，并通知无关人员远离上述部件，合闸时要有高声提示。

电动汽车高压操作人员必须具有相应的操作资质。严禁没有操作资质的人员对电动高压系统进行操作。操作人员上岗前必须进行安全操作培训，严格执行安全操作规范。

本章小节

燃料电池电动汽车是燃料电池中的氢、氧等燃料在催化剂的作用下发生电化学反应产生电能驱动的汽车。

燃料电池汽车的动力系统主要由燃料电池发动机、燃料箱(氢气瓶)、电机、动力蓄电池等组成，以燃料电池发电作为主要能源，电机驱动车辆前进。燃料电池是利用氢气和氧气(或空气体)在催化剂的作用下，通过电化学反应直接产生电能的装置，燃料电池电动车就是利用这种电能来驱动车辆。它的排放物只有水，具有无污染的优点。

纯燃料电池车只有燃料电池一个动力源，汽车的所有功率负荷都由燃料电池承担。燃料电池汽车多采用混合动力驱动形式，在燃料电池的基础上，增加一组电池或超级电容作为另一个动力源。燃料电池的基本组成有：电极、电解质、燃料和氧化剂。燃料可以是氢气

(H_2)、甲烷(CH_4)、甲醇(CH_3OH)等，氧化剂一般是氧气或空气，电解质可为酸碱溶液(H_2SO_4、H_3PO_4、NaOH 等)、熔融盐(Na_2CO_3、K_2CO_3)、固体聚合物、固体氧化物等。与普通电池不同的是，只要能保证燃料和氧化剂的供给，燃料电池就可以连续不断地产生电能。

燃料电池发动机主要由燃料电池堆、进气系统、排水系统、供氢系统、冷却系统、电堆控制单元和监控系统组成。①燃料电池堆：主要动力源。②动力蓄电池组：辅助动力源。③电流变换器：交直流变换。④动力总成：传递动力、换挡。⑤氢气系统：提供氢气。⑥动力控制单元：动力控制、故障诊断。

思考与练习

一、单项选择题

1. 燃料电池是将外部供应的燃料和(　　)中的化学能通过电化学反应直接转化为电能、热能和其他反应产物的发电装置。

A. 氧化剂　　B. 催化剂　　C. 水　　D. 汽油

2. 燃料电池电动汽车是以(　　)系统作为动力源或主动力源的车辆。

A. 燃料电池　　B. 氢气
C. 压缩天然气　　D. 液化天然气

3. 燃料电池是一种不燃烧燃料而直接以电化学反应方式将燃料的(　　)转变为电能的高效发电装置。

A. 物理能量　　B. 化学能　　C. 储能装置　　D. 电池堆

4. 氢燃料电池电动汽车实质上是电动汽车的一种，在车身、动力传动系统、控制系统等方面，燃料电池电动汽车与普通电动汽车基本相同，其动力系统主要由燃料电池发电系统、燃料箱、(　　)、动力蓄电池等组成。

A. 驱动轮　　B. 驱动装置　　C. 驱动电机　　D. 传动系统

5. 燃料电池电动汽车按燃料特点可分为(　　)电动汽车和重整燃料电池电动汽车。

A. 氢燃料　　B. 间接燃料电池
C. 混合动力　　D. 直接燃料电池

6. (　　)是气态氢的储存装置，用于给燃料电池供应氢气。

A. 油箱　　B. 气囊
C. 高压储氢罐　　D. 铁质箱体

7. 氢燃料电池汽车中的高压储氢瓶一般有(　　)和 70 MPa 两种。

A. 25 MPa　　B. 30 MPa　　C. 35 MPa　　D. 26 MPa

8. (　　)变换器将一个固定的直流电压变换为可变的直流电压，这种技术被广泛应用于无轨电车、地铁、列车、电动车的无级变速和控制。

A. DC/DC　　B. 电流　　C. 电压　　D. 电阻

9. 新能源汽车(　　)基于电磁感应现象，将电池中的电能转化为机械能，驱动新能源汽车行驶，是决定新能源汽车动力性能的核心零部件之一。

A. 发电机　　B. 步进电机

C. 三相异步电动机　　D. 驱动电机

10. (　　)要确保燃料电池堆之中的电化学反应可以正常、高效进行，必须要对电堆的温度(如进口 70 ℃，出口 800 ℃左右)进行严格控制。

A. 电控系统　　B. 液压系统

C. 冷却水循环管理系统　　D. 发动机

二、填空题

1. 直接燃料电池电动汽车的燃料主要是(　　)。
2. 按燃料存储方式可分为(　　　)电动汽车、液氢燃料电池电动汽车和合金(碳纳米管)吸附氢燃料电池电动汽车。
3. 按电源的配置方式不同，可分为(　　)的电动汽车、燃料电池与辅助动力电池联合驱动的电动汽车、(　　)的电动汽车以及燃料电池与辅助蓄电池和超级电容联合驱动的电动汽车。其中，采用(　　)的电动汽车使用较为广泛。
4. 典型燃料电池电动汽车主要由(　　　)、高压储氢罐、辅助动力源、DC/DC 变换器、(　　　)和(　　)等组成。
5. 燃料电池电动汽车的主要电源是燃料电池，根据燃料电池电动汽车的设计方案不同，采用不同的辅助动力源。另外还配备了辅助动力源，如蓄电池、(　　　)或(　　)等共同组成的双电源系统。
6. 整车电控系统是燃料电池电动汽车的“大脑”，由燃料电池管理系统、(　　)、(　　)、(　　　)等组成。
7. 低压电气熔丝盒的检查：检查熔丝盒外观盒体是否有开裂、(　　)、腐蚀、(　　)等现象；检查熔丝盒外部插接件与(　　)插接件插接是否牢固可靠；检查熔丝盒盖(　　)是否有效锁紧；检查熔丝盒与车身(　　)是否固定可靠。

三、问答题

1. 氢燃料电池电动汽车的特点。
2. 燃料电池电动汽车的种类。
3. 纯燃料电池驱动的燃料电池电动汽车的优点。
4. 高压气态储氢的特点。
5. 给燃料电池电动汽车配备辅助动力源具有哪些优势？
6. DC/DC 变换器分为哪三类？
7. 燃料电池电动汽车车载 DC/DC 变换器的功能。
8. 燃料电池电动汽车的工作原理。
9. 简述氢燃料电池电动汽车的安全性要求。
10. 简述整车热管理系统的作用。

参考文献

[1] 崔胜民. 新能源汽车概论[M]. 北京:人民邮电出版社,2019.

[2] 王志成,钱斌,张惠国等. 燃料电池与燃料电池汽车[M]. 北京:科学出版社,2016.

[3] 史践. 氢能与燃料电池电动汽车[M]. 北京:机械工业出版社,2020.

[4] 崔胜民. 燃料电池与燃料电池电动汽车[M]. 北京:化学工业出版社,2022.

[5] 钱锦武. 新能源汽车储能装置与管理系统[M]. 北京:人民交通出版社股份有限公司,2018.

[6] 赵振宁,焦传君. 新能源汽车电池及电池管理系统原理与检修[M]. 北京:北京理工大学出版社,2019.

[7] 吴兴敏,于运涛,刘映凯. 新能源汽车[M]. 北京:北京理工大学出版社,2015.

[8] 黎仕增,曾清德. 新能源汽车概论[M]. 天津:天津科学技术出版社,2016.

参考答案

第 1 章　燃料电池电动汽车发展历程及前景

一、单项选择题

1. A　2. D　3. B　4. C　5. B　6. C　7. C　8. C　9. C

二、填空题

1. 100
2. 1998
3. 10
4. 氢能与储能
5. 低碳化、信息化、智能化
6. 燃料电池汽车

三、问答题

1. 我国燃料电池电动汽车的总体发展思路是什么？

燃料电池电动汽车产品近期是实现大规模示范应用，远期以全功率燃料电池为特征，实现大规模发展，实现百万量级的商业化推广。基本上要在 2030 年完全实现商业化，从技术路线发布起 5 年之内，基本上达到商业化水平。整个过程中，将进一步提高燃料电池电动汽车低温启动、可靠耐久、使用寿命等性能并降低整车成本，逐步扩大燃料电池系统产能，完善氢气供应、运输及加注基础设施建设，支撑氢燃料电池电动汽车的产业化发展。

2. 我国燃料电池电动汽车的技术发展路线是怎样的？

燃料电池电动汽车的技术路线以实现燃料电池电动汽车产业化为目标，开展燃料电池系统、燃料电池堆及材料、车载储氢与加氢站等关键产业环节技术与产品攻关，突破核心技术，提高性能并进一步降低成本，建立并完善燃料电池关键技术及产业链，燃料电池乘用车与商用车具有较强市场竞争力，并实现全面产业化。

3. 世界上第一个燃料电池是在什么时间，由谁发明的？

世界上第一个燃料电池由威廉·葛洛夫于 1839 年发明，1839 年被视为燃料电池诞生年，威廉·葛洛夫也被视为燃料电池之父。

4. 我国首个氢能产业中长期规划是什么？

2022 年 3 月 23 日，国家发展改革委、国家能源局联合印发《氢能产业发展中长期规划（2021—2035 年）》，它是我国首个氢能产业中长期规划，首次明确氢能是未来国家能源体系的重要组成部分，并明确氢能是用能终端实现绿色低碳转型的重要载体，氢能产业是战略性新兴产业和未来产业重点发展方向。

5. 我国燃料电池从什么时间开始应用的?

20 世纪 50 年代末期,我国实施“两弹一星”计划,相关航天任务被拆解为无数个子任务由各个科研机构承担。中国科学院大连化学物理研究所的科研团队开始航天燃料电池系统的研制,历经 10 年攻关,研发出两种航天碱性燃料电池系统,从此开启了我国燃料电池的应用。

6.《中国制造 2025》在燃料电池汽车方面提出的战略目标有哪些?

① 关键材料、零部件逐步国产化。

② 燃料电池堆和整车性能逐步提升。

③ 燃料电池汽车运行规模进一步加大。

7.《新能源汽车产业发展规划(2021—2035 年)》提出的“三纵”“三横”是什么?

要以纯电动汽车、插电式混合动力(含增程式)汽车、燃料电池汽车为“三纵”,布局整车技术创新链;以动力电池与管理系统、驱动电机与电力电子、网联化与智能化技术为“三横”,构建关键零部件技术供给体系。

8. 我国燃料电池电动汽车发展的远期目标是什么?

以全功率燃料电池为动力特征,在私人乘用车、大型商用车领域实现百万辆规模的商业推广;以可再生能源为主的氢能供应体系建设与规模扩大,支持燃料电池电动汽车规模化发展。

9. 我国燃料电池电堆技术发展的三个阶段是什么?

第一阶段,在 2020 年我国燃料电池堆达到最高效率 60%,冷启动温度 −30 ℃,材料成本 1 000 元/kW。

第二阶段,到 2025 年达到最高效率 65%,冷启动温度 −40 ℃,材料成本 500 元/kW。

第三阶段,到 2030 年达到最高效率 65%,冷启动温度 −40 ℃,材料成本 150 元/kW。

10. 我国燃料电池电动汽车整车方面的发展还需要哪些工作?

在燃料电池电动汽车相对传统汽车和其他新能源汽车具有应用优势的车型领域,如载货汽车、物流车、大型城际客车等,予以重点扶持,尽快推广实现产业化突破;进一步突破燃料电池汽车整车集成技术,扩大燃料电池汽车在能源结构供给、续驶里程等方面的技术优势,尽快实现点面突破,从而带动全局突破。

第 2 章　燃料电池

一、单项选择题

1. B　2. B　3. C　4. D　5. A　6. C　7. B　8. A　9. C　10. B

二、填空题

1. 质子交换膜，催化层，气体扩散层和双极板
2. 质子交换膜燃料电池，碱性燃料电池，磷酸燃料电池，熔融碳酸盐燃料电池，固体氧化物燃料电池
3. 阳极催化剂，阴极催化剂
4. 铂含量，电化学活性面积，粒径，晶体结构，堆积密度
5. 催化层，扩散层
6. 强碱
7. 厚度均匀性，电阻率，机械强度，透气率
8. $2H_2+O_2 \rightarrow 2H_2O$
9. $CH_3OH+\frac{3}{2}O_2 \rightarrow CO_2+2H_2O$
10. 氢气供给系统，空气供给系统，水热管理系统，电控系统，DC/DC 变换器。

三、问答题

1. 燃料电池的优点有哪些？

　　燃料电池的优点有以下六点：①发电效率高；②环境污染小；③比能量高；④燃料范围广；⑤可靠性高；⑥易于建设。

2. 燃料电池的类型有哪些？

　　根据燃料电池中使用电解质种类的不同，通常可分为以下五类。

(1) 质子交换膜燃料电池

通常以全氟或部分氟化的磺酸型质子交换膜为电解质。

(2) 碱性燃料电池

一般以碱性的氢氧化钾溶液为电解质。

(3) 磷酸燃料电池

以浓磷酸为电解质。

(4) 熔融碳酸盐燃料电池

以熔融的锂-钾或锂-钠碳酸盐为电解质。

(5) 固体氧化物燃料电池(SOFC)

以氧离子导体固体氧化物为电解质。

3. 简述燃料电池的基本组成及工作原理。

　　燃料电池由阳极、阴极和离子导电的电解质构成，其工作原理与普通电化学电池类似。燃料在阳极氧化，氧化剂在阴极还原，电子从阳极通过负载流向阴极构成电回路，产生电流。

4. 磷酸燃料电池的主要特点有哪些？

(1) 磷酸燃料电池的优点

① 燃料气体及空气中的CO_2，无需对气体CO_2进行去除的预处理，所以系统简化，成本降低。

② 工作温度较温和，在180～210 ℃，对电池的材料要求不高。

③ 在运行时所产生的水可供饮用。

④ 化学稳定性比较好。

(2) 磷酸燃料电池的缺点

① 发电效率低，仅能达到40%～45%。

② 由于采用酸性电解质，所以需要使用稳定性好的贵金属催化剂，如价格高的铂催化剂，因而成本较高。

③ 磷酸燃料电池电堆启动时间较长，因此不适合作为快速启动装置的电源使用，应用范围受到限制。

5. 质子交换膜燃料电池的主要优点有哪些？

(1) 能量转化效率高

采用高分子膜作为固态电解质，通过氢氧化合作用，直接将化学能转化为电能，不受卡诺循环的限制。

(2) 无污染

排放物是水，没有污染物排放，是环保型能源。

(3) 维护方便

质子交换膜燃料电池内部构造简单，电池模块呈现自然的"积木化"结构，使得电池组的组装和维护都非常方便，也很容易实现"免维护"设计。

(4) 发电效率平稳

发电效率受负荷变化影响很小，非常适合于用作分散型发电装置（作为主机组），也适于用作电网的"调峰"发电机组（作为辅机组）。

(5) 氢来源广泛

氢是世界上最多的元素，氢气来源极其广泛，是一种可再生的能源资源。可通过石油、天然气、甲醇、甲烷等进行重整制氢；也可通过电解水制氢、光解水制氢、生物制氢等方法获取氢气。

(6) 技术成熟

氢气的生产、储存、运输和使用等技术，目前均已非常成熟、安全、可靠。

6. 固体氧化物燃料电池的优缺点有哪些？

(1) 固体氧化物燃料电池的优点

① 固体氧化物燃料电池是全固态的电池结构，不存在电解质渗漏问题，避免了使用液态电解质所带来的腐蚀和电解液流失等问题。

② 燃料无须是纯氢，可以采用其他可燃的碳氢气体。

③ 不必使用贵金属催化剂。陶瓷电解质要求高温运行（600～1 000 ℃），加快了反应速度，还可以实现多种碳氢燃料气体的内部还原，简化了设备。

④ 系统产生的高温、清洁高质量热气适于热电联产，能量利用率高达 80%左右，是一种清洁高效的能源系统。

⑤ 固体氧化物燃料电池无须配置电解质管理系统，可实现长寿命运行。

(2) 固体氧化物燃料电池的缺点

① 固体氧化物电解质材料为陶瓷材料，质脆易裂，电堆组装较困难。

② 高温热应力作用会引起电池龟裂，所以主要部件的热膨胀率应严格匹配。

③ 工作温度高，预热时间较长，不适用于需经常启动的非固定场所。

7. 直接甲醇燃料电池的优缺点有哪些？

(1) 直接甲醇燃料电池的优点

① 甲醇来源丰富，价格低廉，储存携带方便。

② 与质子交换膜燃料电池相比，结构更简单，操作更方便，体积能量密度更高。

③ 与重整式甲醇燃料电池相比，它没有甲醇重整装置，质量更轻，体积更小，响应速度更快。

(2) 直接甲醇燃料电池的缺点

当甲醇低温转换为氢和二氧化碳时，要比常规的质子交换膜燃料电池需要更多的铂金催化剂，提高了电池的成本。

8. 燃料电池管理系统包含哪些部分？

燃料电池系统是指以燃料电池堆为核心，由氢气供给系统、空气供给系统、水热管理系统、电控系统、DC/DC 变换器等共同组成的发电系统。

9. 简述质子交换膜燃料电池的工作原理。

质子交换膜燃料电池中阳极为氢电极，阴极为氧电极，阴阳极都含有一定量的催化剂用来加速电极上发生电化学反应，两极之间以质子交换膜作为电解质。当氢气与氧气分别通入阳极和阴极时，进入阳极的氢气在催化剂作用下离化成氢离子和电子；电子经外电路转移到阴极，氢离子则经质子交换膜到达阴极；阴极的氧气与氢离子及电子反应生成水分子，其中产生的水不会稀释电解质，而是随着尾气通过电极排出。总化学反应式如下。

$$2H_2+O_2 \rightarrow 2H_2O$$

10. 简述熔融碳酸盐燃料电池的工作原理。

熔融碳酸盐燃料电池以碳酸盐作为电解质，工作温度为 600～700 ℃，在此温度下电解质呈熔融状态。电池工作过程是燃料的氧化和氧化剂的还原过程。阳极上的氢气与从阴极上通过电解质迁移过来的碳酸根离子反应，生成二氧化碳和水，同时电子通过外电路到达阴极，与氧气和二氧化碳结合，生成碳酸根离子。总化学反应式如下。

$$2H_2+O_2+2CO_2(\text{阴极}) \rightarrow 2H_2O+2CO_2(\text{阳极})$$

第 3 章　氢与氢燃料电池

一、单项选择题

1. D　2. B　3. D　4. B　5. B　6. B　7. C　8. B　9. AB　10. C

二、填空题

1. 75%　4%
2. 深绿色
3. 气体
4. 还原剂
5. AFC，PAFC，MCFC，SOFC，PEMFC
6. 酸性燃料电池，碱性燃料电池
7. 液化
8. 氢气
9. 气氢输送，液氢输送，固氢输送
10. 直接燃烧，采用燃料电池技术

三、问答题

1. 氢燃料电池的优点有哪些？

① 可再生且随时可用。
② 氢是支持零碳能源战略的清洁灵活的能源。
③ 比化石燃料更强大、更节能。
④ 能量转换率高。
⑤ 加注氢气时间短。
⑥ 噪声和振动小。
⑦ 使用寿命长。
⑧ 用途广泛。
⑨ 供电多元化。

2. 氢燃料电池的类型有哪些？

① 碱性燃料电池——工作温度为 50～100 ℃。
② 磷酸燃料电池——工作温度为 100～300 ℃。
③ 质子交换膜燃料电池——工作温度为 80 ℃。
④ 熔融碳酸盐燃料电池——工作温度为 600～700 ℃。
⑤ 固体氧化物燃料电池——工作温度为 800～1 000 ℃。

3. 简述氢燃料电池的基本组成及工作原理。

氢燃料电池的主要结构包括电极、隔膜与集电器等。

氢燃料电池发电原理：氢燃料电池发电时，电池阳极上的氢会分解出电子和质子，质子会穿过隔膜达到阴极，而电子则在外部电路运行，从而产生电能。在阴极氢和氧会反应生成水。而只要有持续的氢气和氧气供应，并将反应生成的水排出去，燃料电池就能够持续提供电能。

4. 氢的特性有哪些?
① 最轻的气体,无色无味,几乎不溶于水。
② 易燃易爆。
③ 氢原子十分活泼。
④ 氢气具有强还原性。
5. 当下主要的储氢技术有哪些?

当下几种主要的储氢技术为高压气态储氢、低温液态储氢、有机液态储氢、固态材料储氢等。目前我国氢气储运方式以高压气态储氢为主。

6. 氢能应用的现状如何?
① 以燃料电池为核心的氢能应用。
② 以氢为载体的可再生能源应用。
③ 氢在化石能源清洁利用中的应用。
7. 氢燃料电池的应用领域有哪些?

氢燃料电池因其体积小、容量大的特点而成功应用于航天领域。随着技术的不断进步和革新,氢燃料电池也被逐步运用于发电和汽车。燃料电池的稳定性和无污染的特质,使其既适宜用于集中发电,建造大、中型电站和区域性分散电站,也适宜用作各种规格的分散电源、电动车、不依赖空气推进的潜艇动力源和各种可移动电源,还适宜作为用于手机、笔记本电脑等的优选小型便携式电源。

8. 若将氢燃料电池按照工作温度来划分,则碱性燃料电池属于哪一类?

按照工作温度,燃料电池可分为高、中、低温型三类。碱性燃料电池属于低温型燃料电池。

9. 我国在氢能和燃料电池电动汽车领域面临的问题有哪些?
① 氢能供应和加氢站建设面临障碍。
② 研发创新能力弱、产业链不成熟,部分关键材料和部件仍然依赖进口。
③ 标准法规仍不完善,试验能力基础欠缺。
④ 产业呈现"一哄而上"倾向,需防范结构性产能过剩风险。
10. 氢的运输方式有哪些?

根据储氢状态和运输量的不同,采用的运输方式也是不同的,主要有气氢输送、液氢输送和固氢输送三种方式。

第 4 章　燃料电池电动汽车技术

一、单项选择题

1. A　2. A　3. B　4. C　5. D　6. C　7. C　8. A　9. D　10. C

二、填空题

1. 氢气
2. 压缩氢燃料电池
3. 纯燃料电池驱动，燃料电池与超级电容联合驱动，燃料电池与辅助动力电池联合驱动
4. 燃料电池，驱动电机，电控系统
5. 超级电容，飞轮电池
6. 蓄电池管理系统，动力控制系统，整车控制系统
7. 磨损，老化，车身线束，锁扣，固定点

三、问答题

1. 氢燃料电池电动汽车的特点。

① 零排放或接近零排放。
② 减少了漏油造成的水污染。
③ 减少温室气体的排放。
④ 燃料电池转换效率高(60%左右)，整车燃油经济性好。
⑤ 运行平稳，无噪声。
⑥ 燃料电池电动汽车本质上是零排放汽车。
⑦ 燃料多样化，优化了能源消耗结构。
⑧ 续驶里程长，性能优于其他电池的电动汽车。
⑨ 过载能力强。

2. 燃料电池电动汽车的种类。

燃料电池电动汽车按燃料特点可分为直接燃料电池电动汽车和重整燃料电池电动汽车。按燃料存储方式可分为压缩氢燃料电池电动汽车、液氢燃料电池电动汽车和合金(碳纳米管)吸附氢燃料电池电动汽车。

3. 纯燃料电池驱动的燃料电池电动汽车的优点。

结构简单，便于实现系统控制和整体布置；系统部件少，有利于整车的轻量化；较少的部件使得整体的能量传递效率高。

4. 高压气态储氢的特点。

高压气态储氢具有充放氢速度快、容器结构简单等优点，是现阶段主要的储氢方式。储氢压力容器又叫高压储氢瓶(罐)。一般情况下不做特别区分，产业界也是把储氢瓶与储氢罐混合使用。

5. 给燃料电池电动汽车配备辅助动力源具有哪些优势？

① 辅助动力源可协助供电，弥补燃料电池输出功率的不足，使电动机获得足够的电能。
② 在电动汽车启动时，由辅助动力源提供电能，带动燃料电池启动或带动车辆起步。
③ 向电动汽车的各种电子设备、电器提供工作所需的电能。

④ 在电动汽车运行过程中，当燃料电池输出的电能大于车辆驱动所需的能量时，辅助动力源可用于储存燃料电池剩余的电量。

⑤ 在电动汽车制动时，将驱动电动机转换为发电机工作状态，将电动汽车的动能转换为电能，并向辅助动力源充电。

6. DC/DC 变换器分为哪三类？

DC/DC 变换器分为三类：升压型 DC/DC 变换器、降压型 DC/DC 变换器以及升降压型 DC/DC 变换器。

7. 燃料电池电动汽车车载 DC/DC 变换器的功能。

① 调节燃料电池的输出电压。

② 调节整车能量分配。

③ 稳定整车直流母线电压。

8. 燃料电池电动汽车的工作原理。

燃料电池汽车的工作原理是，作为燃料的氢在汽车搭载的燃料电池中，与大气中的氧气发生氧化还原化学反应，产生出电能来带动电动机工作，由电动机带动汽车中的机械传动结构，进而带动汽车的前桥（或后桥）等行走机械结构工作，从而驱动电动汽车前进。

9. 简述氢燃料电池电动汽车的安全性要求。

(1) 整车安全性要求

整车安全性要求包括整车氢气排放要求、整车氢气泄漏要求、氢气低剩余量提醒和电安全要求。

(2) 系统安全性要求

系统安全性要求包括储氢气瓶和管路要求、泄压系统要求、加氢及加氢口要求、燃料管路氢气泄漏及检测要求、氢气泄漏报警装置功能要求和燃料排出要求。

(3) 加氢及加氢口安全要求

(4) 燃料管路氢气泄漏及检测要求

(5) 燃料排出安全要求

(6) 氢气泄漏报警装置功能要求

10. 简述整车热管理系统的作用。

① 燃料电池发动机自身的运行温度为 60～70 ℃，实际的散热系统工作温度大致可以控制在 60 ℃，必须依赖整车动力系统提供额外的冷却动力为系统散热，因此二者之间的平衡将是在热管理开发方面必须关注的；

② 目前整车各零部件的体积留给整车布置回旋的余地很小，造成散热系统设计的改良空间不大，无法采用通用的解决方案应对，必须开发专用的零部件。